Hans Blickensdörfer

# Bonjour Marianne

BASTEI LÜBBE

BASTEI-LÜBBE-TASCHENBUCH
Band 11 211


Lizenzausgabe mit Genehmigung des Schneekluth Verlages:
Gustav Lübbe Verlag GmbH, Bergisch Gladbach
Printed in West Germany, März 1988
Einbandgestaltung: Graupner & Partner
Satz: Fotosatz Froitzheim, Bonn
Druck und Bindung: Ebner Ulm
ISBN 3-404-11211-3

Der Preis dieses Bandes versteht sich einschließlich
der gesetzlichen Mehrwertsteuer.

*Am Rande notiert*

La France sera toujours la France.
Deutschland bleibt Deutschland.

Die Franzosen sind frivol.
Die Deutschen sind gemütlich.

Die Franzosen haben das Parfüm erfunden, weil sie sich nicht gerne waschen.
Die Deutschen sind das sauberste Volk der Welt.

Die Franzosen reinigen ihre Nasen mit den Fingern und die Schuhe mit dem Taschentuch.
Die Deutschen haben ein Fensterleder für das Auto.

Die Franzosen sind natürlich.
Die Deutschen lieben die Natur.

Die Franzosen gehen in großen Parks spazieren.
Die Deutschen bearbeiten ihren Schrebergarten.

Die französische Sprache ist für Kurtisanen und nicht für aufrechte Männer gemacht.
Alle wichtigen Ausdrücke der deutschen Militärsprache sind französisch.

Die Elsässer fahren zum Arbeiten nach Deutschland.
Die Deutschen fahren zum Essen ins Elsaß.

Die Franzosen kaufen am Sonntagmorgen frisches Brot.
Die Deutschen kaufen Bild am Sonntag.

Die Franzosen essen Froschschenkel, Schnecken und Wachteln.
In Deutschland gibt es 394 Tierschutzvereine.

In Paris gibt es 300 Käsesorten.
In Berlin gibt es 300 Kegelklubs.

Die Franzosen machen in der Metro nicht für ältere Frauen Platz, sondern für jüngere.
Die Deutschen stehen nicht vor geschminkten Häuptern auf, sondern vor grauen.

La France sera toujours la France.
Deutschland bleibt Deutschland.

Wie jeder Mensch, habe ich zwei Großmütter besessen, und für meine nachhaltigsten und ärgerlichsten Kindheitserinnerungen hat jene von ihnen gesorgt, die nur französisch kochte. Kein Kind weiß das zu schätzen, und so hat sich die Kochkunst dieser Oma als Kochwut ins Gedächtnis gefressen, weil immer etwas gegessen werden mußte, bevor es etwas zu essen gab. Eher hätte sich meine Großmutter ein Bad ohne Seife als ein Essen ohne Hors d'œuvre vorstellen können.

Oder ein Buch ohne Vorwort. Da die meisten Leser ein solches nicht zu sich nehmen, habe ich es durch ein kleines Hors d'œuvre ersetzt, das, falls es keinen Appetit macht, auf alle Fälle viel zu wünschen übrigläßt.

Wie alle Klischees. Richtig serviert, können sie indes enormes Interesse wecken. So ist es nachweisbar, daß Frankreichs größte amerikanische Touristeninvasion der letzten Jahre ihren Ursprung einer halbminutigen Fernsehwerbung von Brigitte Bardot verdankt, die in den USA ausgestrahlt wurde.

»Für mich«, sagte die Bardot ganz schlicht, »bedeutet Frankreich guten Wein und verführerisches Essen. Es bedeutet Sommer an der Riviera und Winter in den Alpen, herrliche kleine Bistros, verträumte Schlösser, Roben der Haute Couture und natürlich Paris mit seinen Menschen. Das ist meine Welt. Ich bin ein Kind Frankreichs.«

Mehr brauchte sie nicht zu sagen. Die Amerikaner kamen

in helleren Scharen als bei jener Invasion, welche die Deutschen 1944 aus Frankreich vertrieb. Obwohl die »France-on-ten-dollars-a-day«-Touristen weder Zeit noch Geld hatten, den Sommer an der Riviera und den Winter in den Alpen zu verbringen.

Möglich, daß auch die Deutschen so viele Amerikaner anlocken könnten, wenn sie eine Brigitte Bardot hätten. Aber sie haben nur eine Romy Schneider, die Sommer und Winter an der Riviera verbringt.

## Mariannes Stiefkinder

Man kann mit Klischees werben, aber nicht mit Stiefkindern. Doch offenbar kann man mit Klischees um Stiefkinder werben. Denn sie sind anfällig für abenteuerliche Gemeinplätze und gehen Marianne so bereitwillig ins Netz wie die Touristen, obwohl für sie nicht die Sonnenseite vorgesehen ist: die Fremdenlegionäre, über die der französische Normalbürger ebenso die Nase rümpft wie der deutsche. Der Legion entsteigt das Odium existenzloser, wilder Gesellen, untergetauchter Flüchtlinge der Justiz, aus denen das Land einen nicht sichtbaren, aber offensichtlich nicht unbedeutenden Nutzen zieht. Aber niemand blickt hinter die Mauern der Fremdenlegion. Niemand weiß, wie ihr Netz, das den Abenteurer und den Gestrauchelten aufnimmt, funktioniert. Denn bei der Fremdenlegion gibt es keinen Tag der offenen Tür. Man unterschreibt für fünf Jahre, oder man hat sich mit dem beklemmenden Anblick der grauen Mauern des Straßburger Depots zu begnügen, dessen Tristesse durch tote Arme des Altrheins erhöht wird.

Die großen Zeiten der Werber, die in windigen deutschen Kneipen bei Bier und Schnaps ihre Unterschriften und ihr Kopfgeld ergatterten, sind freilich vorbei. Damals, als Frankreich in Indochina Krieg führte und die Legion nicht genug Nachschub bekommen konnte, lief ihr Geschäft auf Hochtouren und entlastete den deutschen Strafvollzug nicht unwesentlich, weil es sehr unkompliziert war, lichtscheue Möchtegern-Legionäre aus der französischen Besatzungszone über den Rhein zu bringen.

Aber es gibt die Legion noch, und ihre Prinzipien haben sich nicht geändert. Wer jung und gesund ist, wird nicht nach seinen Motiven gefragt, und wenn es ihm gelungen ist, das Straßburger Kasernentor zu passieren, holt ihn keine Justizbehörde mehr heraus.

Das war es, was ich wußte, als ich eines Morgens in den sechziger Jahren einen Anruf aus Reutlingen erhielt. Am Apparat war der Journalist und Rundfunkreporter Sepp Scherbauer, und er kündigte sein sofortiges Kommen an.

»Erschrick aber nicht«, sagte er. »Im Auto sitzt ein heulendes Weib, und wir müssen sofort nach Straßburg und ihren Sohn aus der Fremdenlegion rausholen.«

Zuerst glaubte ich an einen Witz, weil der Scherbauer Sepp ein lustiger Bayer ist, der die Leute, wenn er nicht gerade Vernünftiges zu tun hat, gern auf den Arm nimmt. Aber als ich mich anschickte, ihn mit dem Götz-Zitat abzuwimmeln, spürte ich, daß es ernst war. Ernst, aber hoffnungslos. Genausogut hätte er vorschlagen können, ein Zuchthaus zu stürmen.

»Du kannst«, sagte ich deshalb, »zu Hause bleiben. Die Legion gibt keinen heraus, und wenn Adenauer persönlich käme.«

»Der kann ja auch nicht Französisch«, sagte Scherbauer mit einer Logik, die er für entwaffnend hielt.

Und eine Stunde später war er da. Im Fond des Wagens saß die heulende Frau, und ich durfte mich neben ihn setzen, weil er meinte, daß es viel zu besprechen gebe und daß wir auf den hundertachtzig Kilometern, die Stuttgart von Straßburg trennen, die Lösung fänden.

Wir fanden nicht viel. Und der deutsche Zöllner, den

wir in Kehl fragten, wie da vorzugehen sei, lächelte so mitleidig, daß die Frau, die sich etwas beruhigt hatte, weil auch zwei ratlose Männer offenbar noch Ansätze zur Hoffnung bieten, wieder einen Weinkrampf bekam.

Wir setzten sie in Straßburg bei ihrem Onkel ab, der sich bei der trostlosen Angelegenheit als der Dümmste erwiesen hatte. Zwei Tage zuvor war der Junge, der in seiner Firma zehntausend Mark unterschlagen hatte, bei ihm aufgekreuzt. Nur noch die Fremdenlegion, hatte er ihm erklärt, könne ihn retten.

Der Onkel war einer jener Säufer, welche die letzten Reste eines mäßigen Verstandes ertränken. Als wir ankamen, saß er mit glasigen Augen hinter einer halbvollen Rotweinflasche. Auf einem schmierigen Teller stank ein überreifer Camembert vor sich hin und zog eklig glänzende Schmeißfliegen an.

Ja, der Junge habe bei ihm geschlafen. Eine Nacht. Dann habe er ihm den Weg zur Legionskaserne gezeigt. Er sagte es mit schwerer Zunge, und in den blöden, wäßrigen Augen war kein Schimmer von Gemütsbewegung. Ja, so habe es der Junge gewollt, und da habe er ihm eben geholfen.

Der Junge war kein Knabe mehr, sondern achtundzwanzig. Und seine Mutter wollte aufspringen, um diesem versoffenen Blödian, der kein Mann war, die Rotweinflasche auf den Kopf zu hauen. Er duckte sich ängstlich, und es war nicht leicht, sie zurückzuhalten.

»Warum hast du uns erst benachrichtigt, als er schon in der Kaserne war?«

Blöd starrte der Mann sie an, und es war klar, daß hier jeder Augenblick vergeudet war. Zwanzig Minuten später standen wir vor dem Tor der Legionskaserne. Die Mutter hatten wir bei dem Alten zurückgelassen, weil sie bei diesem Geschäft nichts nützen und in einem Bistro nicht weinen konnte.

Neben einem Schilderhäuschen der Posten. Dahinter das Wachlokal und davor ein rostiges Eisenportal. »Sieht mies aus«, sagte Scherbauer.

»Wir müssen den Kommandanten sprechen«, sagte ich zum Posten.

Aber ich hätte ebensogut mit einer Plakatsäule reden können. Sein Gesicht blieb unbewegt, und es war, als ob ihm befohlen sei, irgendwo in der Ferne einen Punkt nicht aus den Augen zu lassen. Plötzlich aber machte der Posten schmale Augen und zischte: »Haut bloß ab hier.« Er zischte es auf deutsch und mit rheinischem Akzent.

Scherbauer, des Französischen nicht mächtig, doch geschmeidig im Erfassen unerwarteter Situationen, grinste ihn mit einer Freundlichkeit an, die ihn zwar nicht entwaffnete, aber verunsicherte. Und er fragte ihn, ob er vielleicht aus Köln sei.

Der Soldat, der das Kasernentor der Fremdenlegion bewachte, war mit Sicherheit nicht weit von Köln beheimatet, aber vermutlich war der Boden am französischen Rheinufer sicherer für ihn. Roter Zorn stieg ihm ins Gesicht, und die Knöchel der Hand am Gewehrriemen wurden weiß.

Ich zog Scherbauer an der Jacke zurück, weil solche Färbungen bei Bewaffneten nichts Gutes verheißen. »Wir müssen«, sagte ich, »tatsächlich mit dem Kommandanten sprechen«, und ließ die tiefe Besorgnis eines verantwortungsbewußten Arztes mitklingen, so gut ich das fertigbrachte.

Der Posten stutzte – ein Beweis für die ewige Gültigkeit einer militärischen Grundregel: Der bessere Teil der Tapferkeit ist Vorsicht. Und die Antenne dieses Rheinländers hatte den leisen Unterton schon aufgenommen, ehe ich ihm jene Sorte von Verantwortung aufhalste, die der erfahrene Soldat umgehend weiterreicht: »Wenn Sie uns nicht vorlassen, kann etwas Entsetzliches passieren, und die Schuld bleibt an Ihnen hängen!«

Eine Minute später standen wir im Wachlokal, und auch der wachhabende Unteroffizier war ein Deutscher. An der Wand standen Karabiner und auf dem Tisch zwei Bierflaschen, und vier Augenpaare starrten uns an, als ob wir vom Mond kämen. Denn allein die Tatsache, daß wir auf dem Territorium der Legion standen, war von provozierender Unwirklichkeit. Während der Wachhabende in einer Ecke mit dem Posten flüsterte, durchzuckte mich der Gedanke, daß kein Hahn nach uns krähen würde, wenn sie uns in einem tiefen schwarzen Loch verschwinden ließen. Schließlich ist noch keiner, der nicht hineingehört, in einer Kaserne der Fremdenlegion gewesen.

Der Unteroffizier war ein Trumm von einem Kerl, und so sprach er auch. Das heißt, er brüllte, aber nie hatte Scherbauer weniger Grund, sich an kernigen bayerischen Flüchen zu erfreuen. Von hochkantigem Hinausschmiß und gottverfluchtem Saustall war die Rede, ehe es mir gelang, diesen Monolog unbändiger Wut zu bremsen.

»Es passiert wirklich etwas Schlimmes, wenn Sie uns nicht zum Kommandanten führen!«

»Das kann jeder sagen!« Er kam so nahe zu mir heran, daß ich den Bierdunst seines Atems roch. Aber in seinen Augen war Unsicherheit, und ich ließ, zwei Schritte zurückweichend, die bewährte Militärregel ihr Werk tun: »Seit gestern ist ein Geisteskranker bei Ihnen, und Sie wissen es jetzt. Wenn Sie es nicht weitermelden, bleibt die Sache an Ihnen hängen.«

Dreimal lief er um den Tisch, ehe er den Hörer vom Telefon nahm. Wie eine abgezogene Handgranate hielt er ihn in der Hand, während er wählte. Dann sprach er in einem deutsch-französischen Kauderwelsch mit einem Vorgesetzten, und es muß verständlich gewesen sein, denn schon zwei Minuten später riß ein Hauptmann die

Tür des Wachlokals auf. Er hatte ein Menjoubärtchen, stechende schwarze Augen und eine Reitpeitsche, die er auf den Tisch sausen ließ, daß Brotkrumen hochwirbelten und die Bierflaschen tanzten.

Zu beweisen war jetzt, da es sich um einen echten Franzosen handelte, daß das Delegieren der Verantwortung nicht nur nationaler, sondern internationaler Brauch ist.

Wie wir vom Krieg her wissen, pflegen militärische Entscheidungen schnell zu fallen. Vor allem dann, wenn Offiziere eingreifen. Schnelles Denken und entschlossenes Handeln hat sie zu allen Zeiten von schlappen Zivilisten unterschieden, die sich freilich gelegentlich darüber wundern, warum auch die größten Feldherren trotz schnellem und entschlossenem Handeln schon Schlachten verloren haben.

Der Hauptmann mit der Reitpeitsche, das sah man, war kein Zauderer. Ein Schneidiger vielmehr, der den Scherbauer und mich mit schierer Verachtung zur Tür hinausgetrieben hätte, wenn da nicht die Sache mit der Verantwortung gewesen wäre, die jetzt an ihm hing – was dem Unteroffizier wieder zu einer normalen Gesichtsfarbe verhalf.

»Mich«, sagte er, »können Sie nicht einwickeln, Messieurs«, und sein Blick zog auch den Unteroffizier in erhabene Geringschätzung ein. »Und von wem reden Sie überhaupt?«

Er ging um den Tisch herum, bezähmte sich aber, neuen Wirbel mit der Reitpeitsche zu machen. Wie mit einem Florett spielte er mit ihr, aber man durfte ihn nicht stechen lassen, sondern mußte ihn zur Abwehr zwingen.

Ich nannte den Namen des Mannes und sprach von einer Kopfverletzung. Darauf hatten wir uns geeinigt, weil er eine Narbe am Kopf hatte. Sie rührte von einem Unfall her, war aber wegen der Haare nicht zu sehen. Mit sechs oder acht Stichen war die Wunde genäht worden, auf die wir unsere Hoffnung bauten.

»Kein Mann dieses Namens ist hier«, sagte der Hauptmann mit schneidender Stimme. »Und jetzt verschwinden Sie, ehe ich Sie hinauswerfen lasse!«

»Wir wissen, daß er seit zwei Tagen hier ist, *mon capitaine*!«

»Und ich sage Ihnen, daß er nicht hier ist! Wollen Sie einen französischen Offizier der Lüge bezichtigen?«

»Vielleicht sind Sie nicht informiert, *mon capitaine*. Aber Sie werden es bald sein.«

»Was soll das heißen?«

»Daß Sie es jetzt wissen und die Verantwortung tragen, wenn etwas passiert.«

»Mit Drohungen«, sagte er und schlug sich mit der Reitpeitsche ans frisch gebügelte Hosenbein, »kommen Sie bei mir nicht weiter. Aber da ich Sie nun einmal anhöre, obwohl ich nicht dazu verpflichtet bin, haben Sie vielleicht die Freundlichkeit, mir zu erklären, was passieren könnte?«

»Es könnte beispielsweise passieren, daß Sie vor's Militärgericht kommen oder wie das bei euch in der Legion heißen mag.«

Er lacht schallend, aber es schwingt so viel Unsicherheit mit, daß ich kühner werde.

»Der Mann«, sage ich, »war in einer Anstalt und ist gefährlich. Wenn er nachts einen Koller kriegt, kann er ein Blutbad anrichten, und Sie werden ihm ja nicht gerade ein Einzelzimmer angeboten haben.«

»Quatsch«, sagt der Hauptmann. »Er ist von unserem Arzt gründlich untersucht worden. Ein Legionär muß tropentauglich sein. Glauben Sie vielleicht, wir nehmen Invaliden?«

»Das nicht. Aber ich glaube, Sie haben gerade zugegeben, daß er hier ist!«

Er beißt sich auf die Unterlippe und läßt die Reitpeitsche wippen, ehe er den Entschluß faßt, von dem alles abhängt: »Warten Sie hier, bis ich zurück bin.« Und zum Wachhabenden: »Sie sind mir dafür verantwortlich, daß sich die beiden nicht von der Stelle rühren!«

Diese Verantwortung schmeckt dem bayerischen Fremdenlegionär viel besser als die, die er seinem Hauptmann aufgehalst hat. Mit Schießprügeln und Munition ist die Bewachung von zwei mickrigen Zivilisten, die sich mausig machen, ein Kinderspiel.

Wir dürfen uns hinsetzen und rauchen, aber sie überwachen jede Bewegung. Zu reden gibt's nicht viel, und ich riskiere es nicht, Scherbauers Optimismus zu dämpfen. Ich spüre, daß er schon an den Erfolg glaubt, obwohl uns gerade erst ein kleiner Nadelstich in die Eierschale gelungen ist. Durch das schmutzige Fenster des Wachlokals sehe ich den grauen Kasernenblock, der seine preußische Herkunft nicht verleugnen kann. Kasernen sind das Markanteste, was die Deutschen zwischen dem Siebzigerkrieg und dem Ersten Weltkrieg im Elsaß hinterlassen haben. Irgendwo hinter diesen grauen Mauern sitzt der Dotter des Eies, an dessen Schale wir herumbohren.

Diesmal dauert es länger. Drei Zigaretten hat jeder geraucht, ehe der Hauptmann zurückkommt, und der Wachhabende, der gehofft hatte, uns mit ein paar hämischen Abschiedsworten wieder auf die Straße setzen zu können, muß uns, mit einigem Erstaunen, ins Innere des Kasernenkomplexes entlassen. Benötigt wird er nicht mehr. Die Führung übernimmt, mit nervösen Schritten, der Hauptmann.

Ein paar Legionäre mit Mützen, die wie Konservendosen aussehen, um die man ein weißes Band gewickelt hat, kreuzen unseren Weg, und der Hauptmann ärgert sich über ihre neugierigen Blicke. Vermutlich sehen wir nicht aus, als ob wir einen Fünfjahresvertrag unterschreiben wollten.

Ein langer, halbdunkler Korridor, auf dessen Steinboden unsere Schritte wie in einem Gefängnis hallen, und dann das helle Arbeitszimmer des Kommandanten. Der Schreibtisch ist poliert und massig, und nach der Schmuddligkeit des Wachlokals könnte man an eine zivile Oase glauben, wenn nicht ein Oberst der Fremdenlegion sprungbereit wie eine Bulldogge in Khaki hinter diesem Schreibtisch säße.

Wäre er nicht wütend und trüge er statt der Uniform eine Tweedjacke, könnte man ihn für einen englischen Gutsbesitzer mit rosigem Gesicht und leicht überhöhtem Blutdruck halten. Über dem gezwirbelten, gelbgrauen Schnurrbart, in den die Sonne der Sahara wahrscheinlich den Gilb gebrannt hat, eine knollige, vom Wein geäderte Erdbeernase und unter buschigen Brauen Augen, die seinen Unwillen bündelweise über den Schreibtisch schleudern.

»Wissen Sie, daß ich Sie hinausprügeln lassen müßte?«

Die Stimme klingt merkwürdig ruhig und leise für diesen Koloß, aber man ahnt ein Furioso, weil die Adern über den Schläfen anschwellen und die Fäuste wie sprungbereite Tatzen auf dem Schreibtisch liegen. Der Hauptmann, der immer noch mit uns in der Tür steht, spielt mit der Reitpeitsche. Aber er wird mit einer Handbewegung entlassen, und der Oberst bietet uns Stühle an. Ich sehe Scherbauer aufatmen, aber gewonnen ist damit nichts, und es zeigt sich gleich.

»Weisen Sie sich aus.«

Die Stimme ist immer noch ruhig, und zwei Pässe werden über den Schreibtisch geschoben.

Ich weiß, was jetzt kommt, denn in beiden Pässen stehen die Berufe ihrer Besitzer – so war es damals noch.

Das Gebrüll kommt nach fünf Sekunden und mit einer

Stärke, die Scheiben klirren und Hunde winseln läßt. Scherbauer, der kein Wort versteht, sucht nach einem Notausgang, aber durch die Maschen der Legion ist noch keiner geschlüpft.

»Journalisten sind Sie, und diese Hornochsen haben Sie durchgelassen! *On aura tout vu!*«

Für den Kommandanten der Legionskaserne ist der absolute Gipfel der Unverfrorenheit erreicht. Die Adern über den Schläfen werden violetter und dicker, denn Journalisten im Befehlszentrum der Legion, das ist der Teufel im Vatikan, wenn nicht Schlimmeres.

Als er nur noch mit den Fäusten trommeln kann, weil er Luft holen muß, nütze ich die Chance. »Wir sind nicht beruflich hier, Herr Oberst. Es geht nicht um eine Reportage, sondern nur darum, Unheil zu verhindern.«

»Unheil verhindern!« Seine Stimme überschlägt sich japsend, als habe er nie einen absurderen Witz gehört. »Nächste Woche kann ich eine Großreportage in einer deutschen Illustrierten lesen und meinen Abschied einreichen. Was Sie mir da eingebrockt haben, reicht für zehn Degradierungen aus, aber mit mir machen Sie das nicht, Messieurs, mit mir nicht!«

»Wir wollen Sie, im Gegenteil, davor schützen, Herr Oberst.«

Ich zwinge mich, es ganz ruhig zu sagen, aber ich weiß, daß die alte Militärregel, die uns bis vor diesen Schreibtisch brachte, hier ihr Waterloo erleben kann. Denn hier wird die Verantwortung nicht weiter delegiert. Hier wird entschieden. Im Prinzip wenigstens. Natürlich gibt es auch einen General, dem der Oberst den Fall weiterreichen könnte, aber wenn der Oberst tatsächlich einen Mann mit Dachschaden zum Legionär gemacht hat, nützt es ihm wenig, sich hinter einem leichtfertigen Stabsarzt zu verschanzen. Hier hat der Zuständige zu entscheiden, und es gilt, ihn so unter Druck zu setzen, daß er den Weg wählt, der das geringste Risiko für ihn birgt.

Tatsächlich wird der Oberst ruhiger und verlangt Aufklärung über den offerierten Schutz, den er zwar weder braucht noch wünscht, dessen Art ihn jedoch lebhaft interessiert, in der Tat. Hat außer ihm hier vielleicht jemand etwas zu sagen? Einsperren, bis sie schwarz werden, kann er Zivilisten, die sich unter krummen Vorwänden in sein Territorium schleichen!

Ich sage ihm den Namen des Mannes, den wir herausholen wollen, und unterstreiche alle seine gefährlichen Eigenschaften. »Völlig unberechenbar, Herr Oberst, ist er bei Vollmond. Ich nehme an, daß er die Stube mit einem halben Dutzend anderer teilt, und wenn es ihn nachts packt, schneidet er glatt fünf Kehlen durch. Der Mann gehört in eine Heilanstalt, aber nicht in die Legion!«

»Und wenn der Mann überhaupt nicht hier ist?«

Die Stimme hat wieder den Ton, mit dem sie uns begrüßte, aber sie kündigt kein neues Gebrüll an, sondern lauernde Gesprächsbereitschaft.

»Wir wissen, daß er hier ist, denn wir kommen gerade von seinem Onkel, der ihn hergebracht hat. Ein unzurechnungsfähiger Säufer, den wir mit einer verzweifelten Mutter allein gelassen haben. Und der Arzt, der über alles Bescheid weiß, wird heute auch noch in Straßburg eintreffen.«

Das ist gelogen, aber erstens könnte man einen beischaffen und zweitens wird der Oberst niemanden mehr hereinlassen. Für ihn sind schon zwei zuviel, die tief in die Prinzipien der Fremdenlegion eingebrochen sind.

Über diese Prinzipien belehrt er uns. Angenommen, der Mann wäre tatsächlich hier. Könnten wir nicht seine Gläubiger sein, vor denen er geflüchtet ist und denen er ihn auf keinen Fall ausliefern darf? Und überhaupt: Journalisten sind das letzte, das allerletzte, was er innerhalb dieser Mauern zu sehen wünscht. Wer garantiert ihm, daß dies keine Reportage gibt, die ihn ruiniert und auch der Legion Schaden zufügt?

»Wir garantieren es«, sage ich.

»Und wie wollen Sie garantieren, daß er spinnt?«

»Heute nacht können Sie sich selbst Gewißheit verschaffen. Es ist Vollmond, stimmt's?«

»Mit ihrem Vollmond«, sagt er nach einigem Zögern, »können Sie mich am Arsch lecken. Und wenn Sie's genau wissen wollen, mit Ihrem Verrückten auch. Was hat er übrigens ausgefressen?«

»Sie geben also zu, daß er da ist?«

»Von mir aus. Aber bevor wir weiterreden, will ich wissen, ob Sie beide Soldaten waren.«

Ich nicke und muß das Scherbauer übersetzen. Der nickt auch, und er nickt freundlicher, als ich ihn je nicken sah. Man muß eine Unterhaltung nicht unbedingt verstehen, um zu merken, daß sie sich günstig entwickelt.

»Dann«, sagt der Oberst und erhebt sich hinter seinem massigen Schreibtisch zu voller Größe, »geben Sie mir jetzt beide Ihr Ehrenwort als Soldaten, daß Sie in keiner Zeitung oder Zeitschrift auch nur ein einziges Wort über das schreiben, was Sie hier erlebt haben und noch erleben werden.«

Weil er uns nicht entgegenkommt, müssen wir uns zum Händedruck weit über den Schreibtisch lehnen. Als wir wieder sitzen, bietet er Zigaretten an, und zum erstenmal, seit wir in die Befehlszentrale der Legion eingedrungen sind, macht sich Scherbauer nützlich. Er gibt Feuer, und nach ein paar Zügen steht der Oberst auf.

»Ich bin gleich zurück. Übrigens: Wo hat er die Narbe, von der Sie gesprochen haben?«

»Am Schädel über dem rechten Auge. Sie müssen die

Haare zur Seite streichen. Das hat Ihr Arzt natürlich nicht wissen können.«

»Hätte er ihm vielleicht eine Glatze schneiden sollen?«

Zum erstenmal sehe ich den Anflug eines Grinsens über dem gelben Schnurrbart, aber als der Oberst die Türklinke schon in der Hand hat, kehrt er um.

»Warum haben Sie immer noch nicht gesagt, was er ausgefressen hat?«

»Das war keine Absicht. Sie hatten mich unterbrochen.«

»Schießen Sie los!«

»Eine Unterschlagung von zehntausend Mark. Aber die Eltern haben eine Hypothek auf ihr Haus aufgenommen und schon alles zurückbezahlt. So hat niemand Anzeige erstattet.«

»Ziemlich schwach für einen Massenmörder, finden Sie nicht?«

Im Gegensatz zu Scherbauer, der um eine Nuance zu fröhlich blickt, spüre ich einen Stich in der Magengrube. Wenn der Oberst jetzt hinter seinen Schreibtisch zurückkehrt, ist das Spiel aus.

Aber er greift wieder zur Klinke. »Wir werden uns den Jungen mal ansehen. Und seine Narbe. Er ist übrigens schon eingekleidet und soll mit dem nächsten Transport ins Depot nach Marseille, falls Sie das interessiert.«

»Sagen Sie ihm lieber, daß seine Mutter auf ihn wartet.«

»Das ist keine Kinderbewahranstalt«, zischt der Oberst, ehe er die Tür von außen zuschlägt.

Als seine Schritte auf dem Korridor verhallt sind und ich Scherbauer alles erklärt habe, rauchen wir die nächste Zigarette ziemlich lustlos, und die übernächste auch. Und als mir der Gedanke kommt, daß ein verborgenes Mikrofon unser Gespräch einfangen könnte, gebe ich keinen Centime mehr für das Gelingen der Aktion. Rausschmeißen werden sie uns, und die Heimfahrt mit der Mutter wird scheußlich.

Aber das Leben ist voller Überraschungen. Auch in Legionskasernen. Als der Oberst nach einer halben Stunde zurückkehrt, bietet er wieder Zigaretten an und spricht eine halbe Stunde über seinen und unseren Beruf. Kein Wort über den Mann, den wir abholen wollen, aber viele Worte über Zweck und Aufgaben der Legion, die von der ausländischen Presse stets verkannt und verzerrt dargestellt werden. Und dann packt er uns nochmals an der Ehre: Nichts von dem, was hier passierte und passieren wird, darf in die Zeitung. Also muß etwas anderes passieren als unser Hinauswurf.

Ohne Übergang sagt er plötzlich: »Die Narbe ist da, und vielleicht stimmt auch das andere, was Sie behaupten. Aber glauben Sie ja nicht, Sie könnten mir Angst einjagen. Ich gebe den Mann lediglich zurück, weil seine Tropentauglichkeit in Frage gestellt ist und Sie mir ehrenwörtlich versichern, daß er keinen gerichtlichen oder anderweitigen Verfolgungen ausgesetzt ist. Um 18.30 Uhr wird eine schwarze Citroënlimousine dicht neben dem Souvenirkiosk an der Rheinbrücke halten. Parken Sie in der Nähe. Er wird in Ihren Wagen umsteigen, und dann fahren Sie unverzüglich zur Grenzkontrolle. Sein Paß ist in Ordnung, und er trägt die Zivilkleider, mit denen er kam.«

»Und wenn er nicht kommt und Sie uns das alles nur erzählen, um uns loszuwerden? Bedenken Sie, daß wir uns nicht an unser Wort gebunden fühlen, wenn Sie das Ihrige brechen!« Ich weiß, daß ich hoch spiele, aber er explodiert nicht mehr.

»Ich habe Ihnen mein Wort als französischer Offizier gegeben. Noch eines: Wenn es an der Brücke Aufsehen gibt, werden meine Leute Konsequenzen ziehen, und sie tragen keine Samthandschuhe!«

Zwanzig Minuten später hängt mir die Mutter weinend am Hals, und der Onkel stiert mich mit blöden Matschaugen an. »Kein Legionär kehrt zurück«, lallt er, und ich muß Scherbauer festhalten, weil er ihm mit der leeren Rotweinflasche eine nicht ganz harmlose Narbe beibringen will. Zur Mutter sage ich: »Keine Szene an der Brücke, Freuen könnt ihr euch auf der anderen Seite. Es muß ganz unauffällig gehen. Er steigt um, und wir fahren los. Oder wollen Sie im letzten Moment alles verderben?«

Sie verspricht, vernünftig zu sein, aber sie kann noch nicht glauben, daß alles so einfach sein soll. »Es ist aber einfach«, sage ich und überlege mir, wer uns herausgeholt hätte, wenn uns der Kommandant im ersten Wutanfall wegen Verletzung seines Territoriums hinter Gitter gesteckt hätte. Inzwischen hat Scherbauer im schmutzigen Küchenschrank des Alten eine halbvolle Flasche Pernod gefunden. Wir feiern unsere Freiheit und nehmen gleich noch einen Schluck auf die des Legionärs, der jetzt keiner mehr ist, wenn der Kommandant die Wahrheit gesagt hat. Den Rest schüttet Scherbauer dem Alten ins Weinglas. »Sauf auf deine Blödheit!«

»Die Legion gibt keinen raus«, lallt der Onkel mit stierem Blick unter der Haustür, aber da hat Scherbauer die Mutter schon ins Auto geschoben.

Wir sind zehn Minuten früher da, aber auch die Legion ist pünktlich. Um 18 Uhr 28 stoppt die schwarze Citroënlimousine beim Souvenirkiosk, und in weniger als zehn Sekunden ist die Übergabe perfekt. Der junge Mann sitzt auf dem Vordersitz neben Scherbauer, der den Gang einlegt, während ich die zitternde Hand der Mutter auf den Rücksitz presse. Der Citroën wendet mit quietschenden Reifen.

Gefeiert haben wir in einer kleinen Dorfwirtschaft in der Nähe von Rastatt, und an unser Ehrenwort haben wir uns peinlich gehalten. In keiner Zeitung ist eine Zeile erschienen, aber dies ist ein Buch, und außerdem ist der Kommandant längst pensioniert, wenn ihn nicht vorher der Schlag getroffen hat.

Jedenfalls kann man heute darüber reden. Die Passanten der Rheinbrücke, über der ein Hauch von Europa liegt, ahnen nicht, daß es gelegentlich auch kompliziertere Grenzpassagen gibt, denn die Wacht am Rhein rasselt nicht mehr mit den Säbeln, sondern sie sagt grüß Gott und *bonjour*. Freundlichen Hausmeistern gleich werfen Grenzer und Zollbeamte links und rechts des Rheins nur mehr flüchtige Blicke in Autos aller Nationalitäten, und was eine richtige Pariser Concierge ist, die geht mit ihren Mietern strenger um als die Grünen und die Blauen mit den Nachbarn vor der deutschen und der französischen Haustür.

Viel hat sich geändert, seit mein Urgroßvater von der Schlacht bei Sedan zurückkehrte, zutiefst von den Vorzügen spartanischer deutscher Sauberkeit und vom Übel frivoler französischer Genußsucht überzeugt. Vielleicht haben einst seine Ulanen in der düsteren Straßburger Legionärskaserne gehaust und sich bemüht, den Elsässern deutsche Lebensart beizubringen.

Es mag ja was geblieben sein, auch wenn der deutsche Autofahrer dies heftig bestreitet, weil ihm aus der ersten Straßburger Seitenstraße ein Radfahrer, sorglos an einer Weißbrotstange nagend, in den Kotflügel fährt. Aus dem einfachen Grund, weil er von rechts kommt und Vorfahrt hat. Dann weiß der Deutsche, daß er in Frankreich ist.

So ein Exempel französischen Eigenwillens mag ein bißchen weh tun. Aber wer ist schon gewillt, Lehren aus Beispielen zu ziehen, die nicht schmerzen? Ich habe da ein ganz unvergeßliches aus der Zeit zu bieten, in der ich noch Reportagen über die Tour de France machte, und solange ich lebe und an Frankreich denke, werde ich diesen Tag nicht vergessen.

## Coup de fusil

Denn es war der Tag, an dem ich zuerst erblindete und dann erschossen wurde. Gott und der Teufel müssen an diesem Tag gemeinsam in Frankreich gewesen sein, und das Blau, in das die glitzernde Schneeglasur des Col du Galibier hineinragte, war nicht von dieser Welt.

Mit freien Oberkörpern saßen wir im offenen Wagen, und da ich die Sonnenbrille verloren hatte, durften auch meine Augen dieses Sonnenbad von unbeschreiblicher Intensität nehmen. Nur hin und wieder erspähten sie, wenn ich talwärts blickte, auf der Straße, die sich wie ein Korkenzieher in die wilden Flanken des Galibier bohrt, einen Rennfahrer, denn wir waren dem weit auseinandergezogenen Feld vorausgeeilt.

Aber dann wurde ich blind. Schneeblind nennt man es wohl, und es fing in den bläulich-weißen Schneefeldern zwei Kilometer unterhalb des Gipfels an, und es war, als ob sich die vom Schnee reflektierten Sonnenstrahlen zum bündelweisen Rendezvous in meinen ungeschützten Augen träfen. Tränen kamen, der kobaltblaue Himmel wurde grau, und dann war es dunkel. Schemenhaft nur noch sah ich meinen bewährten Chauffeur, der wie kein anderer die Kunst beherrschte, so nahe an einem Rennfahrer vorbeizuflitzen, daß keine Speiche mehr zwischen dessen strampelnde Beine und den Kotflügel gepaßt hätte. Er bot mir seine Sonnenbrille an, aber ebensogut hätte er für einen Tauben Musik machen können. Blind kam ich ins Etappenziel Briançon, unfähig, auch nur ein Wort des Dramas zu entziffern, das auf meinen Notizblock gekritzelt war.

Was ich für meine Zeitung ins Telefon stammelte, lohnte die Tagesspesen nicht, und dabei ahnte ich noch nicht, wie sie im Kielwasser meiner Blindheit anschwellen würden.

Ein Blinder in Deutschland hat eine faire Chance, in Ruhe gelassen zu werden. Da man aber zum Essen, wie ich an diesem Abend lernte, nicht unbedingt sehen muß, kennt, wie ich an diesem Abend ebenfalls lernte, die französische Hotellerie keine mildernden Umstände für ihn. Ich wollte Augensalbe und ein Bett, aber die Wirtin, zu der ich mich am Arm meines Chauffeurs herantastete, behandelte mich nicht wie einen Kranken, sondern wie einen Zechpreller. Was immer ich auch zu meiner Verteidigung vorbringen mochte.

*Elle ne l'entendait pas de cette oreille,* oder, um klares Französisch in verständliches Deutsch zu bringen, sie war taub für meine Blindheit. Seither weiß ich, daß man blind sein muß, um gewisse Dinge, die der Sehende nur ahnt, mit kristallener Klarheit zu erkennen.

Wer in einem französischen Provinzhotel, dessen Küche und Speisesaal ein Traum und dessen Zimmer ein Alptraum sind, nur zum Schlafen absteigen will, ist tatsächlich ein Zechpreller im weitesten Sinn; vor allem aber ein unflätiger Banause, für den Deutschen etwa vergleichbar mit dem, der mit der Aktentasche ins Opernhaus geht und ihr im Fauteuil Butterstullen entnimmt.

Es geht nicht (nur) ums Geld. Wäre es so, dann hätte ich mich mit einem angemessenen Betrag freikaufen und sofort ins Bett gehen können. Aber es gibt keine Ablöse für verbriefte französische Dienstleistungen. Man denke nur an die Platzanweiserin im Kino. Sie nimmt dein Billett an sich und führt dich zu deinem Platz. Auch wenn es nur fünf Schritte sind und du genau weißt, wo er sich befindet. Natürlich will sie ein Trinkgeld, doch schrecklich beleidigt wäre sie, wenn du es wagtest, ihr das Dreifache in die Hand zu drücken, mit der Bemerkung, du könntest die fünf Schritte alleine tun.

Ob rote Triefaugen sehr flehend blicken können, weiß ich nicht. Aber ich weiß, daß mich die Wirtin ungerührt in den Speisesaal führte und mir eine in Leder gebundene Speisekarte in die Hand drückte. Schnöde Zeremonie war's, denn sehr wohl hatte sie begriffen, daß sich ein Blinder nicht aussuchen kann, was er essen will.

Madame komponierte das Menü mit einer Mischung aus königlicher Unbekümmertheit und der Infamie, mit der Feldwebel gegen Rekruten auftreten. Von Langusten und Froschschenkeln ausgehend, marschierte sie über Rebhühner in Grünkohl auf ein enorm garniertes Chateaubriand zu, und als ich nach zwei qualvollen Stunden den Mut aufbrachte, die Käseplatte zu verweigern, wurde ich mit einem riesigen Dessert maison bestraft.

Vom stolzen Preis dieser Mahlzeit, die dem Buchhalter meiner Zeitung zwei Wochen später fast zu einer Ohnmacht verholfen hätte, wollen wir gar nicht reden, obwohl der Pulverdampf dieses *Coup de fusil* bis unters Dach des gastlichen Hauses stank, allwo wir zwei jeglichen Komforts entbehrende Zimmerchen bewohnten. Im Bayerischen Wald bekommt man diese Sorte noch heute für acht Mark mit Frühstück.

Aber ein Erschossener merkt nichts von derartigen Unterschieden. Vom *Coup de fusil* getroffen, war ich nach Landessitte tatsächlich ein solcher, wenn die Übersetzung »Gewehrschuß« auch ein bißchen banal klingen mag für diese von vielen Gastronomen zu höchster Kunst entwickelte Spezialität. Doch es hat mit ihr schon seine Richtigkeit. Den zuvor mit aller erdenklichen Freundlichkeit gemästeten Gast streckt die Rechnung tatsächlich zu Boden. Wer oft nach Frankreich kommt, kultiviert einen Spürsinn für Etablissements, die den Coup de fusil pflegen.

Da man sie jedoch in allen Ländern der Welt findet, wäre nichts ungerechter, als aus sicherem Versteck und wie ein Heckenschütze gegen den französischen Coup de fusil loszuballern. Sicher ist freilich, daß ihn die Franzosen in ihrer unendlichen Eigenliebe im eigenen Land durchaus tolerieren, aber ihn jenseits der Grenzen verdammen wie eine gestohlene Erfindung. Deshalb fällt es ihnen auch so schwer, europäisch zu denken, obwohl der Frankreichveteran Katzenmaier das bestreitet.

Aber was bestreitet Katzenmaier nicht? Wie Touchard auf der anderen Seite, gehört er zu den 08/15-Experten für alle deutsch-französischen Fragen. Deshalb hat Katzenmaier nur ein hochmütiges Lächeln für meinen Coup de fusil von Briançon übrig.

Ihm passieren solche Dinge nicht, weil er weiß, wie man mit Franzosen umgeht. Gelernt hat er das, ehe Konrad Adenauer und Charles de Gaulle das Bäumlein der deutsch-französischen Freundschaft pflanzten. Es ist sogar ein bißchen gewachsen, aber fallen nicht noch die meisten seiner Blüten ab, ohne Früchte zu tragen? Ihre Liebe haben die Deutschen und die Franzosen einander jedenfalls noch nicht mit dem gleichen Nachdruck erklärt, mit dem sie einander Kriege erklärten. Drei an der Zahl in den letzten hundert Jahren, und immer hat das Elsaß dabei die Rolle des hin und her wandernden Zankapfels gespielt.

Leider bezieht Katzenmaier heute aus dem Elsaß den größten Teil der Farbe, mit der er sich sein Frankreichbild malt. Das ist eine ganz natürliche Sache, denn er lebt in der äußerst produktiven baden-württembergischen Region, die nahtlos ins Elsaß überginge, wäre hier der deutsche Strom nicht Deutschlands Grenze.

Gleichwohl ist die Rheinbrücke, die Kehl und Straßburg verbindet, für Katzenmaier längst zum offenen Weg in Nachbars Garten geworden. Samstags, wenn er die Familie zwecks Einnahme einer der von ihm so geschätzten französischen Mahlzeiten ins Auto packt, welches den Stern trägt, der auch auf französischen Straßen ein guter ist – samstags also liefert er sich genußvoll den Beweis für seine linksrheinische Beliebtheit.

Daß er eines der renommierten Feinschmeckerlokale ansteuert, versteht sich am Rande. Katzenmaier hat Erfahrungen gesammelt, liebt das, was man drüben *la bonne chère* nennt – und kann es sich leisten. Längst hat er erkannt, daß der Franc neben seiner harten Mark steht wie ein schwankendes Schilfrohr neben einer strammen Eiche. Und da auch die elsässischen Gastronomen nie schwer von Begriff waren, darf Katzenmaier sicher sein, selbst an Samstagen, die eine ganze Armada von Ausflüglern in Bewegung setzen, ohne vorherige Reservierung seinen Tisch zu kriegen.

Die Elsässer nicht. Mit Ausnahme derer, die ihre Erfahrungen gesammelt haben. Sie stellen ihren Wagen in einer Seitenstraße ab, entledigen sich einer eventuellen Baskenmütze und betreten das Restaurant anstelle des landesüblichen »Bonjour« mit einem forschen »Guten Tag«.

Kein Unterschied in der Bedeutung, wohl aber in der Deutung. Wirt oder Wirtin haben stets ein Plätzchen frei für den Pforzheimer Fabrikanten, den Stuttgarter Verleger oder den Offenburger Juwelier, und wenn es sein muß sogar für den Karlsruher Oberregierungsrat, wiewohl dieser weder das große Menü noch Champagner bestellt und beim Trinkgeld zu rechnen anfängt wie bei der Abgabe einer Steuererklärung.

Es gibt Leute, die behaupten, daß man die Deutschen in der Straßburger Gegend lieber sehe als die Nachbarn vom zweiten elsässischen Département, welches Haut-

Rhin heißt und die Region von Colmar und Mülhausen umschließt. Aber das mag übertrieben sein.

Keinesfalls handelt es sich um bedenkliche Anzeichen einer Verbrüderung. Katzenmaier beispielsweise, der zu denen gehört, die einst für Hitler das Elsaß zurückeroberten, ist da ganz kategorisch. Ein französisches Elsaß, in dem er als richtiger Monsieur behandelt wird, ist ihm viel lieber als ein deutsches, in dem die Mahlzeiten schlechter und die Grundstückspreise höher werden.

Überhaupt ist er ein so guter Kenner der Lage, daß er einen Bordeaux von einem Burgunder und einen Camembert von einem Chèvre unterscheiden kann. Was ihn weit über den Vorsitzenden des Dortmunder Keglervereins zum Grünen Astloch hinaushebt, der alljährlich mit seinen Kameraden eine Männerpartie nach Paris unternimmt, den Coups de fusil von Montmartre mannhaften, wenn auch mehr hinhaltenden Widerstand leistend.

### Veteranen-Optik

Katzenmaier läuft nicht so ahnungslos ins Feuer. Drei Jahre lang hat er im letzten Krieg Frankreich besetzt gehalten, und wenn die Alliierten 1944 nicht endlich ihr Herz und ihr Potential in die Hand genommen hätten, dann wäre er, gar nicht ungern, noch länger in Paris geblieben, das ihm, mit einigen verständlichen Abstrichen, durchaus gefiel, und wo er viel für sein späteres Leben gelernt hat.

Angefangen hat das bei der Liebe, denn Katzenmaier gehörte zu der beträchtlichen Zahl derer, die den Umgang mit dem Gewehr früher lernten als den mit den Mädchen. Dafür konnte er nichts, aber er wäre ein Trottel gewesen, wenn er die Nachhilfe, die ihm Frankreich bot, abgelehnt hätte.

Schnell merkte er, daß er in die vollen kegeln durfte, weil seine französischen Armeekollegen, die das hätten verhindern sollen, keine Lust zu einem Verdun-Dakapo verspürten, sondern die Hände hoben und brav in den deutschen Stacheldraht liefen, eine Maginotlinie hinter sich lassend, die nicht einmal angekratzt wurde und heute noch so intakt ist, daß ihre Direktion stabile unterirdische Ferienbungalows zu stark reduzierten Preisen anbieten kann.

Auch Katzenmaier könnte einen solchen kaufen, aber er zieht einen Bauplatz mit unverbaubarer Aussicht in den Vogesen vor.

Diesen Sinn für die bessere Qualität hat er schon immer besessen, und im Gegensatz zu Touchard hat er stets viel Zielstrebigkeit entwickelt, wenn er spürte, daß seine Mittel einen Wunsch rechtfertigten. Die Franzosen mögen das herablassend deutsche Gründlichkeit und Schaffensfreude nennen, und nie werden sie mit dem Sparen da anfangen, wo Katzenmaier anfing, als er sich noch keine Ausflüge ins Elsaß leisten konnte, nämlich beim Essen.

Damals, in Paris, hat Katzenmaier freilich nicht gehungert. Ja, er wurde sogar ein schelmischer kleiner Schlemmer, weil ihm eine Cafébesitzerin ein paar Monate lang neben ihrer Liebesgunst auch ihre Kochkunst schenkte. Sie hatte Zeit, weil ihr Mann gleichzeitig als deutscher Kriegsgefangener und auf etwas andere Weise das diffizile Problem der deutsch-französischen Annäherung in Angriff nahm. Als sie sich später aus praktischen Gründen einem deutschen Offizier widmete, schied Katzenmaier ohne Groll und beträchtlich reicher an Erfahrung.

Nicht, daß ihn plötzlich der Glorienschein des Außergewöhnlichen umgeben hätte. Ohne die verrückte erste Hälfte der vierziger Jahre wären Katzenmaier und Touchard kaum betrachtenswert. Doch weil es ihr Leben wollte, daß sie gleichzeitig »Bonjour, Marianne« und »Bonjour, Michel« zu sagen hatten, ohne daß sie jemand gefragt hätte, ob sie Lust dazu verspürten, stehen sie für vieles als Prototypen. Und die staatliche Zumutung, der sie das verdanken und über die sie fürchterlich schimpften, sehen sie heute als die Renommierzeit ihres Lebens.

Keiner gibt es natürlich zu. Aber wenn ich sie schwadronieren höre, was bei Katzenmaier in der Regel am Stammtisch der Fall ist und bei Touchard in Ermangelung eines solchen eben da, wo er gerade Lust hat, dann zweifle ich keine Sekunde daran, daß Männer sich selten männlicher fühlen als bei der Besitzergreifung von Weibern feindlicher Länder. Und auch nicht daran, daß die Weiber den Sieger bewundern und den Verlierer bemuttern wollen.

Der Mann ist's zufrieden, weil er in beiden Fällen seine Bestätigung findet. Im richtigen Krieg natürlich auch. Nimmt ein Soldat im Handstreich einen hohen gegnerischen Offizier gefangen, dann hat er alle Chancen, mit dem Ritterkreuz oder mit der Médaille Militaire ausgezeichnet zu werden. Aber mit einigem Recht behauptet Touchard, daß der Gefangene, der mit der Frau seines Lagerkommandanten schläft, möglicherweise größere männliche Qualitäten aufzubringen hat. Mit einer Auszeichnung kann er allerdings nicht rechnen. Die trägt der Kommandant selbst. Doch wenn die Hörner sichtbar werden, lehnt er sie ab. Und zwar ganz kategorisch.

Logischerweise sehen Katzenmaier und Touchard die große Zeit ihres Lebens von verschiedenen Standpunkten aus. Katzenmaier fühlt sich als Eroberer, der erst einer Übermacht wich und keineswegs dem Überfallenen. Er kann das auch mit unbestreitbaren historischen Fakten belegen, doch Touchard lächelt mild und beweist ihm mit dem zwingenden »cogito, ergo sum« von Descartes, daß die französischen Kriegsgefangenen als echte

Eroberer nach Deutschland kamen. Katzenmaier und Konsorten aber seien durch preußischen Drill des Denkens entwöhnt worden, was sich, in der Tat, ebenfalls belegen läßt. Wenn Katzenmaier wirklich denken könnte, so folgert Touchard messerscharf, dann hätte er wissen müssen, daß Frankreich nie wirklich besiegt werden kann und in diesem Fall an eine amerikanische Herz-Lungen-Maschine angeschlossen war, die glänzend funktionierte. Auch wenn ein gewisser General de Gaulle in seinem Londoner Exil die Ungeduld nicht bezähmen konnte und den Amerikanern und Engländern über einen längeren Zeitraum auf die Nerven ging.

Es war just der Zeitraum, in dem sich Touchard in seinen germanischen Fesseln sagte: »Ich denke, also bin ich.« Wenn er an Frankreich dachte, kam ihm freilich weniger Jeanne d'Arc in den Sinn als Marianne. Jene, die so selbstbewußt und strahlend von ihrem Denkmalsockel über die Place de la République blickt und die für ihn schon in frühester Kindheit die Inkarnation Frankreichs gewesen war. Jeanne d'Arc natürlich auch, aber heldische Selbstaufopferung hatte ihn eigentlich nie fasziniert. Die Marianne von der République erschien ihm nicht heilig, sondern sehr menschlich, und es kam vor, daß er sich wegen der schwachen Vorstellung, die die Armee am Rhein geboten hatte, ein wenig vor der Marianne schämte. Aber er hielt sich nicht lange damit auf und gab die Schuld, wie es sich gehörte, dem Generalstab, der alles falsch gemacht hatte.

Für den Prisonnier de guerre Touchard aber kam es darauf an, nichts falsch zu machen. Und da gab es nur zwei Möglichkeiten: entweder fliehen oder sich arrangieren. Touchard wählte, nachdem er viel über die Imponderabilien einer Flucht und die ausgesprochene

Unhöflichkeit der Deutschen denen gegenüber, die geschnappt wurden, nachgedacht hatte, die zweite Möglichkeit und wurde Bauer auf der Schwäbischen Alb.

Warum hätten ihm die Deutschen nicht glauben sollen, daß er Ökonom sei? Schließlich hatte er in Ménilmontant in der Lebensmittelbranche gearbeitet, und wenn auch in diesem rachitischen Pariser Arbeiterviertel vor fünfzig Jahren der letzte Gaul gesichtet wurde, so wußte ein Bursche, der dort aufgewachsen war, doch sehr gut, daß ein Prisonnier da besser aufgehoben war, wo Nahrung produziert wurde, als in stinkenden Fabriken, wo es nichts zu essen gab und möglicherweise noch Bombengrüße von den amerikanischen Freunden.

Touchard *se débrouillait*, und es zahlte sich aus. Im übrigen haben die Franzosen im Krieg mit Sicherheit kein anderes Tätigkeitswort häufiger auf der Zunge und im Schild geführt als *se débrouiller*. Es bedeutet soviel wie sich durch etwas hindurchschleichen, eine Situation zu seinem Vorteil nützen, und man nennt es auch kurz *système D*, ein System, für das es keine Anleitungen gibt und das den Deutschen deshalb ziemlich fremd geblieben ist.

Immerhin gab es deutsche Profiteure von Touchards Débrouillage. Besser gesagt Profiteusen auf den Höfen, die er beackerte. Katzenmaier ist mit der Hälfte seiner Kompanie in Paris vom Jungmann zum Mann geworden. Touchard hat mit der Hälfte seines Stalags Bäuerinnen und Mägden auf der Rauhen Alb beigebracht, wie ein richtiger Monsieur Liebe macht.

Was einen hundertprozentigen Sieg – ohne alliierte Hilfe des geschlagenen Landes bedeutet.

Die Frage, ob die Franzosen in der Liebe tatsächlich so gut sind, wie Deutschlands Männer und Frauen glauben, ist damit allerdings nur angeritzt. Sicher ist, daß Katzenmaier in Paris nicht mit Überraschungen aufwartete, sondern dieselben serviert bekam. Man wußte, mit wem man es zu tun hatte, aber die Bäuerinnen von der Rauhen Alb hatten nur dunkle Ahnungen – die ihnen mit heller Brillanz bestätigt wurden. Sie, von denen die meisten zuvor nur Männer gekannt hatten, die mit der Kerze und der langen Unterhose Baujahr Weltkrieg I ins Bett gingen, boten ihrem Tuschi williges Fleisch, während ihr Geist von schwach auf wach umschaltete.

So wurde Touchard zum *prince charmant*, zum großen Verführer, der einen Hauch von Pariser Frivolität in schwäbische Bauernkaten blies und Frauen, die zuvor nur den simpelsten Eintopf der Liebe konsumiert hatten, das Chateaubriand nebst leckerer Vorspeise kredenzte. Ich glaube ihm jedes Wort aus dieser großen Zeit, in der Marianne das bittere Los ihres Kriegsgefangenen beweinte. Anschauen darf ich ihn allerdings nicht dabei, weil ihn Halbglatze, Doppelkinn und Embonpoint zu einem *pépère* gemacht haben, der heute in Paris stolze Preise zahlen müßte für ein Abenteuer, welches das Attribut galant nur mit Gänsefüßchen vertrüge.

So hat die Zeit, diese große und gerechte Ausgleicherin, Touchard verwandelt. Sie hat ihm, der einst deutsche Bäuerinnen mit einem wahren Flammenwerfer der Liebe beglückte, jene Kerze, mit welcher deren Männer die Schlafstube aufsuchten, in die Hand gedrückt. Schallend würden sie lachen, könnten sie den Löwen von der Rauhen Alb heute in diesem milden Schein sehen, aber gerechterweise muß gesagt werden, daß wohl auch sie kein Schmaus mehr für des Löwen Auge wären.

In Wahrheit war Touchard ein Schnellbrenner, der sich, wieder zu Hause, viel rascher verbourgeoisierte als der betriebsamere Katzenmaier. Dieses Phänomen ist französischer, als man gemeinhin glaubte, weshalb die Frauen in aller Welt schlicht irren, wenn sie sich den Franzosen (fast) aller Altersklassen als den Liebhaber par excellence vorstellen, den Unermüdlichen im Erfinden stets neuer und raffinierterer Beglückung.

Sie ahnen nicht, daß er ein unschuldiges Opfer von Dichterfürsten wie Maupassant, Stendhal, Musset und der vielen anderen ist, die Liebe und Leidenschaft auf dem Papier machten, welches viel geduldiger als eine schmachtende Frauenseele ist.

Es hat unzweifelhaft mit der Sprache zu tun. Sie ist, wiewohl gleichen Ursprungs, finessenreicher als das laute Italienisch, bei dem das »r« getrommelt und der Vokal posaunt wird. Und sie bringt es als einzige Sprache der Welt mit echter Perfektion fertig, Nasales zu Oralem zu machen. Jeder weiß, daß der Franzose mit der Nase nicht nur gut riechen, sondern auch gut sprechen kann. Zur Ausübung dieser Kunst – und man frage in deutschen Gymnasien nach, ob es keine ist – muß der Franzose die Sprache eine Etage höher legen als der Deutsche, der sie im Rachen und damit im Keller hat. Ob dadurch ein Komplex ausgelöst wird, wie ihn Kellerkinder gegenüber Hochnäsigen empfinden, mögen Sprachpsychologen entscheiden.

Ich für meinen Teil bin fest davon überzeugt, daß man in französischen Restaurants deshalb so viele Nasenbohrer sieht, weil dieses enorm wichtige Organ einer ständigen Inspektion bedarf. Seine Doppelfunktion duldet keine Schlamperei, und warum sollte der Franzose, der alles mit einer quasi unschuldigen Natürlichkeit anfaßt, mit seiner wertvollen Nase anders umgehen? Sie ist seine Stradivari, die eine unglaubliche Anzahl von Zwischentönen hervorzubringen vermag, und bekanntlich werden auch Stradivaris mit der Hand gestimmt.

Andererseits ist diese zweigleisige Nase einer der Hauptgründe dafür, daß der Franzose sich mit fremden Sprachen so schwertut. Auf diesem Gebiet wird er allenfalls noch von den Engländern übertroffen, ohne daß ihm deren Arroganz gegenüber fremdem Sprachgut vorgeworfen werden darf.

Es ist einfach die Nase. Zwar bringt er sie mit einer Sicherheit, um die ihn der Deutsche ewig beneiden wird, stets auf die richtige Spur, doch für Fremdsprachen ist sie eben ein untaugliches Instrument, und so findet er, im Gegensatz zum Deutschen, sowenig ein Verhältnis zum polyglotten Parlieren wie zur Geographie. Aber was soll schon neben Frankreichs ausgewogenen landschaftlichen Reizen bestehen?

Doch bleiben wir bei der Sprache, die ja nicht nur gesprochen wird. Per Schrift läßt sich ihr Raffinement noch erhöhen, und man braucht da gar nicht gleich an Poesie zu denken. Man sollte allen deutschen Managern, die täglich bündelweise ihre Geschäftsbriefe in einer schaurigen Sprache diktieren, einmal ganz gewöhnliche französische Geschäftsbriefe in die Hand geben. Sie würden, von bedauerlichen Ausnahmen abgesehen, sogar ein Wiedersehen mit dem Konjunktiv ihrer Schulzeit feiern, ganz abgesehen von der Begegnung mit einer Höflichkeit, die ihnen unbekannt ist und mit der sie es vermutlich gar nicht zum Manager gebracht hätten.

Woraus unschwer zu erkennen ist, welches weltweite Malheur die Franzosen in der Belletristik angerichtet haben. *Ah, la belle lettre!* Damit haben sie den Anker der Nostalgie in die Frauenherzen aller Länder geworfen, denn in keiner Sprache läßt sich Liebe feinfühliger und flammender darstellen. Russische Fürstinnen haben ihren russischen Fürsten genommen, aber hoffnungslos verliebt waren sie in den Franzosen ihrer Träume.

Zur Literatur kam das Kino. Filme, und besonders diejenigen von René Clair, haben den französischen Charme bis nach Feuerland und in die Iglus der Eskimos exportiert, und alles, was Röcke trug, klammerte sich an die Filmhelden, fest überzeugt davon, daß alle Franzosen so seien.

Woher hätten sie auch wissen sollen, daß Welten zwischen Gérard Philipe, dem unwiderstehlichen »Fanfan la Tulipe« aller Mädchenträume, und den Touchards liegen, die nicht exportiert werden und sonntags beim Fischen ihre behaarten weißen Beine in die Marne hängen? Ihre Bäuche quellen beim Picknicken aus viel zu schmalen Klappstühlchen heraus; und warum sie sich dazu in der Regel nur einen knappen Meter von der stinkenden Landstraße entfernen, erklärt sich daraus, daß der Franzose auch um das herum, was er unter Einsamkeit versteht, Leben und Zirkulation sehen will. Deshalb darf auch die Katze aufs Klapptischchen hüpfen und die üppigen Reste eines Mahls auffressen, von dem man sich wundert, daß es nebst Weib und Kindern in dem kleinen Renault verstaut werden konnte. Von diesem satten und runden Bourgeois also, der sich nach dem Essen mit den Fingern die Zähne putzt, ehe er sich eine Gauloise dazwischenklemmt, die er erst als Kippe wieder losläßt, träumen die Frauen der Welt.

Weil sie sich einbilden, daß der Franzose, wenn er jung ist, wie Gérard Philipe und im Alter wie Jean Gabin aussieht, in dem so viel mehr knitze Weisheit und Erfahrung steckt als in den alten Männern, die sie um sich herum sehen. Die Legende ist ebenso unzerstörbar wie die von den schwerfälligen, ungeschlachten Deutschen, die Hüte tragen und Bier trinken, dieweil der Franzose alle drei Minuten oh, là, là sagt und abends auf dem Montmartre Champagner trinkt. In Wirklichkeit sind es die Deutschen, die diesen schlechten und sündhaft teuren Champagner trinken und mit der Rechnung ihren verdienten Coup de fusil versetzt bekommen.

Nicht alle Deutschen haben indes beim Champagner draufgezahlt. Das beweisen vorzügliche Marken wie

Heidsieck, Mumm, Piper, Roederer oder Taittinger. Clevere Experten waren das, die vor hundert Jahren nach Reims gingen und blieben, im Gegensatz zu ihrem Vorgänger Georg Christian Kessler, der schon 1807, als Württemberg und Frankreich einen Gemeinsamen Markt unterhielten, der besser als die EWG funktionierte, bei der jungen Witwe Clicquot als Buchhalter anfing. Später wurde er ihr Teilhaber und Geschäftsführer, und als er nach 16 Jahren zurückkehrte, gründete er in Esslingen Deutschlands älteste Sektkellerei.

Heute freilich sind unsere Schaumweine der unteren Preisklassen von einer Qualität, die eine böse Beleidigung für den deutschen Sektvater Georg Christian Kessler darstellt. Pikanterweise begann Kessler mit seiner Produktion zur gleichen Zeit, in der der deutsche Turnvater Friedrich Ludwig Jahn auf der Berliner Hasenheide seine Bewegung ins Leben rief, die frisch, fromm, fröhlich und frei alles Welsche verdammte und den Schaumwein als frivoles Luxusprodukt deklarierte, ob er sich nun Sekt oder Champagner nannte. Von Jahn, der eine bedeutendere Rolle bei der Verschlechterung der deutsch-französischen Beziehungen spielte als der Sektkrieg, wird noch zu reden sein, aber zunächst ist noch ein Toast auf zwei Frauen auszubringen, die bewiesen haben, daß zielstrebiger Fleiß durchaus keine Eigenschaft ist, die sich in deutscher Erbpacht befindet.

Es handelt sich um zwei Witwen, die Veuve Clicquot und die Veuve Pommery. Mehr als alle Männer, die sich des Champagners annahmen, dürften sie für dessen Weltgeltung verantwortlich sein, wobei die Clicquot nicht ahnen konnte, daß sie mit dem Schwaben Kessler die deutsche Konkurrenz an ihrem Busen nährte. Beide schwangen sich nach dem Tod ihrer Männer mit Verve, Einfallsreichtum und Fleiß zu Alleinherrscherinnen auf, wie sie vielleicht nur Frankreich hervorzubringen vermag. Begüterte Witwen um die Dreißig pflegen in anderen Ländern nicht lange zu fackeln, um wieder unter die Haube zu kommen, und sei es nur deshalb, weil ein Mann ins Geschäft gehört. Aber als Nicole-Barbe Clicquot-Ponsardin sah, wie ihr Schwiegervater am Tod seines vergötterten Sohnes zerbrach, was ihr viel besser angestanden hätte, nahm sie ihm kurz entschlossen das Geschäft aus der Hand. Ähnlich machte es die Pommery. Beide zahlten den Kompagnon ihres verstorbenen Mannes aus und kümmerten sich fortan nur noch ums Geschäft, völlig desinteressiert an noblen Herren, die an einer Einheirat sehr interessiert gewesen wären. Dafür vermehrten sie fleißig die Mitgiften ihrer Töchter, so daß sich alsbald alter und vermögender Adel angezogen fühlte. Die Clicquot-Tochter bekam den Grafen Louis de Chevigné, die Pommerytochter gar den Prince de Polignac.

Das war ein ziemlich klarer Pommery-Sieg. Aber siehe da, die Clicquot holte schnell auf, weil sie ihre Deutschen hatte. Da war nicht nur Kessler, der minuziöse schwäbische Oberbuchhalter, sondern da war auch Müller, der Kellermeister. Oft genug, wenn sie mit ihrer Kerze nächtens durch ihre Keller ging, fluchte sie über die *remuage*, die wertvolle Ware gefährdete und nicht selten auch verdarb. Denn während der Flaschengärung setzt der schon moussierende Champagner Weinsteinsäure und andere Sinkstoffe ab, und es war ein großes Problem, dieses Sediment herauszubringen. Bis der Kellermeister Müller auf die Idee kam, in große Tische Löcher zu bohren. In diese Löcher hängte er die Flaschen mit dem Kopf nach unten, und wenn er die Flasche leicht rüttelte, löste sich der Satz. Das Rüttelpult war erfunden.

Es darf angenommen werden, daß eine hübsche Zahl von Müllers jede Nacht auf Montmartre ihren Champagner-Coup-de-fusil verpaßt bekommt. Zu rütteln gibt es an diesen monstreusen Rechnungen sowenig wie an der

Tatsache, daß einer ihrer Altvorderen einmal sehr kräftig und zum Wohl Frankreichs an diesem Nobeltrank gerüttelt hat, doch wollen wir den Korken in der Flasche lassen und nicht gleich von deutscher Entwicklungshilfe reden.

Eher schon darf man es als Entwicklungshilfe betrachten, was die Franzosen, denen deutsche Jahn-Jünger noch heute gerne dekadente Ansichten von der Leibeserziehung vorwerfen, für den internationalen Sport geleistet haben. Zwar konnten sie die Tour de France aus naheliegenden Gründen nicht exportieren, aber nachgeahmt wurde sie in vielen Ländern. Echte französische Schöpfungen sind jedoch die Olympischen Spiele der Neuzeit, die Fußballweltmeisterschaft sowie die Europapokalwettbewerbe im Fußball.

England hat dem Sport die Wurzel geliefert; Frankreich die Befruchtung.

Erstaunlich, nicht wahr? Gebt den Massen ein Spielzeug, das ihnen gefällt, und sie vergessen verflixt schnell, wo es herkam. Sicher, der Baron Pierre de Coubertin kommt gelegentlich noch in einer schönen Rede vor, aber viele Leute glauben, daß Avery Brundage Erfinder und Besitzer der Olympischen Spiele sei. Manche haben sogar Willi Daume im Verdacht.

Aber wer denkt noch an den Sturm der Entrüstung, den die deutsche Turnerschaft über den Rhein brausen ließ, als der adelige Franzmann die Welt zu den Olympischen Spielen von 1896 nach Athen rief? »Kein aufrechter deutscher Mann kann diesen Firlefanz mitmachen«, geiferten die Männer, die das Erbe Friedrich Ludwig Jahns verwalteten. So aufrecht waren sie, als hätten sie den Taktstock verschluckt, nach dem die strammen deutschen Turner marschierten, aber es sind dann doch Deutsche nach Athen gefahren, um mitzumachen. Möglicherweise waren es Krummstiefel.

Sieht man die Dinge in ihrem historischen Zusammenhang, so begreift man freilich, daß die Erben des Turnvaters ihren Haß gegen die Welschen mit der Muttermilch eingeflößt bekamen. Seine Bewegung, unmittelbar nach dem Sieg Napoleons bei Jena gegründet, verstand sich auch als ideologisches Bollwerk gegen die Franzosen, welche den deutschen Rauschebart allerdings nicht so ernst nahmen, wie er es gerne gesehen hätte. Zum Beweis dafür sei Karl August Varnhagen von Ense zitiert. In seinem Buch »Denkwürdigkeiten des eigenen Lebens« schreibt er über Friedrich Ludwig Jahns Parisreise vom Jahre 1815:

»Jahn insbesondere wurde ordentlich gefeiert. Der Staatskanzler (gemeint ist Hardenberg) lud ihn ein und ergötzte sich an dem wilden Aussehen, während die starken Reden ihm größtenteils unvernommen vorübergingen; Minister, Generale und Geheimräte suchten mit Jahn das beste Vernehmen, er selbst würde vielleicht gesagt haben, sie ›brüderten‹ mit ihm. Doch gefiel ihm der vornehme Kreis eigentlich nicht, er fühlte sich trotz seiner Ungebundenheit dort beengt und zog weit die Gesellschaft seiner Gesellen und Kumpane vor, mit denen er sich im Palais Royal festsetzte und dort durch sein in aller Kraft und Breite sich entfaltendes Deutschtum sowohl Franzosen als auch Deutsche in Erstaunen setzte. Zu welschen Aufwärtern in der Café-Kneipe wurde Deutsch gesprochen, mit den undeutschen Gästen nicht viel Federlesens gemacht, bei Streitigkeiten gleich die Schelle oder die Fuchtel angeboten; jedoch unterblieben ernste Kämpfe, weil man sich nicht einmal zu diesen verständigen konnte. Die Spaziergänger sammelten sich und staunten die deutschen Bären an, die ihnen bald mehr zur Lust als zum Ärger waren. Jahn hätte gern nachträglich noch die Siegessäule des Platzes Vendôme zerstört, er schloß auch die Österreicher in sein

Deutschtum ein, und als diese die venezianischen Pferde auf dem Triumphbogen vor den Tuilerien abnahmen, stieg er mit vielen anderen Zuschauern, Deutschen und Engländern, hinauf, betrat den seiner Rosse schon entblößten Siegeswagen und sprach von dieser Rednertribüne herab eine freie Anrede an die Versammlung, wobei er zuletzt noch besonders an die Österreicher sich wandte und sie aufforderte, nun auch jene Säule nicht länger zu dulden.«

Das war, wohlgemerkt, ein deutscher Chronist. Daß die Franzosen die Ironie noch ein bißchen weiter trieben, wird keinen verwundern.

Wie sehr den Deutschen aber Olympia inzwischen, trotz Jahn, ans Herz gewachsen ist, wird dadurch unterstrichen, daß sie die einzigen sind, die bisher zweimal Olympische Spiele ausrichteten. Der Rekord gewinnt aber erst ein richtiges Gewicht, wenn man hinzufügt, daß sie auch die einzigen sind, die zweimal ausgeschlossen waren, nämlich 1924 in Paris und 1948 in London. Aber das waren ja auch, wie man überall nachlesen kann, ziemlich fade Angelegenheiten.

Was Katzenmaier anbelangt, so erfüllt es ihn mit Stolz, daß die Spiele 1936 in Berlin und 1972 in München stattfanden. »Wir haben der Welt gezeigt, wie so etwas gemacht wird«, sagt er, während Touchard nicht einmal weiß, daß man 1924 in Paris Olympische Spiele hatte. Und wenn Paris diejenigen von 1980 bekäme, würde er kopfschüttelnd zum Angeln aufs Land fahren. Aber er braucht sich keine Sorgen zu machen. Erstens wüßte sein Finanzminister nicht, wo er das Geld dafür herbringen sollte, und zweitens hat Moskau die 80er Spiele schon im Sack. Und spitze westliche Journalistenzungen, die behaupten, daß es die ruhigsten Spiele würden, weil das Moskauer Telefonnetz nach drei Tagen zusammenbreche, werden nicht recht behalten. Denn die Russen werden gewaltig investieren.

Selbst de Gaulle, der im Gegensatz zu Touchard etwas von *grandeur* hielt und deshalb nie auf dessen Stimme rechnen konnte, fand Olympische Sommerspiele zu teuer. Aber ein bißchen hinriechen wollte er doch, weshalb Grenoble 1968 die Winterspiele nebst handfesten staatlichen Subventionen bekam. Aus diesem Grund ist Grenoble heute die einzige französische Großstadt mit einem ordentlichen Telefonnetz. Von Paris wollen wir gar nicht reden. Jeder zweite Anruf läuft, wie es in der Fachsprache heißt, falsch auf. Das kann natürlich auch in Marseille passieren, aber dort sind die Leute nicht so hektisch und unwirsch, und nicht selten kommt es vor, daß zwei falsch Verbundene eine halbe Stunde miteinander reden.

Katzenmaier also war von der Wahl Münchens begeistert. Durchaus standesgemäß fand er es, daß die Organisatoren die angekündigten einfachen Spiele schnell vergaßen und die gigantischsten vorbereiteten, die es je gab. Wenn die Welt zu Gast ist und die deutsche Hausfrau nach Gold schreit, dann muß auch ein goldener Rahmen her. Hundertachtzig Millionen allein für das Dach eines Stadions, das daneben allerdings nichts Ausgefalleneres aufzuweisen hat als die Ähnlichkeit mit einer Frau, die eine imitierte Perlenkette zum teuersten aller Hüte trägt. Nicht alles paßte zusammen, aber man muß zugeben, daß ein nachhaltiges internationales Echo geglückt wäre, wenn arabische Terroristen an jenem schwarzen Septembertag nicht alles verdorben hätten.

Nicht nur Katzenmaier fand die Eröffnung schön. Auch Touchard, der in Paris am Bildschirm saß, lobte die Deutschen: »*Pour ça, tu peux leur faire confiance, c'est moi qui te le dis, je les connais, allez!*«

Wenn die Deutschen mit pompösen Rahmen aufwarten, nennt Touchard das »wagnerisch«, und es ist Bewunderung mit einem Schuß Ironie.

Aber man kann ihm natürlich nicht beibringen, wie es kommt, daß deutsche Athleten aus Ost und West nichts, oder so gut wie nichts, miteinander reden. Das geht, wie die Berliner Mauer, über seinen Horizont, und es ist völlig sinnlos, mit ihm darüber zu diskutieren. Denn er ergreift dann, auf seine typische Weise, die Initiative, und das geht so: »*Tiens, regarde moi Paris.* Ich ziehe eine Linie, *tu vois?*«

Ich nicke.

»Und du glaubst«, trumpft er auf, »die Pariser ließen es zu, daß man sie mit einer Mauer auseinanderreißt?«

Ich nicke wieder, aber ich sage nichts mehr, weil wir sonst in zwei Stunden bei Blücher und Napoleon wären. Schließlich sagt Touchard, des Wartens auf Streit überdrüssig und mit feiner Logik: »*Après tout,* schließlich habt ja auch ihr den Krieg verloren und nicht wir.«

Nicht, daß Touchard Chauvinist wäre. Aber es gibt Momente, in denen er klare Verhältnisse braucht.

## Psychologie der Reportage

Daß sich zum weiß-blauen Münchner Olympia auch das Rot der Trikolore gesellte, ist im Stadion nicht so oft bemerkt worden wie im Pressezentrum. Frankreichs Athleten rissen keine Bäume aus, aber sein stattlicher Journalistentroß zerrte an Mädchenherzen. Besonders in den ersten fröhlichen Tagen.

Die Organisatoren hatten das nicht eingeplant, wohl aber verschuldet. Im Pressezentrum hatten sie eine weiß-blaue Arbeitsverhinderungsbarriere eingebaut, bestehend aus einer Hostessenarmada, deren Liebreiz nur unbedeutend dadurch vermindert wurde, daß die Dirndl im Gegensatz zur klassischen bayerischen Version keinen Ausschnitt hatten. Mindestens achtzig Prozent der Mädchen wären auch dann noch hübsch gewesen, wenn man sie in Jutesäcke gesteckt hätte. Sie waren die Unruh im pausenlos tickenden Uhrwerk der internationalen Massenmedien.

Überall stolperten die Presseleute über Mädchen, die nicht recht wußten, wie sie ihnen helfen sollten. Denn die Deutschen, ängstlich bemüht, es ja an nichts fehlen zu lassen, wie ein Partygastgeber, der fünfzig Personen erwartet, aber für zweihundert vorgesorgt hat, pumpten so viel Hostessen ins Pressezentrum, daß die Journalisten Platzangst bekamen. Wenn einer eine Frage hatte, bekam er die Antwort mit Computertempo in zehn Sprachen geliefert, als arbeite er nicht für eine Zeitung, sondern für ein Lexikon. Die Hilfsbereitschaft der Hostessen war erdrückend.

Und es war unverkennbar, daß ihnen die französischen Reporter in diesem Turm zu Babel die spontanste Freundlichkeit entlockten, obwohl keiner von ihnen wie Gérard Philipe aussah. Ein paar Belmondo-Typen mögen ja dabeigewesen sein, aber das war es nicht. Die Sprache schon eher, in erster Linie aber die von Frankreichs Dichterfürsten angerichtete Nostalgie. Ganz deutlich war das bei Yoko, der Japanerin, zu spüren, die jeden anlachte, weil Japanerinnen gar nicht anders können und sich damit in Europa manches Mißverständnis einhandeln. Wie die Lotosblüte aus dem Maßkrug lachte Yoko aus ihrem weiß-blauen Dirndl heraus, und obwohl unsereiner die Nuancen des japanischen Lächelns nie erfassen wird, merkte man ihm Erwärmung an, wenn sie mit einem Franzosen sprach.

Ob der eine oder andere die Gunst der Stunde und der Hostessen übers Dienstliche hinaus nutzte, steht hier nicht zur Debatte. Sicher ist, daß solche Bevorzugungen der *amour propre* dem französischen Manne höchst wohlgefällig sind, besonders dann, wenn er zu Hause der kleine *pantouflard* ist, den keiner besser und typischer am Rockschoß seines Hausdrachens aller Männlichkeit zu entkleiden verstand als der berühmte Karikaturist Dubout.

Im übrigen muß man die französischen Reporter, wie ihre restlichen zwanzig Millionen Brüder, als die Opfer jener Reputation betrachten, die einst Touchard auf der Rauhen Alb in Zugzwang brachte. Doch nicht jeder zieht sich mit so viel Glanz aus der Affäre.

Und auch im beruflichen Sektor sind sie, wie alle anderen, Produkte ihrer Umwelt. Sie tun, was verlangt wird, obwohl gerade der französische Konsument gerne behauptet, etwas ganz anderes zu verlangen. Aber das ist nichts anderes als sein natürlicher Widerspruchsgeist. In Wirklichkeit will er genau das, was ihm geboten wird.

Vom deutschen Reporter verlangt man, sofern es sich um Funk und Fernsehen handelt, ein männliches Organ. Seine Stimme braucht das kräftige Timbre eines ebensolchen Naturburschen, aber auch die pastorale Feierlichkeit der Nationalhymne, wenn sich Rudolf Mang in der atemlosen Stille eines überfüllten Saales anschickt, mehr Gewicht vom Boden aufzuheben, als es jeder andere Mensch der Welt vermag.

Katzenmaier schätzt solche Nuancen. Er hat ein Gefühl für den rechten Ton am rechten Ort, und wenn Deutschlands Fußball-Nationalmannschaft in der Halbzeit gegen Frankreich mit 0:5 im Rückstand läge, dann fände er es durchaus richtig, wenn der Reporter auch in die Kabine ginge. Nicht um Tee zu trinken, sondern um Trauerkleidung anzulegen. Es ist nicht so wichtig, was er sagt, sondern wie er es sagt.

Einmal, ja da ist einer gekommen und hat den feierlichen Ernst der deutschen Sportreporter unter den Tisch gefegt, daß in ein paar Millionen deutscher Haushalte die Wände wackelten. Das war in den frühen fünfziger Jahren beim Länderspiel Österreich-Deutschland in Wien, und der Mann hieß Heribert Meisel. Es war die Zeit, in der die Leute noch in die Radioapparate hineinkrochen, weil es kein Fernsehen gab. Was der Österreicher Meisel da mit den Deutschen anstellte, war mehr, als der Gabelbieger und drahtlose Uhrmachermeister Uri Geller je vermögen wird.

Denn Heribert Meisel brachte es fertig, daß sich eine Nation vor Lachen bog. Über die vollen neunzig Minuten stand er das unerhörte Wagnis durch, ein Länderspiel vor Millionen von deutschen Ohren des Sakralen zu entkleiden. Seine kabarettistische Conférence brachte ihm die größte Zahl von Dankschreiben ein, die je ein deutschsprachiger Reporter erhielt, aber erstens war das den zuständigen deutschen Rundfunkbossen zuviel, und zweitens weiß man natürlich nicht, ob die Deutschen auf die Dauer ihren Spaß an dem Mann gehabt hätten, der so ungeniert an hehren Traditionen herummeiselte. So kehrten sie zu ihren Bordmitteln zurück.

So, wie die Dinge liegen, wird es auch keinen Versuch mehr mit einem deutschsprachigen Ausländer geben. Die Rundfunkreporter sind von ihren Fernsehkollegen zum Fußvolk degradiert worden, bei großen Anlässen gerade noch gut dazu, die Leute auf den Autobahnen zu bedienen und ein paar Urlauber, die an ihren Transistorradios hängen. Und beim Fernsehen kommt kein Ausländer ran. Da ist die Rangelei so groß, daß man darauf warten kann, bis der erste erdolcht wird, und dann wird man erstaunt feststellen, daß er keine Lücke hinterläßt. Jedenfalls bekämpft man sich sehr hart und männlich.

Die Franzosen haben diese Proporzstreitigkeiten nicht. Alles ist in Paris zentralisiert, und keinem, der sich da eingenistet hat, droht Konkurrenz aus Marseille oder

Lyon. Aber das ist nicht der einzige Unterschied. Gefragt ist nicht die markige Stimme des deutschen Schutz-und-Trutz-Reporters, sondern Mariannes verzeihende, mütterliche Art. Vor allem im Fußball, wo die Franzosen ja viel häufiger zu verlieren pflegen als die Deutschen. Sicher, wenn Frankreich gegen Island spielt, kann man schon einmal das Kikeriki des gallischen Hahns hören, aber wenn der Gegner stärker ist, dann wird der Reporter zu einer verzweifelten Glucke, die machtlos zusehen muß, wie ihre Küken ins Unglück rennen. Kommt es aber vor, daß sie ausnahmsweise einmal aufs gegnerische Tor zulaufen, dann muß der größte aller Pechkübel herhalten, wenn Mittelstürmer Passepartout aus einer Position verschießt, die man mit viel gutem Willen als aussichtsreich bezeichnen konnte. Natürlich hätte er, mit viel Glück und Können, ein Tor erzielen können, und geflissentlich übersieht der Reporter, welches Glück seine Mannschaft bei viel gefährlicheren gegnerischen Angriffen hatte. *Ah, la malchance!* Wann wird sie endlich aufhören, ihr Pech über unsere armen Burschen zu schütten?

Deshalb kann auch der Sieger, der nie siegt, nur Franzose sein, und nur Franzosen können ihn ins Herz schließen. Sein Name ist Raymond Poulidor, und wenn sich die Académie dereinst auch nicht entschließt, ihn zu den Unsterblichen ins Panthéon zu legen, so werden unsere Enkel vielleicht dem Großen Larousse entnehmen können, daß der höchste Steigerungsgrad von Popularität *poupoularité* heißt.

Man muß »Poupou«, der die Tour de France nie gewonnen hat und 1974 beim zwölften Anlauf und mit achtunddreißig Jahren einen fast unglaublichen zweiten Platz hinter dem großen Eddy Merckx belegte, im Ziel einer der vielen Etappen gesehen haben, in denen ihn das Pech verfolgte. Denn dann steigt kein Rennfahrer vom Rad, sondern Frankreich. Den Pedalriemen löst er mit einem resignierten Kopfschütteln und einem Handgriff, der traurig bis in die Spitzen der Finger ist, an denen Blut und ein zerfetzter Rennhandschuh kleben. Er hatte sein Rendezvous mit der Tristesse, aber er hat nicht geweint, sondern *bonjour* gesagt. Dafür weinen viele Frauen über das Malheur des *gars de bien d'chez nous,* dieses so einfachen, so mutigen und so unglücklichen Burschen, der ihnen französischer als alle anderen vorkommt. Stark wie die Nation ist er, aber alles verschwört sich gegen ihn, und da die Franzosen trotz Europäischer Gemeinschaft zutiefst von Führungsansprüchen überzeugt sind, die ihnen ihre Nachbarn mißgönnen, ist Poulidor zur unterschwelligen Inkarnation Frankreichs geworden.

Sie liebten ihn, weil alles gegen ihn war. Die Rennfahrer, die Ebene, die Berge, das Material. Hatte er die Konkurrenz abgehängt, platzte ihm ein Reifen. Hatte er das Feld nach einer grandiosen Jagd, zu der nur Ausnahmekönner fähig sind, wieder in Sichtweite, prasselte ein Steinschlag von der Felswand oder lief ihm ein streunender Hund ins Rad.

Poupou, dessen Reifen mit Sicherheit den einzigen Reißnagel fanden, der sich auf eine Etappe von zweihundert Kilometer Länge verirrt hatte, suchte ein Unglück. Deshalb war er das unverdient geschlagene Frankreich – und ein Sieger dennoch.

Katzenmaier geht der Sinn für derlei Feinheiten ab. Für ihn hat der Sieger gewonnen. Basta. Touchard denkt da anders. Aber das haben wir schon gehabt.

Den französischen Redaktionsboten jedoch nicht. Er unterscheidet sich von seinem deutschen Kollegen dadurch, daß er seine Dienstleistung nicht hurtigen Laufes, sondern gemessenen Schrittes vollbringt, falls er nicht gerade mit dem Fahrrad Matern in die Druckerei transportiert, die sich wegen des chronischen Platzmangels nicht unter dem gleichen Dach befindet. Im reiferen Alter kann er zum Redaktionszerberus aufsteigen und damit eine in Deutschland unbekannte Machtposition erringen. Jungredakteure haben ihn zu fürchten, und erfahrene müssen ihn zumindest schätzen, wenn sie keine Zeit mit der Suche nach ihrer Post und anderen wichtigen Dingen vergeuden wollen.

Die Redaktionswächter haben conciergenhafte Rechte und Pflichten. Beispielsweise schirmen sie die Redaktion vor lästigen Besuchern ab. Deshalb sind sie unentbehrlich. Und einen der unentbehrlichsten lernte ich bei »L'Equipe« kennen. Bécavin, dem eine ganze Etage unterstand. Nicht, daß das ein Imperium wäre. Im schmalbrüstigen Hinterhaus der Nummer 10 der Rue du Foubourg Montmartre, wo die älteste und bedeutendste Sportzeitung der Welt gemacht wird, hat sich seit der Jahrhundertwende nicht viel geändert, und Bécavins Reich waren ein paar verschachtelte Redaktionsstuben, kaum breiter als der halbdunkle Korridor, in dem heimtückische Stufen den Eindringling fällten, dem es gelungen war, Bécavins Aufmerksamkeit zu entgehen.

Aber das gelang selten, weil Bécavins Nase zwar von einem Boxhieb gekrümmt, aber unerhört feinfühlig war. Keiner, so hieß es, konnte wichtige und unbedeutende Besucher besser erschnuppern als er.

Bis eines Tages die Sache mit dem Neger passierte. Sie erschütterte seine Reputation so gewaltig, daß er beinahe seinen Abschied wegen Majestätsbeleidigung genommen hätte. Passiert war die Sache am Vorabend eines Länderspiels Frankreich-Brasilien, und der bei solchen Anlässen übliche Trubel auf der Fußballredaktion war erhöht worden durch das Versagen eines jungen Reporters. Mit dem Auftrag, ein Exklusiv-Interview mit Pelé zu machen, war er schon am frühen Morgen ins Hotel der brasilianischen Nationalmannschaft geschickt worden. So früh, daß, nach menschlichem Ermessen, die Konkurrenz ausgeschaltet war. »Wenn du nichts bringst«, hatte ihm der Ressortleiter erklärt, »brauchst du dich gar nicht mehr sehen zu lassen.« Bei solchen Sachen arbeiten alle Ressortleiter der Welt mit den gleichen Drohungen.

Aber der Mann kam spät und zitternd und mit leeren Händen zurück. Pelé, der Reporter müde, dagegen begierig, Paris einmal allein und inkognito zu durchstreifen, war ihm durch einen Hintereingang des Hotels entkommen. Über die großen Boulevards schlenderte er zur Opéra und bog dann, bei Richelieu-Drouot, in den Boulevard Montmartre ein. Er, der es gewohnt war, überall, wo er sich blicken ließ, von Menschentrauben eingekeilt zu werden, hätte alle Pariser umarmen mögen, weil sie ihn in Ruhe ließen. Da war keiner, der ihn auch nur eine Sekunde angestarrt hätte, und er genoß dieses Bad in der indifferenten Menge so lange, bis er seine Füße zu spüren begann. Am Café »Le Brébant«, da, wo die Rue du Faubourg Montmartre in den Boulevard mündet, wollte er ein Taxi nehmen.

Doch dann sah er, kaum fünfzig Schritte entfernt, an einer grauen Mauer auf rotem Grund Schriftzeichen, die er verstand. »L'Equipe«, las er, und er beschloß, hineinzugehen, nicht ahnend, daß aus diesem Haus inzwischen eine Armada von Reportern ausgeschwärmt war, ihn zu suchen. Der König des großen Spiels wollte der ältesten Zeitung des Sports seine Reverenz erweisen.

Sein Pech war, daß er auf Bécavin stieß. Auch der hatte sein Teil von der Nervosität im Fußballressort abgekriegt, und da er es unter seiner Würde fand, angeraunzt zu werden, war er übel gelaunt. Er würdigte den schwarzen Mann, der außer dem international gebräuchlichen Wort »Football« nichts herausbrachte, keines Blicks. Im Empfangsraum, welcher den anmaßenden Namen »Salon«

führt, wies er ihm mürrisch einen Stuhl an und las, an seiner vor Wut kalt gewordenen Gauloise ziehend, seine Zeitung weiter.

»Football«, wagte der von soviel Souveränität beeindruckte Pelé nach zehn Minuten zu wiederholen.

»Football«, äffte ihn Bécavin nach, in der Art, mit der man kleinen Kindern beibringt, daß sie ihr Spielzeug trotz allem Betteln nicht kriegen. Erst als er nach weiteren zehn Minuten Post in die Fußballredaktion tragen mußte, ließ er beiläufig fallen, daß ein Neger im Salon sitze. Aber sie brüteten über ihren Manuskripten und hörten gar nicht hin.

Später kam ein Fotograf, um Bilder vorzulegen. »Im Salon«, sagte er, »sitzt ein Neger, und er sieht aus wie Pelé.«

Aber dies war nicht der Moment, um Witze mit den Männern zu machen, die den verschwundenen Pelé verfluchten. »Wahrscheinlich«, zischte Jean Cornu, der als Chef de service die Verantwortung für das Pelé-Interview hatte, »sitzt Brigitte Bardot auf seinem Schoß!«

»Ich würde mir«, sagte der Fotograf mit feinem Lächeln, »den Burschen da draußen trotzdem mal ansehen.«

Widerwillig stand Cornu auf. Nach dreißig Sekunden war er zurück – mit hochrotem Kopf und mit Pelé am Arm. Bécavin aber floh mit wehenden Rockschößen, um Champagner zu besorgen und nicht von allen Wurfgeschossen, über die eine Redaktion verfügt, getroffen zu werden. Das Interview fand statt, ein schlagender Beweis für die bedeutsame Rolle des Redaktionswächters bei der reibungslosen Arbeit in französischen Zeitungen.

Sie werden überhaupt anders gemacht als bei uns. Zwar leihen wir uns den Boulevard aus, um eine gewisse Sorte von Blättern zu charakterisieren, aber »France Soir«, Frankreichs größte Boulevardzeitung und die einzige, deren Auflage die Millionengrenze übersteigt, ist, im Vergleich zur »Bild-Zeitung«, ein anspruchsvolles Intelligenzblatt. Aber keine voreiligen Schlüsse! Marianne hat, was die Mischung von Klugen und Dummen in ihrem Teig anbelangt, ungefähr das gleiche Verhältnis wie der Michel, aber es widerstrebt ihr, ihre Dummen für dumm zu verkaufen.

Außerdem finge selbst ein beachtlich dummer Franzose zu räsonieren an, wenn man ihn nach einem gewonnenen Länderspiel mit einer Schlagzeile fangen wollte wie dieser: »Unsere Jungs waren prima!« Das sagt er vielleicht im Bistro am *zinc*, aber von Leuten, die Schlagzeilen austüfteln, erwartet er, daß sie ihr Köpfchen ein bißchen mehr anstrengen, wenn sie Papier verkaufen wollen. Das ist nicht nur reiner Widerspruchsgeist, sondern rudimentäres logisches Denken, ein *bon sens*, der sich leider nicht exportieren läßt wie Champagner.

Dafür gehen zwei französische Zeitungen in alle Welt: »Le Monde« und »Le Figaro«. Man kauft ihre Frühausgabe am New Yorker Times Square am gleichen Tag wie in Frankreich, obwohl es in Paris, wenn »Le Monde« am Nachmittag den Taubenschlag öffnet, für diese Frühausgabe, die *la première* heißt, wie vor hundert Jahren zugeht.

Es ist ein Schauspiel der *Belle Epoque*, aber nicht für die Fremden nachgespielt wie der Klimbim, den die Maler auf der Butte Montmartre veranstalten. Da versammeln sich an die hundert Radfahrer am Hinterhof von »Le Monde«, und wer nicht weiß, was sie vorhaben, könnte an eine Hauptversammlung der Clochards glauben. Drei Tage alte Bärte, speckige Baskenmützen, und aus der Musette, die an der Schulter hängt, lugen die Rotweinflasche und die Weißbrotbaguette heraus wie siamesische Zwillinge. Wenn dann der Taubenschlag aufgeht, packt jeder seinen Zeitungsstapel auf, und in alle Windrichtungen radeln sie davon, um die Kioske der Boulevards zu bedienen. Jedes Auto wäre langsamer als sie, und jeder rechte Pariser Autofahrer läßt den Zeitungspedaleuren auch den kleinen Spielraum, den sie brauchen.

Pariserischer als »Le Monde« ist »Le Figaro«, und auf dem soliden Buckel eines großen Anzeigenteils, den lokale Inserenten ebenso speisen wie überregionale, scheint er lässig eine starke und aufwendige Redaktion zu tragen. Auch gibt sich keine Pariser Zeitung so nobel, denn am Rond Point der Champs Elysées, in der Mitte zwischen Concorde und Triumphbogen, wo der Quadratmeter den Wert einer kleinen Goldgrube hat, residiert er in einem jener stattlichen Häuser, die sich heute nur noch Banken und Versicherungen leisten können.

Leider treffe ich nur selten, wenn ich vorbeikomme, meinen Freund Roland Mesmeur an. Entweder spielt er Tennis, um sich in Form zu halten, oder er ist gerade bei einem jener Pariser Kontaktgespräche, die nur im Restaurant stattfinden können und ihre Zeit und ihr Geld kosten. Nach Auffassung aller Pariser Journalisten, die etwas auf sich halten, sind sie jedoch tausendmal wichtiger als der Schreibtisch. Manchmal keimt der Verdacht in mir auf, daß Mesmeur den seinen nur zur sorgfältigen Ablage seiner Spesenrechnungen benützt, aber es ist, ehrlich gesagt, nichts anderes als blanker Neid. Nonsens dazu, denn er ist ein tüchtiger Chef de service, dessen Arbeitsweise sich großer Beliebtheit im ganzen Haus erfreut. Trotzdem kommt das Blatt, mit Ausnahme von Sonn- und Feiertagen, mit der gleichen schönen Regelmäßigkeit heraus wie der Remstalbote.

Aber eine Frage, die mich zuweilen beschäftigt, wird nie gelöst werden. Was geschähe, wenn der »Figaro« eines Tages einen jener deutschen Direktoren bekäme, die in keiner Wiege, sondern in einem Kassenschrank geboren wurden? Gewiß, die Frage kann nur rhetorischer Art sein, doch übersteigt die Antwort einfach mein Vorstellungsvermögen. Für den einsamen Kampf des wackeren Sparkommissars gegen dieses kühne Heer von Spesenrittern müßte schon ein Ludwig Uhland her.

Der Hauch von Freiheit und Unabhängigkeit, den Pariser Journalisten verbreiten, ist in der Tat bemerkenswert. Aber da dieser Hauch spezifisch französisch ist, muß er uns nicht zu begehrlichem Schnuppern verleiten, denn auch der französische Journalist ist nur so frei und unabhängig, wie es sein Verleger sowie die allgemeine und die spezielle Lage erlauben. Weist er einem Baulöwen, der für eine Million im Jahr inseriert, nach, daß seine Häuser weder so schön noch so solide sind, wie es in der Annonce steht, dann kriegt er in Paris den gleichen verlegerischen Leitsatz zu hören wie in Buxtehude: »Anzeigen bringen Geld und Redakteure kosten Geld.« Und obwohl er weiß, daß ohne Redaktion keine Anzeigen kommen, wird er nicht lange argumentieren, wohl wissend, daß potente Anzeigenkunden schwerer zu ersetzen sind als Redakteure, selbst wenn sie sich für gut halten.

Es gibt jedoch den Ausnahmefall, in dem der Journalist wichtiger als die Anzeige wird. Deutsche und Franzosen haben ihn genug geprobt, denn er heißt Krieg. Nun haue in die nationalen Tasten, Schreiberling, und zeige, was es dir wert ist, entweder zu alt zu sein, um in den Ehrenrock gesteckt zu werden, oder zu kurzsichtig, oder gar ein gutes Vetterlein beim Wehrbezirkskommando zu haben! Jage die Jugend hinaus in die Schützengräben und versichere ihr, daß es nichts Schöneres und Beneidenswertes gibt als den Tod, der dort auf sie lauert. Und vergiß nicht, ihr zu sagen, daß uns der Sieg um so schneller winkt, je hurtiger sie hineinstolpert. Und daß ein besonderer Held der ist, der mit zwei Beinen auszog und mit nur einem zurückhumpelt. Stets wird man ihn ehren, und in der U-Bahn wird er immer einen reservierten Platz haben.

Die Zahl der Schreibtischhelden, die eines schönen Sommers in Paris und in Berlin versicherten, daß der Krieg 14–18 schon 1915 zu Ende sei, war in beiden Hauptstädten die gleiche, und mit der gleichen grandiosen Idiotie, zu der nur Intelligenz fähig ist, gossen sie ihr vaterländisches Heizöl ins Feuer der Schlachten. Es stimmt nicht, daß französischer Esprit eine Barriere gegen diese Idiotie gewesen wäre. Vielmehr zeigte es sich, daß er auf Grund einer von aller Welt attestierten Fluktuationsfähigkeit noch viel verrücktere Blüten zu treiben imstande war als preußische Gehirne, deren begrenztere Phantasie ebenfalls von der Welt attestiert wurde.

Es zeigte sich jedoch, daß der patriotische Orgasmus kein Privileg der professionellen Schreiber war. Den unzweifelhaft ergiebigsten hatte der berühmte Dr. Bérillon, der die Deutschen 1915 vor der Pariser Société de Médecine als anatomische Wracks entlarvte. »Der Deutsche«, so sagte er, »stinkt. Ein penetranter, ekelhafter Geruch nach Verwesung geht von ihm aus.«

Als Wissenschaftler von hohen Graden konnte Dr. Bérillon selbstredend auch das scheußliche Geheimnis dieses Stinktiers lüften. Der Deutsche, so erklärte er der staunenden Fakultät, habe es nicht gelernt, seine instinktiven Impulse zu kontrollieren, weshalb sein Stoffwechsel nicht kultiviert sei wie der eines höheren Wesens. Vielmehr sei er vergleichbar mit dem gewisser Tiere, welche bei Ausbrüchen von Zorn oder Angst übelriechende Drüsenabsonderungen produzieren. Und mit zwingender Logik führte Dr. Bérillon den Beweis für die Gefährlichkeit deutschen Urins: »Man benötigt 45 Kubikzentimeter französischen Urins, um ein Kilogramm Meerschweinchen zu töten. Aber schon 30 Kubikzentimeter deutschen Urins genügen, um das gleiche Resultat zu erreichen.«

Möglicherweise hätte der deutsche Generalstab, wenn er Kenntnis von diesem erstaunlichen Phänomen gehabt hätte, Urinwerfer statt Flammenwerfer eingesetzt, aber der eminente Dr. Bérillon hat noch mit einer anderen Überraschung aufgewartet: »Da der Deutsche unfähig ist, seinen ganzen Urin über die Nieren abzusondern, vermischt sich ein Teil davon mit seinem Fußschweiß. Man könnte also sagen, daß er mit den Füßen pißt.«

Schlußfolgerung des Dr. Bérillon: »Da der eklige Geruch, der von den Deutschen ausgeht, gelegentlich auch bei französischen Greisen im hohen Stadium des Siechtums zu bemerken ist, darf angenommen werden, daß die gesamte deutsche Rasse vor dem Untergang steht.«

Zwar haben die Deutschen dann noch bis 1918 vor sich hin gestunken, aber es ist eine unbestreitbare Tatsache, daß eine enorme Zahl von Franzosen an solche grandiosen, von der Intelligenz geborenen Idiotien glaubte, so, wie die Deutschen tapfer schluckten, was die eigenen Propagandisten über die Minderwertigkeit des Feindes ausheckten. Nur die Frage, warum sich nicht jeder den schwächlichen und degenerierten Gegner einfach ans Bajonett hängte und zum gemütlichen Teil überging, ist nicht beantwortet worden.

### Le Canard enchaîné

Aber es gab in Paris einen Journalisten, der nach einem Kriegsjahr die Nase voll hatte von dem schwülstigen Brei, der in den Redaktionsstuben gekocht und brühwarm an die Front geschickt wurde. Er hieß Maurice Maréchal, arbeitete beim »Matin« und ärgerte sich jeden

Morgen, den der Kriegsgott werden ließ, über den degoutanten Opportunismus seiner Kollegen und die unverfrorene Borniertheit vollgefressener Politiker. Und natürlich über Leute wie den Dr. Bérillon, der weiß Gott nicht der einzige unter den prominenten Wissenschaftlern war, die Volksverblödung betrieben. Maurice Maréchal, der Mann mit dem kriegerischen Namen, für den es auf der Welt keine unvorstellbarere Dummheit als den Krieg gab, verstand Frankreich nicht mehr. Aber er begann zu verstehen, was Rede und Schrift anzurichten vermögen.

Deshalb beschloß dieser außergewöhnliche Mann, etwas zu tun, was zu diesem Zeitpunkt im Reiche des Kaisers niemand gewagt hätte. Aber auch in Frankreich war es ein Bravourstück ohnegleichen, und vielleicht, das kann man rückblickend sagen, hat sein Werk deshalb allen Stürmen getrotzt, weil es im größten aller Stürme geboren wurde. Maurice Maréchal hätte den höchsten aller Orden dafür bekommen müssen. Aber Männer wie er sind allergisch gegen Orden. Außerdem bestand für keine französische Regierung, die mit Maréchal leben mußte, der geringste Grund, ihn auszuzeichnen.

Maurice Maréchal lebt nicht mehr, aber nie wird sein Name von der Titelseite des Blattes verschwinden, das seit über einem halben Jahrhundert jeden Mittwoch an die französischen Kioske kommt und sich rühmen darf, die französische Politik mehr als jede andere Zeitung beeinflußt zu haben. Es gibt in keinem Land der Welt etwas Vergleichbares, aber es gibt auch kein anderes Land, das für seinen geistigen Stuhlgang eine so herrliche Erfindung wie die des Maurice Maréchal benötigt. Der Franzose erleichtert sich durch sie, und wenn der Dr. Bérillon noch lebte, dann würde er die bei der Lektüre von Maréchals Blatt leise in sich hineinschmunzelnden Leute vielleicht als Entenkacker bezeichnen.

Ich habe das Blatt oft mit dem größten Vergnügen gelesen, aber ohne das vorzügliche Buch »Messieurs du Canard« von Jean Egen, das 1973 in Paris erschien, wäre es mir unmöglich, die traumhaft schöne Geschichte seiner Gründung zu erzählen. Sie muß in der Tat ein Kaminfeuertraum für Journalisten sein, die im Joch des Verlegers stampfend, dem Hü und dem Hott vom Bock zu gehorchen haben.

Maréchal besaß zehntausend Francs. Das war wenig. Aber er hatte einige echte Freunde, und das war viel. Er lud sie in seine Dreizimmerwohnung ein, fünf an der Zahl, und eröffnete ihnen, während Madame Maréchal das Essen richtete: *»Je veux créer un canard.«*

*Canard* klein geschrieben, wohlgemerkt. Es bedeutet Ente, ist aber, sinnigerweise, auch ein populärer Ausdruck für Zeitung. Der Deutsche spricht von Zeitungsenten; der Franzose geht einen kräftigen Schritt weiter und bezeichnet kurzerhand alle Zeitungen als Enten.

Maréchal erklärte seinen Freunden also, daß er eine Zeitung gründen wolle, weil er die Schnauze gestrichen voll von dem schmierigen Geschäft habe, das er beim »Matin« verrichten mußte.

Die Männer essen, trinken und diskutieren, und sie tun alles ausgiebig, weil es Maréchal an nichts fehlen läßt. Denn das Land, in dessen nordöstlichem Zipfel sich die Deutschen festgekrallt haben, ist immer noch reich. Man lebt in Paris besser als in Berlin, aber Maréchal denkt anders darüber als die Regierungsbonzen, und er denkt auch an die Poilus, die draußen in den Gräben hungern und mit den Läusen kämpfen, wenn sie's nicht gerade mit den Deutschen zu tun haben.

»Und wie nennen wir den *canard*«, fragt Maréchal, als er merkt, daß die Männer die Idee von der Zeitung goutieren.

»Warum«, fragt einer, mit vollen Backen kauend, »nicht gleich *Canard*?«

»Ja, warum eigentlich nicht«, nimmt Maréchal die Idee auf und gießt Burgunder nach. »Gar nicht übel, aber irgend etwas fehlt mir noch.«

Versonnen halten die Männer die Gläser hoch und lassen das Licht sein Spiel mit dem Wein treiben.

*»Le Canard comment?«* insistiert Maréchal.

*Canard sauvage* – Wildente – fällt zuerst. Man ist angetan, aber dann schlägt Maréchal mit der breiten Faust, die zu seinen eins Komma fünfundachtzig Metern gehört, auf den Tisch.

*»Le Canard enchaîné!«* Unfreiwillig ist ihm Clemenceau, der den *homme enchaîné* erfunden hat, zu Hilfe gekommen.

»Le Canard enchaîné«, also, die gefesselte Ente. Am 10. September 1915, ein Jahr nach Kriegsbeginn, erscheint die erste Nummer. Aber es ist ein Fehlstart. Die Männer, die geglaubt hatten, mit den Handgranaten des Esprits gegen die schwerkalibrige Munition einer stupiden Propaganda ankämpfen zu können, halten nur einen Monat durch. Nach der fünften Nummer fällt der Canard mit lahmen Flügeln auf den Schnabel.

Aber Maréchal gibt sich nicht geschlagen. Er weiß, daß die Startbasis klein und fragil war, doch er will auch wissen, ob es in Frankreich nur noch kleine Köpfe gibt, die das eigene Denken verlernt haben und sich widerstandslos von der Propagandamaschine aufblasen lassen.

Am 5. Juli 1916 fliegt der Canard wieder. Er fliegt buchstäblich aus Maréchals Wohnzimmer hinaus, und diesmal gewinnt er Höhe – und er bleibt oben. Sein Nest ist das kleine Appartement der Maréchals, mit Wohnzimmer als Redaktion, Küche als Vertriebsabteilung und Schlafzimmer als Administration, und auf diesen paar

Quadratmetern wird mehr zur Rettung des französischen Geistes getan als in allen französischen Redaktionen.

Sicher, die Zensur ist zu beachten, aber Maréchal schlägt sie mit Finesse. Er weiß, daß niemand den Krieg von seinem Wohnzimmer aus anhalten kann, aber er versteht es, so subtil mit dem Florett der Ironie gegen die Besenstiele der Propaganda zu fechten, daß ein immer größeres Publikum aufmerksam – und die Zensur vorsichtig wird. Denn sie kann sich nicht der Lächerlichkeit preisgeben, wenn Anatole France, einer der Unsterblichen der Akademie, öffentlich für den Canard enchaîné eintritt und Literaten wie Tristan Bernard und Jean Cocteau unaufgefordert Beiträge anbieten. Maréchal hat ein Rennen gewonnen, das in jedem anderen Land als Frankreich aussichtslos gewesen wäre.

Man kann das Geheimnis dieses Erfolgs nicht mit rechtsrheinischen Maßstäben ausloten, weil es zu nuanciert, zu spezifisch französisch ist. Nicht nur Katzenmaier wird vom Canard überfordert, sondern so mancher, der sich sein Französisch nicht als Besatzungssoldat, sondern auf der Universität holte. Denn selbst wenn er sich, was die Lektüre anderer Pariser Blätter voraussetzt, in der französischen Innenpolitik auskennt, muß er ein anderes und für den Deutschen viel schwierigeres Hindernis nehmen. Es ist der *calembour*, dieses, um beim Skat eine Anleihe zu machen, hochgereizte *jeu de mots*, das den Sensationsstich macht. Im Wörterbuch wird der Calembour als Wortspiel, aber auch als Kalauer oder fauler Witz angeboten, eine schwache Offerte, aus dem einfachen Grund, weil sich die französische Sprache zum nuancierten Wortspiel tausendmal mehr anbietet als die deutsche.

Sicherlich ist die ätzende Ironie des Canard eine gallische Spielart des Humors, aber sie ist auch eine echte

Kreation, ein unnachahmliches Modell, das dem unterkühlten Witz von Mark Twain nicht weniger nahesteht als dem Donnergelächter von Rabelais. Ein maßgeschneiderter Handschuh für alle, die nicht unbesehen nach dem greifen, was ihnen ihre Politiker anbieten.

Hochinteressant ist in diesem Zusammenhang, daß dem Canard, sehr bald nach dem ersten Weltkrieg, als er schon kräftig flog und mehr als dreihunderttausend Exemplare verkaufte, etwas Ähnliches passierte wie später dem »Spiegel« bei der Machtübernahme der deutschen Sozialdemokraten. Mit Edouard Herriot wurde endlich ein »Linker« Regierungschef, und der Canard freute sich nicht minder darüber als der »Spiegel« beim Amtsantritt Willy Brandts.

Maurice Maréchal und seine Getreuen standen vor einer von ihnen zwar erhofften, aber deshalb nicht minder kritischen Situation. Wenn Herriot sein Programm verwirklichte, blieb ihnen nichts anderes übrig, als die Regierung zu loben, ein Sonderfall, bisher absolut unsinnig und deshalb auch nicht trainiert.

»Abwarten«, sagte Maréchal. »Der dicke Edouard spielt plötzlich den jovialen Papa. Er schüttelt zu viele Hände, als daß er noch an seine Grundsätze denken könnte.«

Und es dauerte gar nicht lange, bis der Chef der Linken eine Politik der Rechten betrieb. Da aber nur Kinder und Verrückte Wahrheiten, die niemand wahrhaben will, ohne Hemmungen ausplaudern, fabrizierte der Canard eine der kleinen *histoires de fous*, die so beliebt im Lande sind.

Sie las sich ungefähr so: »Gestern nachmittag wurde ein Individuum in die Nervenklinik X eingeliefert, das in einem Boulevardcafé durch untrügliche Anzeichen von geistiger Umnachtung aufgefallen war. Hartnäckig behauptete der Mann, im Gegensatz zu dem, was wir alle wissen: Edouard Herriot ist nicht Regierungschef. Nein, und tausendmal nein! Und mit der feinen Logik der Unschuldigen folgerte er: Denkt doch einmal darüber nach, was Herriot für Versprechungen gemacht hat. Ist vielleicht eine einzige gehalten worden? Nein, und da habt ihr's: Wenn Herriot tatsächlich Regierungschef wäre, sähe es anders aus!«

1925, als die Regierung Herriot gestürzt wurde, verabschiedete ihn Maréchal mit der gleichen Ironie: »Was man auch immer über Monsieur Herriot und seine Regierung gedacht haben mag, fest steht, daß er die wichtigsten Punkte seines Programms respektierte, ... und zwar so sehr, daß er sie gar nicht erst angerührt hat.«

Herriot blieb der Trost, daß sich kaum einer seiner zahlreichen Nachfolger bis 1940 einer besseren Presse im Canard rühmen konnte. Ganze Regierungen hat er um den Schlaf gebracht, aber keine konnte im Schlaf daran denken, der Ente an den Kragen zu gehen. Erst Adolf Hitler schaffte das, aber auch er konnte sie nicht umbringen, sondern sie nur vier Jahre in Ferien schicken. Die beiden ausdrucksvollsten Symbole der Befreiung waren für Paris im September 1944 der große de Gaulle, der sein Bad in der Menge nahm, und der kleine Canard, der wieder in die Wohnungen flog und nur deshalb bei einer Auflage von fünfhunderttausend hängenblieb, weil das Papier rationiert war. Aber die Leserschaft lag weit über einer Million, als sich viele der alten Mitarbeiter noch auf dem Marsch nach Paris befanden. Nur Maurice Maréchal fehlte. Er war einer schweren Krankheit erlegen. Seine Frau Jeanne, die 1916 die ersten Ausgaben mit dem Fahrrad an die Kioske gebracht hatte, übernahm die Direktion. Chefredakteur wurde, nach einem kurzen Zwischenspiel von Pierre Bénard, ein Mann, der, wie Fernandel, Vor- und Nachname an einem Stück trug: Treno.

Eigentlich müßte man jeden dieser fünf Buchstaben groß schreiben, denn dieser begnadete und besessene Journalist, der den Calembour mit der frappierenden Leichtigkeit großer Zauberer produzierte, konnte, wenn es sein mußte, härter als jeder andere arbeiten und kämpfen.

Es mußte sein. Langsam, aber stetig verlor der Canard an Höhe. Als der Euphorie der Befreiung nicht die erhoffte wirtschaftliche Renaissance folgte, geriet der Canard in die Gefahr, ein reines Liebhaberblatt zu werden. Niedrige Löhne machten ihn zum Luxusartikel, denn er kostete das Doppelte einer Tageszeitung, ein Preis, der jedoch angesichts des Auflageschwunds viel zu niedrig war. Jetzt fehlte dem Canard das Polster der Inserate. Er hatte, um seine vollkommene Unabhängigkeit zu wahren, nie eine Anzeige aufgenommen. Aber die Herstellungskosten stiegen, und als die verkaufte Auflage 1952 nur noch wenig über hunderttausend betrug, hielt eine große, regierungsfreundliche Verlagsgruppe die Zeit für gekommen, in der die unliebsame Ente in die Pfanne gehauen werden konnte.

Oh, sie ging nicht tapsig vor. *Vous avez des petites difficultés, Madame Maréchal? Voyons,* Sie verkaufen, bekommen gutes Geld, und wir lassen die Zeitung weiterleben. Ein paar kleine Änderungen im Redaktionsstab, aber humorvoll wie immer. Einverstanden?«

Aber Jeanne Maréchal, die Mutter des Entleins, wußte, daß sie zum Rotkäppchen geworden war, und eilte zu Treno, um ihm vom Angebot des Wolfes zu erzählen.

Der sah die Gefahr noch klarer als die anderen. Wenn der Canard unabhängig bleiben und kein braves Witzblatt werden wollte, mit dem sich die Geier von Regierung und Wirtschaft die Hintern wischten, mußte er die redaktionellen und administrativen Anstrengungen nicht nur verdoppeln, sondern verdreifachen. Vorbei die

Zeit der eitlen Selbstbefriedigung, in der die schönsten Calembours mit dem besten Wein gefeiert wurden. Treno gab allen die Sporen, sich selbst am meisten, arbeitete zwanzig Stunden am Tag und kaufte neue Mitarbeiter ein, denen er nicht viel mehr versprechen konnte als Freundschaft. Es war, als wären die Zeiten des ersten Krieges zurückgekehrt, und in der Tat führte der Canard einen verbissenen Krieg gegen das Kapital, das ihn auffressen wollte.

Er gewann ihn. Der Preis, mit dem er bezahlte, war von anderer Art als der, mit dem man ihn hatte kaufen wollen. Er hieß Geist und Arbeit, und er verschaffte der Ente wieder Flügel. In den sechziger Jahren pendelte sich die Auflage zwischen dreihundertfünfzigtausend und vierhunderttausend ein. Sehr zum Leidwesen eines großen Mannes, der dem Canard viel Stoff gab, aber viel lieber etwas ganz anderes gegeben hätte, um ihm den Schnabel zu stopfen.

Aber dieses Mittel besaß auch Charles de Gaulle nicht. Er wurde, was in seiner Natur und der des Blattes lag, zur letzten klassischen Galionsfigur auf den Titelseiten des Canard, dem alles an diesem Mann zu groß war. Nebulöse, und zu allem Überfluß auch noch militärisch angehauchte Grandeur war dem Canard suspekter noch als die Eiertänze, welche die Zivilisten der III. und IV. Republik mit Marianne aufgeführt hatten. Und so war ihr Tanz mit Charlemagne, dem großen Charles, der von 1960 bis 1969 dauerte, für den Canard eine große Zeit. Wie für den großen Charles. Aber alles ist relativ.

Natürlich kritisierten auch andere Blätter, allen voran »Le Monde«, daß de Gaulles Alleinherrschaft im krassen Widerspruch zur Konstitution stand, aber der Canard ging auf seine Weise vor. Er ließ die Republik sterben und rief die Monarchie aus. De Gaulle war König, und, wie es ihm zustand, nicht irgendeiner. Die Karikatur, diese zweite starke Waffe des Canard, ließ keinen Zweifel: Perücke, pompöser Mantel, edle Beinkleider, und tief unten der sohlenküssende Hofstaat: Ludwig XIV. in voller Pracht und Macht. Daß ihn keine Kurtisanen, sondern nur Höflinge umschmeichelten, *eh bien*, der große Geist war Purist und duldete keine Ablenkung von seinen wichtigsten Staatsgeschäften. Charlot, Roi de France, war größer als der Sonnenkönig. Was zu beweisen war.

Aber als sich de Gaulle 1969 in sein lothringisches Dorf Colombey-les-deux-Eglises zurückzog, zutiefst überzeugt davon, daß Frankreich einen Mann seiner Größe nicht verdiene, bekam der Canard nichts Habhaftes mehr vor den Schnabel. Er hatte sich am üppigsten gütlich getan, und plötzlich gab's dünnes Futter. Auch hatte man erkannt, daß die aggressiven Pamphlete Maréchals und seiner Altvorderen überholt waren. Zwar hatte der Calembour nichts von seinem Reiz verloren, aber es genügte nicht mehr, auf den Tisch zu schlagen.

Man mußte Licht machen, den Franzosen die Deckenbeleuchtung einschalten. De Gaulle und so manch anderer vor ihm hatte Waffen, sichtbare Waffen. Man konnte mit ihnen kämpfen. Aber wie kämpft man mit einem grauen Teig, der einem durch die Finger läuft, wenn man hineingreift? Die Mafia der Mittelmäßigkeit profiliert sich nicht, sie kämpft nicht mit offenem Visier. Man muß ihr anders kommen. Der Canard enchaîné, in klarer Erkenntnis der Tatsache, daß zu viel Mittelmäßigkeit in die Politik hineinfließt, weil brillante Anwälte brillante Anwälte bleiben, brillante Ärzte brillante Ärzte und brillante Schreiber brillante Schreiber – weil alle diese Leute sich nicht zu Deputierten wählen lassen müssen, um sich einen Namen zu machen –, der Canard enchaîné änderte seine Strategie. Er eröffnete die Jagd auf graue Ratten von Politik und Wirtschaft, die plötzlich, und in erstaunlichem Widerspruch zu ihren Fähigkeiten, groß und fett aus ihrem Loch kommen und mit bemerkenswerter Dreistigkeit glauben, das Licht der Öffentlichkeit nicht scheuen zu müssen.

Es ist ein weit' Revier, das sich da vor den freien Wildbretschützen aufgetan hat, weil auch der Appetit nach Macht und Reichtum mit dem Essen kommt und nicht immer mit den Mitteln gestillt werden kann, die Grundgesetz oder gar Strafgesetzbuch bewilligen. So mancher, der frohgemut und mit hundert Sachen durch die Serpentinen flitzte, die hinauf zu den begehrten politischen Ämtern führen, ist plötzlich von Nägeln gestoppt worden, die der Canard über Nacht auslegte. Solche Pannen pflegen irreparabel zu sein.

Doch auch der Arrivierte ist nicht gegen sie gefeit. Zwar stellt der aufrechte Katzenmaier mit schöner Regelmäßigkeit fest, daß Frankreich, im Gegensatz zu Deutschland, versteht sich, ein klassisches Land der Korruption sei, wo die Gefahr, erwischt zu werden mit der Höhe der Position sinke.

Was schlichtweg falsch ist. Premierminister Chaban-Delmas, strahlender Titelheld der Illustrierten, Sportsmann par excellence und die Inkarnation des glücklichen Chefs eines glücklichen Volkes, muß dessen Steueraufkommen als die Milch von glücklichen Kühen angesehen haben. Denn der Canard stellte fest, daß der Herr Premierminister seine Steuererklärung so abzufassen pflegte, daß ihm kein einziger Centime zu bezahlen blieb. Jetzt wußte man, warum er so glücklich war, aber man konnte leider weder sein Glück noch seine Regierungszeit verlängern.

Touchard hat Chabans Demission als einen höchst begrüßenswerten Akt der Gerechtigkeit empfunden, obwohl er selbst sich als echter *débrouillard* schämen würde, wenn er sein Finanzamt nicht jedes Jahr tüchtig übers Ohr haute. Er macht immer noch in Lebensmitteln, aber er ist selbständig und beschäftigt niemanden außer Frau und Kind. Seine Theorie ist ebenso einfach wie einleuchtend: »Die Unternehmen beuten die Leute aus und bescheißen den Staat um Milliarden. *Et alors!* Woher sollten sonst die Villen und die dazugehörigen Yachten an der Côte d'Azur kommen? Und mir kleinem Würstchen soll jedesmal, wenn ich mich nach einer Orangenkiste bücke, der Steuereinnehmer im Genick sitzen? Dabei schläft der Kerl selig, wenn ich morgens um fünf zum Großmarkt fahre! Und was ist bei der Schufterei außer dem *bifteck* verdient? Das sollen mir die Herren erst einmal vorrechnen, *allez*!«

Was den Canard enchaîné angeht, so hat er selbstverständlich nichts gegen den *petit débrouillard de bien d'chez nous* einzuwenden. Was er jagt, ist nicht der Hase, sondern der Fuchs, der vom Hasen lebt, und er hat seine Redaktion wesentlich ausbauen müssen, um sie zu diesem Zweck funktionsfähig zu machen. Zu den traditionellen Produzenten des Calembours sind die modernen, hellhörigen Spürhunde gestoßen.

Ihre Arbeitsweise mag nicht immer *très catholique* sein, aber findet man sie nicht bei jeder großen Zeitung und bei jeder Agentur? Der Unterschied ist nur der, daß die Leute des Canard ihre Nase immer noch einen Zentimeter weiter vorne haben und außerdem für ein total unabhängiges Blatt arbeiten. Diese höchst wichtige Tatsache führt auf geradem Weg zu einer recht verblüffenden anderen: Viele wichtige Informanten des Canard sind Journalisten von anderen Zeitungen, die ihm, in den seltensten Fällen für Geld, Nachrichten überlassen, die ihrem eigenen Blatt zu explosiv sind. Nicht Profitgier, sondern journalistisches Engagement steht dahinter, und da es auch honorige Politiker gibt, die beim Hexentanz der Intrigen nicht mitspielen, fließt dem Canard auch von dieser Seite Material zu, das nicht als Judasware deklariert werden muß. Oft genug ist ein mieser Coup hinter den Kulissen schon so weit gediehen, daß er nur noch durch den Canard gestoppt werden kann.

Ähnlich wie bekannte Mineralquellen, deren Gütezeichen durch den amtlichen Zusatz »Quelle von nationalem Interesse« aufgewertet wird, ist auch der Canard enchaîné längst als eine sprudelnde Quelle anerkannt, welche die Nation auf keinen Fall missen möchte. Daß die Regierung in gewissen Fällen auf sie verzichten würde, liegt auf der Hand, aber selbst extrem rechts stehende Politiker, die sich eines guten Schlafes und eines ebensolchen Gewissens erfreuen, sind genüßliche Leser des Blattes, das sich ohne jegliche amtliche Bewerbung zum Pflichtblatt von Regierung und Wirtschaft gemausert hat. Sie wissen, daß kein Medium so präzis auf den *ésprit rouspéteur* und gleichzeitig auf den spezifisch französischen Humor zugeschnitten ist, und sie kämen sich lächerlich vor, wenn sie den Canard nur tolerierten. Sie lieben ihn.

Aber eine Minderheit, die ihn fürchtet und fürchten muß, wird schon überfordert, wenn es um Toleranz geht. Diesen Kleingeistern verdankte das Blatt im Winter 1973 die Propaganda des Jahrhunderts und damit eine Auflagensteigerung, die weit über das Ereignis hinaus anhielt.

Der Canard enchaîné, seit langem beengt in seinen Redaktionsräumen der Rue des Petits Pères, bereitete seinen Umzug in die Rue St. Honoré vor. Es war eine finanzielle Belastung von einigem Gewicht, aber niemand hätte sich träumen lassen, daß geheimnisvolle staatliche Gewichtheber auftreten würden, und nie ist eine Zeitung billiger umgezogen. Bevor es soweit war, wurde durch reinen Zufall entdeckt, daß ein mysteriöser Bautrupp, für dessen nächtliche Tätigkeit Polizisten vor dem Gebäude Schmiere standen, die raffinierteste aller Abhöranlagen in die neuen Redaktionsräume einbaute.

So wurde das neue Nest der Ente über Nacht zur veritablen Staatsaffäre, bei der das Innenministerium, um es ganz gelinde auszudrücken, eine höchst dubiose Rolle spielte. Mit beiden Beinen sprangen Fernsehen, Rundfunk und die gesamte Presse in den Skandal hinein – und der Canard flog fröhlich mit einer Auflage von über siebenhunderttausend aus ihm hinaus! Premierminister Pierre Messmer mochte sich ahnungslos wie ein Entlein geben, das gerade aus der Schale gehüpft ist; er konnte nicht verhindern, daß Georges Pompidou sich als ein Staatschef fühlte, der keine sehr glückliche Hand mit seinen Premierministern hat. Chaban-Delmas im Schnabel der Ente zerpflückt, und nun das. Tage-, ja wochenlang gab es in den Bistros keinen anderen Gesprächsstoff, und im Canard logischerweise auch nicht. Man riß ihn den Kioskfrauen noch warm aus den Fingern, und mit der Wärme, die das Händereiben seiner Redakteure erzeugte, wäre ganz Paris über den Winter gekommen.

Die Ironie, die stärkste ihrer Waffen und das Salz des französischen Geistes hatte ihren größten Triumph errungen.

## Männer im Bistro

Und Marianne lächelte. Sie lächelte in den Salons, in der Métro und in den Bistros, und das Lächeln spiegelte sich in den Augen des Hemdsärmeligen hinter dem *zinc*, in denen der Männer, die an jenem standen, und in denen des Clochards mit den grauweißen Bartstoppeln, dem sie einen kleinen Roten zahlten: »*Tiens, ils ont voulu être plus malin que le Canard, tant pis pour eux!*« Es war die ewig junge Schadenfreude über die Oberschlauen, die in die eigene Grube gefallen sind.

Aber sie sprachen nicht von Oberschlauen und nannten auch sonst keine Namen. *Ils* genügte. Es ist der Sammelbegriff für die Plaggeister des kleinen Mannes, weil es alle umfaßt, die etwas zu sagen haben und natürlich alles falsch machen. Am *zinc* aber hat der Mann von der Straße das Sagen, weshalb er so oft von der Straße an den Zinc eilt.

Es handelt sich um die mit Zink ausgelegte Theke, den Mittelpunkt eines jeden Bistros. Der Zinc ist gerade oder geschwungen, aber vor allen Dingen ist er wichtig. Es gibt deshalb so viele Bistros und damit Zincs, weil der Mann, der mit weißen Hemdsärmeln hinter dem Zinc steht, sich Patron nennen darf und weil jeder französische Kellner davon träumt, einmal sein eigener Patron zu sein. Der Titel ist so bedeutend, daß er, wie beispielsweise Docteur, auf das Monsieur verzichten kann. Es heißt also nicht *Monsieur le patron,* weil ein *patron* viel mehr als ein gewöhnlicher Monsieur ist, auch wenn seine Kneipe noch so schmalbrüstig und luftarm ist.

Am Bistro steht jedoch nicht Bistro, sondern »Café«, doch je kleiner der Bistro, um so weniger wird Kaffee verlangt, und um so seltener wird man Damen unter der Kundschaft finden. Denn der kleine Bistro abseits der großen Boulevards ist eine Bedürfnisanstalt der Männer, aber deshalb noch lange nicht das, was der Bayer unter einer Wirtschaft versteht. Er, der für Maß und Brotzeit einen Tisch braucht, der breit und stark sein muß wie der Hintern einer Oktoberfestkellnerin, wird sich nur mit heftigem Mißtrauen an so ein mickriges rundes Bistrotischlein setzen, das er mit einem einzigen Rettichrülpser umblasen könnte. Aber er wird nur ein winziges Glas Bier, mit dem er sich ein wenig die

Zunge netzen kann, kriegen, und vespern muß er zu Hause, weil im Bistro nicht gegessen wird.

In der Regel wird am Zinc gestanden, getrunken und geredet. Wer sich jedoch an ein Tischlein setzt, dokumentiert damit, daß er, zumindest gerade jetzt, nicht reden will. Das ist ein Individualismus, der nicht nur von den Zincstehern respektiert wird. Nur im äußersten Notfall wird sich einer zum anderen ans Tischlein setzen, und dann werden beide aneinander vorbeistarren, und jeder wird so tun, als ob der andere nicht da wäre. Diese eigenartige Diskrepanz zwischen den Stehern und den Sitzern mag sich daraus erklären, daß der Mann am Tisch sich ein winziges Stück Territorium gekauft hat, auf dem er seine Ruhe haben will und für das er effektiv mehr bezahlt als der Mann am Zinc, der sich nur zu minimalem Trinkgeld verpflichtet fühlt. Schließlich kann ihn der Patron, ohne einen Fuß zu bewegen, bedienen. Tritt der Patron aber hinter seiner Zincfestung hervor, dann erwartet er einen Service zwischen fünfzehn und zwanzig Prozent, und es ist ihm schnurzegal, ob da ein naiver Ausländer sitzt, der glaubt, das heilige Trinkgeld stehe nur Bediensteten zu.

Kein echter Patron käme auf die Idee, seine Schritte zu verschenken, bloß, weil ihm der Laden gehört. Zwar zeigt er Fremden recht gerne, daß er es eigentlich gar nicht nötig hätte, sich zu inkommodieren, weshalb dieser glaubt, die widerspenstige Auster spielen zu können, die ihr Fleisch nicht preisgeben will. Aber ein echter Patron holt sich in der Art der Väter, was ihm zusteht, und es fällt ihm nicht im Traum ein, über bewährte alte Sitten nachzudenken. Wie sollte er erst dazukommen, darüber nachzudenken, ob sie ein Fremder begreift?

Da ein echter Patron nie sitzt und schon früh auf den Beinen ist, weil die *matinals* gute Kunden sind, ist er ein noch sichererer Anwärter auf Plattfüße als Bäcker und

Zahnärzte. Die Matinals sind Arbeiter, die ihren *Coup de rouge* so früh nehmen, daß der Fremde erneut zu falschen Schlüssen kommt. Er hält die Franzosen für Säufer und übersieht völlig, daß diese Matinals ein paar harmlose Rotweinschmatzer aus winzigen Gläschen nehmen. Es ist kein Trinken, sondern eher ein Nippen mit fast symbolischem Charakter, als ob die Söhne des größten Weinlandes kurz nachprüfen müßten, ob alles noch in Ordnung sei.

Ich habe in Moskau keinen einzigen Bistro gesehen, aber viel mehr Betrunkene als in Paris. Erst ab halb zwölf dürfen die Geschäfte der staatlichen Lebensmittelkette »Gastronom« ihren sehr teuren Wodka verkaufen. Die gesamte russische Wirtschaft aber bräche zusammen, wenn den moskowitischen Matinals plötzlich das riesige Angebot der Pariser Bistros zur Verfügung stünde.

Wenn Touchard erführe, daß seinem Jüngsten im Internat der Rotwein gestrichen wird, ginge er auf die Barrikaden. Aber er täte das gleiche, wenn der Junge zu saufen anfinge.

Was Sitte ist, wird gemacht. Deshalb ist Touchards Leben auch in viel geraderen Bahnen gelaufen als das von Katzenmaier. Eigentlich wurden ihm nur zwei Weichen gestellt. Einmal im Krieg, und dann Ende der sechziger Jahre, als »sie« die Hallen abrissen.

*Ils* also. Dieser nicht greifbare Teig der Obrigkeit, der den Leuten auf den Nerven herumtrampelt und nichts Brauchbares zustande bringt. Die Hallen abreißen! *Nom d'un chien,* als ob es nichts Vernünftigeres gäbe, mit dem *ils* sich amüsieren können! Schon in seiner frühesten Jugend war Touchard als Commis ins alte Marktviertel gefahren. Jeden Morgen um fünf, *s'il vous plaît*! Das formt einen Mann und seine kleinen Gewohnheiten, und wenn er's genau bedenkt, dann hatte ihn in der deutschen Gefangenschaft nicht eigentlich das Heimweh nach der schmalbrüstigen grauen Mietskaserne von Ménilmontant geplagt, wo man schon das Licht einschaltete, wenn im Hinterhof noch die Spatzen pfiffen.

Touchards Heimweh waren die Hallen gewesen. Ihre hektische Betriebsamkeit des frühen Morgens, wenn der Bürger noch in den Federn lag, der süßliche Duft nach faulen Melonen, das Pfeifen der Kaffeemaschinen in den Bistros und die Gespräche mit Kumpels und Unbekannten am Zinc. *Ah, la Belle Epoque!* Man drückte die breiten Pratzen der *Forts des halles*, dieser Riesen, die sich einen halben Ochsen über den Rücken legten und durch die Rue St. Denis spazierten, als ob sie eine Kiste Maiglöckchen geladen hätten. Ihr polterndes Lachen und manchmal auch ihr zorniges Gebrüll, das keinen Widerspruch am Zinc duldete, ließ die Gläser in den Bistros tanzen und die kleinen Nutten der Frühschicht girren.

Unfrisiert kamen die Mädchen aus den Stundenhotels, um mit klappernden Absätzen für eine halbe Stunde einen Lastwagenfahrer aus Nanterre oder einen Gemüsehändler aus dem Vallée de Chevreuse zu entführen.

Hin und wieder hatte auch Touchard nicht nein gesagt und sich bei seinem schimpfenden Patron dann mit der hoffnungslosen Verstopfung der schmalen Sträßchen des Hallenviertels entschuldigt. Ja, er sollte mal selbst wieder hin, der Chef. »In der Rue Rambuteau stand ein Lastwagen quer, ein verstopftes Nadelöhr und ein Gehupe, daß die Weiber Nachttöpfe auf die Straße leerten! Keine Zirkulation mehr. Jeden Tag wird's schlimmer an den Hallen, aber sie tun ja nichts dagegen! *Ils se foutent de la geule des gens!*«

*Ils* waren natürlich die Schuldigen. Aber als *ils* dann beschlossen, die Hallen abzubrechen und ein verrottetes Viertel zu sanieren, in dem sich die Ratten schon nicht mehr mit den Abfällen zufriedengaben, sondern, wie rechtmäßige Kunden, Frischware bevorzugten, hat Touchard gebrüllt wie ein Fort des halles. »*Ah, les vaches!* Paris schamlos eines seiner malerischsten Viertel zu berauben! Dabei hat alles funktioniert *comme dans l'huile*. Wie im Ölbad ist's gelaufen!«

Jetzt muß er morgens zum Großmarkt nach Rungis hinausfahren, wo es zwar Platz gibt, aber keine Bistros. Es riecht nicht mehr nach faulen Melonen, Rotwein und schwarzem Kaffee, sondern nach fadem amerikanischen Cellophan, und man kann sich nicht mehr für eine halbe Stunde an den Zinc stellen, sondern man steht blödsinnig herum wie in der Abflughalle von Orly, die so nahe ist, daß man faule Tomaten hinüberschmeißen könnte.

So war Touchard gezwungen, seinen wichtigsten Bistro zu wechseln. Das war eine echte Zäsur, ähnlich fast einem Umzug in eine andere Stadt. Touchard ist keiner von den leichten Vögeln, die einmal in diesen und dann wieder in jenen Bistro die Nase stecken. Aber in Ermangelung eines Stammtisches will er seinen Stammzinc. Das heißt, er will zwei davon. Einen matinalen, der die Tür zum Arbeitstag allemal besser aufstößt als das Gebrumme eines Chefs – Touchard hat schon in frühester Jugend gewußt, daß er einmal sein eigener wäre –, sowie einen nachmittäglichen, der den Arbeitstag ausklingen läßt und ihn gegen eventuelles häusliches Gezeter wappnet.

Letzteren hat er behalten, aber die Nostalgie nach dem matinalen Zinc der Hallen wird er nicht los. Man wechselt seinen Zinc nicht wie das Hemd, und der neue bleibt blasser Ersatz. Nicht, daß da nur spitznäsige Buchhalter verkehrten. Es kommen auch Burschen, die mit breiten, roten Gesichtern unter der Baskenmütze lachen können, doch es ist nicht das pralle Lachen des *Forts des halles*, wenn sie einen rohen Fisch ausgenommen und mit einem halben Liter Roten hinuntergespült haben. *Trop bourgeois*, dieser neue Morgenbistro von Touchard, der drunten an den Hallen vergessen hatte, daß er selber ein Spießer geworden ist.

Und obwohl er sich's nicht eingesteht, spürt er's aus allen Poren am Zinc des alten Nachmittagsbistros. Sicher, die dick- und dünnleibigen Flaschen, die wie Zinnsoldaten hinter dem Rücken des Patrons stehen, sind, wie die Stammzincer, die gleichen geblieben. Aber in dieser Besinnlichkeit der Stunde des Apéritifs denkt Touchard jetzt nicht nur an die immer brummiger werdende Alte zu Hause, sondern gelegentlich auch an die Leber, welche den Apéritif nicht im gleichen Maße goutiert wie die Zunge.

Oh, er ist kein Säufer. Er hat den Pernod, der wie Milch aussieht, wenn man ihm Wasser zugießt, immer für eine Sache von harmloser Nützlichkeit gehalten. Aber seit er auf die zwei Zentner zugeht und gelegentlich liest, was die Gesundheitsapostel der Zeitungen schreiben, eröffnet ihm der Apéritif plötzlich weniger den Appetit als einen trüben Ausblick auf die kommende *retraite,* welche die französische Pensionierung ist. Ihren Zeitpunkt bestimmt man selbst, wenn man, wie Touchard, schlau genug ist, sein eigener Patron zu sein. Früher geschah das zwischen vierzig und fünfzig, als der Deutsche gerade anfing, etwas zu werden, aber diese verdammte europäische Gemeinschaftsarbeit hat Touchards Rhythmus gestört. Sein Vater hat den Bettel mit fünfzig hinwerfen können; sein Großvater hat gar mit vierzig angefangen zu angeln und seine gut präparierte Rente aufzufressen, und er hatte, wie Touchard manchmal wehmütig konstatiert, noch seinen Spaß am Apéritif.

Jetzt, wo Frankreich nach der europäischen Uhr zu leben gezwungen ist, stellt Touchard mit einiger Besorgnis fest, daß solches vom Erfinder des Apéritifs nicht einkalkuliert wurde. Wenn einer bis sechzig und womöglich noch darüber hinaus arbeiten soll, ist Vichy-Wasser unzweifelhaft bekömmlicher für ihn als Apéritif, was sich nach Touchards Meinung jedoch aufhebt, da Arbeit in diesem hohen Alter a priori unbekömmlich ist.

Gleichwohl räumt er dem Erfinder des Apéritifs noch höhere Verdienste ein als dem des Parfüms, welches dem Land ja auch Ruhm und Devisen eingebracht hat. Schandmäuler behaupten zwar, daß die Erfindung des Parfüms eine Trotzreaktion gegen unnötige Hygiene gewesen sei, aber gegen solches Geschwätz ist Touchard so unempfindlich wie der Träger einer schmutzigen Unterhose, solange er gut geschnittene und gebügelte Hosen drüberziehen kann.

Apéritif und Parfüm sind für die Franzosen zwar nicht unbedingt eine *raison d'être*, aber zumindest eine *raison de profiter*, und die *Behauptung spitzer Zungen*, daß die Apéritif-Firma nebst dem Patron hinter dem Zinc die einzigen Profiteure seien, stimmt einfach nicht. Um ihnen das entgegenschleudern zu können, muß man nur erlebt haben, wie sich Touchards Leib und Seele in der Dämmerung entspannen, wenn der Apéritif grün, rot oder gelb aus den Flaschen fließt. Er ist das Bindeglied zwischen Arbeit und Mahlzeit, und ohne ihn ist Arbeit nicht Arbeit und Mahlzeit nicht Mahlzeit.

Auch Katzenmaier nimmt bei seinen Spritztouren ins Elsaß vor dem Essen einen Apéritif, obwohl ihm das Zeug entweder zu süß oder zu bitter ist. Er hält, um ehrlich zu sein, nicht viel davon, aber er will zeigen, daß er wie ein richtiger Monsieur essen kann. Nie hat ihn das Gefühl beschlichen, daß zwischen Arbeit und Essen ein Intermezzo stattzufinden habe, so, wie es sich die Natur zwischen Sommer und Herbst gönnt, wenn sie einfach stillsteht und nur Atem holt. Übergangslos rutscht ihm die Wurst zwischen die Zähne, die er eben noch bleckte, weil ihm ein unfreundlicher Nachbar den Parkplatz geklaut hat.

Touchard nimmt, wenn die Runde am Zinc gut ist, auch noch einen zweiten Apéritif. Erstens, weil er ihm schmeckt, und zweitens, weil es außer den neumodischen Medizinern, die vor ihm warnen, auch noch richtige Ärzte gibt. Außerdem wird er nachher zu Hause einen tüchtigen Schluck von einem jener heilsamen Mineralwasser nehmen, die laut staatlicher Erklärung von nationalem Interesse sind.

Und sagen die alten Mediziner, die ja auch wissen, was der Mensch braucht, nicht, daß der Apéritif den Magen öffne? Warum sollte man gerade ihn vergrämen und störrisch machen? Was den Appetit anregt, kann der Gesundheit nur dienlich sein, und selbst neumodische Quertreiber müssen zugeben, daß der Apéritif eher heiter macht denn verdrießt. Ein heiterer Mensch aber, das weiß jeder, verdaut gut. Der Griesgram aber verpestet anderen die Luft und sich selbst den Magen, was Geschwüre und chronische Verdrossenheit hervorruft.

Grund genug für Touchard, der viel an die Familie und noch mehr an sich denkt, am Apéritif und am Zinc festzuhalten, bis ihn die Lust zum Nachtmahl richtig packt. So trudelt er, einigermaßen beschwingt, am häuslichen Herd ein, welchen er *foyer* nennt. Im Parterre riecht es nach dem Pfefferminztee der Concierge und ihrer fetten Angorakatze, aber das hält sich nicht, weil die Durand im zweiten Stock wieder die Hammelkeule in der Pfanne hat und die Mère Bertrand im dritten glaubt, mit der würzigen Hilfe des Knoblauchs sämtliche Hausbewohner überleben zu können. Touchard hat nur zwei Apéritifs genommen, aber auch wenn es fünfzehn gewesen wären, würde er in der richtigen Etage aus dem asthmatischen Fahrstuhl mit dem klemmenden Gitter steigen, weil seine Nase das Haus im Griff hat.

Daß er beim Betreten des Foyers unter Genußzwang gestellt wird, stört ihn nicht. Eher schon mißfällt ihm bisweilen, daß der Patron Touchard im selben Moment seine Selbständigkeit verliert und einen Chef bekommt. Früher, als die Kinder noch im Haus waren, war ihm das kaum aufgefallen, aber jetzt hat Clémentine zuviel Zeit für ihn.

Wenn sie die sinnvoll nützte und ihm die Hausschuhe brächte, wäre es ja gut. Aber sie überfällt ihn mit einem Geschimpfe über die Arroganz der Durand, die jetzt nicht einmal mehr im Aufzug grüßt, wo man sich schon zu zweit auf die Füße tritt und sich ja nun wirklich nicht übersehen kann. Und ehe Touchard die Pantoffeln gefunden hat, ist ein absolutes Grußverbot über die Durand verhängt. Über diese Hyäne mit dem falschen Pelz. Und er soll sich bloß nicht getrauen, ihr in seiner verlegenen, blöden Art zuzunicken.

Touchard, der vor einer Viertelstunde am Zinc noch klare Urteile über die Energiekrise gefällt und die naiven Ansichten des Garagisten Deschamps über die Politik des Schahs von Persien korrigiert hat, schließt seinen männlichen Höhenflug mit einer Bauchlandung ab und schleicht sich mit hastigem Löffeln in den Suppenteller hinein.

»Verbrenn dir die Zunge nicht, sie ist heiß!«

Als ob er das nicht selber merkte. Er merkt ja auch, daß die Artischocken ein bißchen frischer und das Entrecôte ein bißchen mehr *saignant* sein könnten, aber warum sollte er zusätzliche Munition ausgeben?

»Nimm nicht soviel Öl in den Salat, das überlastet den Magen.«

Touchard holt seine Tabletten für Leber und Galle und nimmt zwischen den kleinen Rotweinschlucken einen kräftigen Zug Vichy-Wasser.

Öl. Was weiß sie schon von Öl. Er denkt wieder an den Schah von Persien und an seine männliche Überlegenheit in allen lebenswichtigen Fragen. Was will sie mit ihrer Herrschsucht? In Persien kann sich ein Mann fünf Frauen nehmen, und jeden Tag die, auf die er gerade Lust hat. Und zwei Ruhetage bleiben auch noch. Er muß kichern und nimmt einen kräftigen Schluck Roten.

»Ah, Monsieur macht sich lustig! Darf man vielleicht wissen, was es zu lachen gibt?«

»Nichts«, sagt Touchard, und er meint es haargenau so. Dann nimmt er Käse, weil ein ordentlicher Mensch den Magen nicht nur öffnet, sondern ihn auch wieder schließt. Es könnte ziehen, wenn man ihn die ganze Nacht offenließe.

Jetzt ist der Tag nicht nur ausgeklungen, sondern vollbracht. Beim Fernsehen gähnt Touchard, was jedoch dem Programm nur zur Hälfte anzulasten ist. Nur noch mit halbem Ohr hört er, daß er ein langweiliger Bourgeois geworden sei. Wenn er diesen Ball jetzt aufnähme, wäre eine höchst angeregte Konversation bis Mitternacht gesichert.

Aber er ist zu müde und zieht das Bett vor, wohl wissend, daß er so oder so nicht entwischen kann. Immerhin kann er sich taub stellen und auf den Schlaf warten, eine Methode, die zwar in krassem Gegensatz zu den Vorstellungen steht, die sich der Deutsche gemeinhin vom vielgestaltigen Verwendungszweck des breiten französischen Bettes macht, von Touchard jedoch zu bemerkenswerter Meisterschaft entwickelt wurde.

## Bett-Geschichten

Da es sich beim Komplex Schlafen um einen der wichtigsten handelt, die man erfassen muß, wenn man die Franzosen erfassen will, wäre es indes falsch, ihn nur in der sicherlich verbreiteten, aber nicht unbedingt repräsentativen Touchardschen Optik zu sehen.

Den ersten Fehler begehen unsere Lehrer, indem sie uns den Unterschied zwischen *dormir* und *coucher* nicht oder nur unvollständig erklären. *Dormir* heißt sehr wohl schlafen, aber es ist vollzogener, passiver Schlaf, wie ihn beispielsweise die Eltern bei ihren Bébés lieben. *Tiens, il dort,* sieh da, es schläft, sagt die Mama, wenn das Kleine nach ewigem Gebrüll endlich die Augen zumacht.

Daraus ergibt sich, daß eine Demoiselle einen recht seltsamen Eindruck von den Absichten und der Potenz eines Ausländers erhält, der sie mit den Worten *je voudrais dormir avec vous* anhimmelt.

Was er sich erträumt, ist natürlich der aktive Schlaf, *coucher* also. Es ist eines der nicht wenigen französischen Wörter mit Doppelbedeutung, über die der Fremdling leicht stolpert, wie die richtige Handhabung des Galanterievokabulars überhaupt ihre Tücken hat. Die Schule läßt uns da ziemlich im Stich, und lebendiger Beweis dafür ist Katzenmaier, der nie Victor Hugo gelesen hat, aber mit adäquateren Worten in ein französisches Bett kommt als ein Professor der Philologie.

*Coucher* heißt, im Grunde, nichts anderes als sich hinlegen. Aber es schwingt etwas mit von Kuscheln und warmer Decke, und davon, daß man ja nicht gleich schlafen muß, wenn man sich hinlegt. In Touchards großer Zeit malten die französischen Kriegsgefangenen, die, aus welchem Grund auch immer, einen Bauernhof verlassen und ins Stalag zurückkehren mußten, falls sie nicht gar entlassen wurden, nicht selten ein kleines »c« an Haus- oder Scheunentür, um den Nachfolger einzuführen. Es bedeutete nichts anderes als *la patronne couche*. Und es waren die begehrtesten Höfe, denn der neue Mann konnte ohne Umstände zur Sache kommen, weil die Bäuerin ihren für Deutschlands Zukunft kämpfenden Mann nicht nur auf dem Acker, sondern auch im Bett ersetzt haben wollte. Manche *patronne* soll das »c«, nach

Aufklärung, sogar selbst angebracht haben, doch wer will beweisen oder dementieren, was heimlich auf einem einsamen Hof gemacht wird?

*Coucher ensemble* bedeutet das gleiche wie *faire l'amour*, und beide Versionen sind von so klarer Natürlichkeit, daß sie dem Franzosen, im Gegensatz zum Deutschen, die Suche nach obszönen Ausdrücken erspart haben. »Liebe machen«, sagt das nicht alles aus, ohne es eigentlich auszusprechen? Das Französische, das im delikaten Bereich so ungleich nuancierter als das Deutsche sein kann, hat es gar nicht zu den vulgären Ausdrücken kommen lassen, welche das Deutsche wie Pubertätspikkel mit sich herumschleppt. An Katzenmaiers Stammtisch werden sie wie Trumpfasse ausgespielt, aber welche Dame darf sie benützen, ohne keine mehr zu sein? Der Französin hingegen geht das *faire l'amour* auch in honorigster Gesellschaft ohne die geringste Peinlichkeit von den Lippen. Nicht nur, weil es das Wörterbuch der Akademie gestattet, sondern auch, weil es sich um eine nicht minder natürliche Sache handelt als Essen und Trinken.

Aber Männer wären keine Männer, wenn sie sich nicht wenigstens ein kleines vulgäres Hintertürchen offengelassen hätten, durch das die Dame, wenn sie eine sein will, nicht schlüpfen kann. Freilich sind sie mit vornehmen Raffinement an dieses schnöde Werk gegangen, indem sie nicht etwa ein neues Wort kreierten, sondern sich unter allem, was zur Verfügung stand, den so beliebten und traditionsreichen Kuß aussuchten.

*Le baiser.* Als Hauptwort ist er völlig unantastbar und gehört Männern und Frauen zu gleichen Teilen, genau so, wie er auch praktiziert wird. Denn wer sich selbst küßt, hat mit Sicherheit nicht alle Tassen im Schrank.

Von schlüpfriger Doppelsinnigkeit aber ist das Verb *baiser*, also küssen. Wird es im demonstrativen Sinn gebraucht, bleibt es durchaus hoffähig: *je la baise sur le front, sur le nez, sur la main* – ich küsse sie auf die Stirn, auf die Nase, auf die Hand.

Aber wehe, wenn keine derartige Adresse angegeben wird! *Je la baise* heißt nämlich keineswegs »ich küsse sie«, obwohl der Ausländer nicht den geringsten Grund hat, etwas anderes zu vermuten. Wenn die Angabe des zweiten Objekts fehlt, wird nämlich die ganze Frau zum Objekt des Kusses. Oder: komplette Mahlzeit anstatt Apéritif. Sprachpsychologisch wäre hinzuzufügen, daß französische Damen längst vergangener Zeiten, die sich zum echten Kuß – also nicht zu dem auf die Stirn oder auf die Nase – bereitfanden, damit auch die Bereitschaft zur kompletten Liebe bekundeten.

Doch nun hätten wir fast Touchard bei seinem brummigen Alleingang ins breite Bett vergessen. Clémentine räumt noch ein bißchen auf, aber sein Vorsprung ist so gering wie seine Bereitschaft zu den Galanterien, von denen alle Welt glaubt, daß sie unzertrennlich vom französischen Bett seien. Unzertrennlich sind an diesem Bett ganz andere Dinge, nämlich das Leintuch, auf dem man liegt, und das andere, das man, nebst Wolldecke, über sich zieht. Letzteres wird mit der Länge von mindestens einem Meter unter die Matratze geschlagen, so daß am Fußende ein hermetischer Verschluß entsteht, der auch von heftig strampelnden Beinen nicht zu öffnen ist. Ja, man könnte glauben, daß alles mit Zeltheringen festgezurrt sei.

In diese nächtliche Tragtasche ist Touchard also schlappen Schrittes hineingeschlüpft. Von oben, versteht sich, wie man's bei einer Tüte täte, und als Clémentine nach fünf Minuten kommt, ist die Vision einer gut gefüllten Tragtasche komplett, aus der gerade noch die Spitzen zweier Brote herausschauen.

Clémentine holt sich ihren Routinebaiser auf die linke

Backe, weil sie von rechts kommt, aber *baiser* als Verb ist, wie Touchards sofortige Drehung nach links zeigt, nicht eingeplant. Hätte sie auch sehr verwundert.

Was nun beginnt, ist weniger ein Schlaf als ein Schlafduell. Da jeder auf dem ihm zustehenden Teil der gemeinsamen Decke besteht, sind die subtilen Scharmützel des Halbschlafes notwendig, die große Routine erfordern und gerechterweise meist unentschieden enden. Wenn Touchard an der Decke zieht, kommt unweigerlich der Gegenzug, aber ebenso unweigerlich treffen sich beide nach diesen Vorgefechten in der Kuhle, welche die unweigerliche Folge von des Bettes langjährigem Gebrauch ist. Auch das Gewicht, das beide unter die Decke bringen und dessen Progression mit einem Kilo pro Jahr eher unterschätzt wäre, hat so kräftig an dieser Kuhle mitgearbeitet, daß Touchard das französische Bett längst nicht mehr als eine so epochale Erfindung betrachtet wie den Apéritif. Aber trotz Clémentines breitem Rücken, dessen unabwägbare Rucker ihn manchmal zusammenklappen lassen wie ein Taschenmesser, käme ihm der Wunsch nach einem eigenen, abgesicherten Schlafplatz nie in den Sinn, ganz abgesehen davon, daß Clémentine nie zwei nebeneinanderstehende Betten dulden würde.

Denn dieses breite, gemeinsame Lager ist stets das wichtigste strategische Terrain ihrer Ehe gewesen. Früher, als Touchard noch hin und wieder einen kleinen Seitensprung machte, war ihm das Schlüpfen unter die gemeinsame Decke spät in der Nacht stets wie ein gewagter Drahtseilakt ohne Netz erschienen. Zwar hatte er dabei gelernt, den Atem anzuhalten wie ein Taucher, aber er wußte nie, ob sie etwas ahnte. Sie aber wußte, daß es kein besseres Mittel als dieses Denkpuzzle gab, um ihm die Lust an Abenteuern zu nehmen.

Hinzu kommt, daß man in französischen Betten anders

als in anderen träumt. Der unvermeidliche körperliche Kontakt und das schwer vermeidbare schlechte Gewissen erzeugen Wellen, die stockvoll auf das von keiner eigenen Decke geschützte Unterbewußtsein prallen. Diese Breitseiten, gegen die es keine Deckung gibt und die von Freud nicht erwähnt werden, haben Touchard so manche Nacht verdorben, ohne das Clémentine mehr dazu beigesteuert hätte als ihre schlummernde Anwesenheit. So gibt's Marianne den Ihren im Schlaf.

Man spricht nicht darüber, doch man kennt das verzweifelte Martyrium des Träumers, der wegrennen will, aber weder ein Bein heben noch einen Schrei ausstoßen kann. Im regulär besetzten französischen Bett, das jedes Ausweichen ausschließt, verdoppelt sich dieser Angsteffekt logischerweise und erreicht Stärken, deren Tiefenwirkung Katzenmaier nicht einmal erahnen kann.

Wie sollte er auch, der selbständige Schläfer. Ein einziger, durchaus unbewußter Rucker Clémentines in der Kuhle macht dem Unterbewußtsein des schlafenden Touchard bewußt, daß sie einige Millionen (alter) Francs zur Gründung des gemeinsamen *fonds de commerce* beigesteuert und einen *Fort des halles* zum Bruder hat, der geschlachtete Ochsen tragen und lebendige umschmeißen kann. Solche Leute kann man nicht ignorieren. Im Traum schon gar nicht.

Mit seinen Gorillaarmen, die wie Topfhenkel an ihm hingen, war er Touchard in der Rue St. Denis entgegengekommen, die Fäuste geballt und den Blick unter den buschigen Augenbrauen starr auf ihn gerichtet. Es war eine jener absehbaren Katastrophen, die im Traum von kristallener Klarheit sind.

Touchard war in die erste Seitenstraße geflohen und dann in die zweite. Aber jedesmal, wenn er glaubte, das Ungeheuer abgeschüttelt zu haben, war es wieder aufgetaucht, und plötzlich stand es so nahe vor ihm, daß er seinen keuchenden Atem spürte. Touchard wollte in ein Haus flüchten, aber die bleischweren Beine versagten den Dienst ebenso wie die Stimme, die um Hilfe rufen wollte. »Du hast meine Schwester betrogen«, hörte er das Ungeheuer brüllen, »und dafür breche ich dir sämtliche Knochen!«

»Nein!« schrie Touchard und sprang im Bett hoch, daß die Decke flog und Clémentine wie die Venus von Milo in der Kuhle lag.

Aber nicht lange. »*T'es dingue?*« fauchte sie ihn an. »Mitten in der Nacht wie ein Stier zu brüllen! *Avec toi, on aura tout vu!*«

Ein paar Sekunden brauchte Touchard noch, um seinen Alptraum zu verdauen. Dann wischte er sich den Angstschweiß von der Stirn, rückte sehr nahe an sie heran und schlief mit dem Beschluß ein, fortan fremde Betten nur noch alleine zwecks passivem *dormir* zu benützen.

Wenigstens in Paris. Und da er selten reist, war das ein fast definitiver Abschied von der beschwerlichen Galanterie, die seinesgleichen von den Ausländern so beharrlich unterschoben wird. Sicher, da war noch das Treffen der *anciens combattants*, der Kriegsveteranen, in Orléans. Touchards Regiment kam zusammen, und wenn die Männer in Ermangelung von kühnen Waffentaten auch mehr ihre Erlebnisse hinter deutschem Stacheldraht aufzufrischen hatten, so war es doch eine jener männlichen Angelegenheiten, für die Clémentine Verständnis aufbrachte. »Trink nicht soviel«, sagte sie nur, als er den Koffer packte.

»Ich versprech's dir«, sagte Touchard, und er sprach wahr. Nicht nach Orléans fuhr der flotte Rechner, sondern nach Tours, wohin er die kleine Marie-Françoise bestellt hatte, die nicht kompliziert war, Erfahrungen schätzte und im Gegensatz zu Clémentine einen süßen kleinen Busen hatte, der so fest war, daß man Läuse drauf hätte knacken können.

Freilich mußte Touchard den dicken Potin einweihen, der mit ihm angeblich ein Doppelzimmer in Orléans teilte. Clémentine rief dann zwar nicht an, aber Touchard telefonierte in der Nacht sechsmal von Tours nach Orléans, und die Kleine war am Morgen so sauer, daß er ihr noch ein Armband kaufen mußte. *Au dessus du marché,* außerhalb der übrigen stattlichen Unkosten. Nach diesem Ausflug, der ihn so viel Nerven und Geld gekostet hatte, demissionierte Touchard endgültig aus den Reihen der galanten Abenteurer. Er hat, wie wir wissen, einige tiefe Furchen auf der Schwäbischen Alb gezogen, aber in Frankreich waren es nur die Kratzerchen des im eigenen Land arbeitenden Propheten.

## Essen muß der Mensch

Angeritzt nur muß auch die Doppelfunktion des französischen Bettes als Appetitanreger und Tranquilizer bleiben, doch ist unbestreitbar, daß die späten Profite, welche die Frau zwischen den beiden Leintüchern zieht und die das französische Nachtleben viel gravierender beeinflussen als die Bars von Montmartre, bei weitem die frühen Profite des Mannes aufwiegen. Wie von einem Drillbohrer getrieben drängt er sich hinein, und wenn er raus will, merkt er, daß die Maschine keinen Rückwärtsgang hat, sondern ihn immer weiter hineindrückt. Die kleinen Nascher der großen Betten, die ohne Trauschein an Pfingsten ihren Inklusivtrip nach Paris machen und mit Vehemenz in das leintücherne Paradies springen, in das Touchard müden Schrittes hineinschlurft, ahnen nichts davon.

Spätestens am zweiten Tag aber fällt ihnen die Dürftigkeit des französischen Frühstücks auf. Nicht nur, daß der Kaffee nach gebrannten Mottenkugeln schmeckt und die bläuliche Milch Haut zieht. Auch das harte Weißbrotstängchen von der Länge und Dicke des Unterarms eines rachitischen Fünfjährigen ist für den frühstückshungrigen Deutschen eher ein Rührlöffel. Aber er sollte ihn nicht wegwerfen, denn es kommt nichts nach.

Die Franzosen, die ja keine Inklusivreisenden sind wie er, wollen am frühen Morgen nämlich gar nicht satt werden. Außerdem bedarf das, was sie unter wirklichem Essen verstehen, einer Zeit gründlicher Vorbereitung, die kein Mensch aufzubringen vermag, wenn er sich den Schlaf aus den Augen reibt. Deshalb huldigen sie seit Menschengedenken dem ersten und dem zweiten Frühstück.

Aber was heißt hier Frühstück! Der Deutsche sagt's, weil er in aller Früh' ein rechtes Stück zwischen den Zähnen braucht. Er denkt ans Maul, der Franzose jedoch an seinen Magen, der am Vorabend ein reichhaltiges Diner zu verarbeiten hatte. Irgendwann ist er zwischen den beiden Leintüchern, deren kapitale Bedeutung im vorherigen Kapitel gewürdigt wurde, damit fertiggeworden.

Jetzt, wo es Morgen ist, fastet er – und bedarf folglich der Entfastung. Und genau das wird mit dem Wort *déjeuner* ausgedrückt. *Jeun* bedeutet nüchtern, und mit der Vorsilbe *de* wird dieser spartanische Zustand beendet. Da aber der frühe Morgen keine entsprechenden Vorbereitungen gestattet, steht ihm nur das *petit déjeuner*, also die kleine Ernüchterung, zu. Kaffee, ein bißchen Brot und Butter, und, wenn's hoch kommt, ein Croissant, was die Deutschen zwar mit »Hefehörnchen« übersetzen, aber nicht nachahmen können. Es gibt Bäcker, die's probieren, doch die luftige Flaumigkeit eines echten Pariser Croissants bleibt unnachahmlich.

Leicht muß aber auch das *petit déjeuner* sein, um Luft und Platz für das richtige *déjeuner* zu lassen, das nichts anderes als das Mittagessen ist. Eine große Sache schon, die von zwölf bis halb vier gehen kann – und dennoch im Rennen um die Gunst der Gaumen vom Abendessen auf den zweiten Platz verwiesen wird.

Als ich als junger Journalist anfing, für französische Zeitungen zu schreiben, mußte ich zuerst lernen, daß um die Mittagszeit nichts passiert. Der deutsche Volontär hingegen lernt als erstes, daß eine wichtige Meldung keinen Aufschub duldet. Ist ihm das Reporterglück also hold, hat er nicht auf die Uhr zu sehen, sondern ein Telefon zu suchen. Denn nichts kann der deutschen Zeitung früh genug sein. Um keine Zeit zu verlieren, schießt sie Raketen vom ersten in den dritten Stock, und nicht selten hat man das Gefühl, Redakteuren mit Raketen im Hintern zu begegnen, weil sie sich nur im Laufschritt bewegen. Telefonisch aufgenommene Meldungen rasen wie Irrwische durchs Haus und schreien nach der Setzmaschine, als seien sie am Verschimmeln.

Der Reporter jedoch, der um die Mittagszeit bei einer französischen Zeitung eine Meldung loswerden will, und sei sie auch von eminentester Wichtigkeit, erregt beim einzigen Wesen, das zu dieser Zeit im Hause Arbeit verrichtet, nicht nur Unverständnis, sondern blankes Mißfallen. Denn die Dame in der Telefonzentrale hat, wenn man vom Radio absieht, eigentlich auch abgeschaltet.

»*Mais monsieur, il est midi!* Versuchen Sie's um drei, oder noch besser um halb vier.« Klick.

Sie erneut zu stören, wäre Zeit- und Geldverschwendung. Der Ton war mehr als abweisend, und überhaupt, was heißt da »versuchen Sie's!« Die Brüder zahlen schlecht genug, und wer will hier eigentlich wem einen Gefallen erweisen?

Wer so denkt, versteht gar nichts vom Franzosen und seiner Einstellung zum Broterwerb. Arbeit ist notwendig, aber ohne Entspannung ist sie entwürdigend, und die Dame in der Telefonzentrale fühlt sich schon hinreichend entwürdigt, wenn sie zur heiligen Mittagszeit einen Klappschrank mit hundert Stöpseln anstatt einen gedeckten Tisch vor sich sehen muß. Man hat ihr den Sinn der Arbeit gestohlen.

Mittag, das ist die feierliche Teilung des Arbeitstages, die der Franzose genießen will. Da, wo der Deutsche eilig zur notwendigen Sättigung schreitet, will er den langsamen, besinnlichen und auch genußvollen Übergang zum zweiten Akt.

Auch der Zeitungsmann. Sein Pflichtbewußtsein und sein berufliches Gewissen sind nicht kleiner als die seines deutschen Kollegen, aber größer sind wohl sein Einteilungsvermögen für die Arbeit und die dazugehörige Freiheit. Zwischen zwölf und drei gibt es in Paris keine verwaisteren Örtlichkeiten als die Redaktionsstuben, aber viel Papier, das am Morgen für unnötig erkannt worden war, liegt auf dem Boden, und wenn nicht gelegentlich ein Redaktionsbote drüberschlurfte, um neue Papierschlangen aus den Fernschreibern zu reißen, könnte man selbst um halb vier noch glauben, daß hier heute nicht mehr viel stattfinden wird.

Aber sie sind im Anmarsch. Aus kleinen und größeren Restaurants der Seitenstraßen quellen sie in Grüppchen und Gruppen heraus, und bald ist die große *salle de rédaction* ein von schwarzem Rauch qualmender Bienenstock, der dem Fremdling wiederum die Vorstellung aufdrängt, daß hier nicht viel Sinnvolles zusammengehen kann. Doch er hat weder die Improvisationskunst der Franzosen noch ihre Immunität gegen Lärm jeder Art einkalkuliert. In einem

Tempo, das von Konzentrationsfähigkeit und dem klaren Blick für Wichtiges und Unwichtiges geprägt wird, entwirrt sich diese laute Unordnung ohne Zeichen von Hektik zu satzfertigen Manuskripten und Überschriften, obwohl ununterbrochen Telefone klingeln und im Hintergrund ein Fernseher vor sich hinplärrt. Einer, der mit zwei Fingern, aber mit der Geschwindigkeit von zehn, eine Glosse in die Maschine hämmert, raucht kalt und grinst ab und zu still in sich hinein, als ob er nicht in diesem Bienenstock, sondern auf einer einsamen Wiese säße.

Vielleicht ist ihm die Idee beim Mittagessen zugeflogen, als er ganz abgeschaltet hatte, und vielleicht wäre es nicht schlecht, deutschen Zeitungsverlegern einmal das unheimlich Sinnvolle dieses Durcheinanders vorzuführen. Viele dieser Leute glauben, daß der Redakteur der beste sei, der durch permanente Anwesenheit am Schreibtisch glänzt – und übersehen ebenso permanent, daß diese Glanztat keinen Niederschlag im Blatt findet. Und wissen auch nicht, daß der französische Karikaturist, der gerade keinen Schreibtisch gefunden hat, weil ihm als freier Mitarbeiter offiziell auch keiner zusteht, draußen in einem halbdunklen Korridor mit ein paar Strichen etwas fertiggebracht hat, über das am nächsten Morgen Hunderttausende schmunzeln.

Pariser Zeitungen haben nachmittags zwischen vier und sieben einen Pulsschlag, der eine so ernsthafte Krise anzukündigen scheint, daß man nasse Handtücher werfen möchte. Aber es gibt gar nichts zu kühlen. Die Flut ebbt, als ob sie die Zauberhand der Apéritifstunde gestreichelt hätte, so schnell ab, wie sie gekommen ist. Sie hat Berge von Manuskripten in die Setzerei geschwemmt; auch jene die man schon zur Mittagsstunde hätte setzen können. Unter der Voraussetzung, daß die Telefonaufnahme und die Setzer bereitgestanden wären. Aber die sind zu diesem Zeitpunkt ausschließlich damit beschäftigt, den Tag mit genußvoller Behutsamkeit in zwei Teile zu brechen.

Der deutsche Manager, der um zwölf zwei Pillen und ein Joghurt nimmt, um sich selbst und dem Unternehmen so lange wie möglich erhalten zu bleiben, würde, wenn man ihn da ranließe, zunächst einmal eine bis ins kleinste durchdachte Rationalisierungskampagne einleiten. Oh, er wäre sogar großherzig und würde, in Anbetracht der nun einmal vorliegenden dekadenten Sitten, eine Mittagszeit von einer vollen Stunde genehmigen. Und sein nächster Schritt wäre die bei uns allseits beliebte und so praktische Kantine mit den Attributen preiswert und leistungsfähig.

So eine Kantine hält Leib, Seele und Belegschaft zusammen. Keiner braucht das Haus zu verlassen, und er kann ja auch noch am Nachmittag, wenn's die Zeit mal gerade erlaubt, zur Erhöhung seines Wohlbefindens ein Bierchen trinken. Fünf Pfennig billiger als in der Kneipe an der Ecke. Das ist sozial gedacht und verbessert Übersicht und Betriebsklima.

In Deutschland. In Frankreich aber stellen sich der Bistro an der Ecke und das kleine Restaurant quer. Und was das Betriebsklima angeht, so hat der Pariser Journalist ungefähr das gleiche Verhältnis zu ihm, das er zu jedem anderen Klima auch hat. Man muß es nehmen, wie es kommt, und suspekt fände er es, wenn jemand auf den Gedanken käme, es zu loben. Ob er sich wohl fühlt, weiß er selbst, wie er weiß, daß er, wie immer das Blatt auch heißen mag, mit einem gewissen Prozentsatz von Leuten auskommen muß, die er nicht ausstehen kann. Beim »Canard enchaîné« mag er geringer sein, doch handelt es sich hier um einen weltweiten Sonderfall, und mit einiger Sicherheit wäre die berühmte Ente längst baden gegangen, wenn sie nicht wöchentlich, sondern täglich erschiene. Nicht wegen Einfallslosigkeit der Redaktion, sondern weil es seit Maurice Maréchals Zeiten ein ehernes Gesetz ist, daß nach jeder Blattgeburt ein anstrengendes Fest stattfindet.

Im Bistro an der Ecke, versteht sich. Der Gedanke, das Bistro unter dem Decknamen Kantine ins Haus zu holen, wäre für den Pariser Journalisten so absurd wie eine Solidaritätserklärung des »Canard enchaîné« an die Regierung.

Denn der Puls der Stadt, den er fühlen will, kann im rauchigen Redaktionssaal nur schlagen, wenn sein Pochen jeden Tag von neuem gespürt und mitempfunden wird. Und deshalb gehen die Männer, welche die Zeitungen machen, durchaus einer im Interesse ihrer Blätter liegenden Tätigkeit nach, wenn der große Saal in einem Meer von Papier vor sich hingähnt.

Völlig falsch wäre es indessen, die Pariser Zeitungsverleger als Wohltäter zu betrachten, denen kein größeres Glück widerfahren könne als das Glück ihrer Redakteure. Sie sind nicht minder am Gewinn interessiert als ihre deutschen Geschäftsfreunde, und sie gleichen ihre großzügigeren Spesen durch kleinere Gehälter aus. Gehaltserhöhungen sind für den, der nicht gerade mit seinem Talent wuchern kann, schiere Glückssache, aus dem höchst einfachen Grund, weil der Verleger an einem langen Hebel sitzt, der Paris heißt. Die Konkurrenz ist so groß, wie die gute Position rar ist, und kein Journalist, der die Pariser Plattform erklommen hat, ist bereit, sie für die provinzielle zu tauschen. Lieber beißt er bei den maliziösen Worten des Patrons, »bitte sehr, *mon cher*, Sie können selbstverständlich gehen«, auf die Zähne und auf dem alten Gehalt herum.

Als Supplement bleibt ihm die Anerkennung des elementaren französischen Anspruchs auf jenes Stück individueller Freiheit, das auch der größte verlegerische Profitgeier nicht anzutasten wagt.

Das ist weise Ratio und so ziemlich das Gegenteil von dem, was der Deutsche unter rationell versteht. Ein Stück alten Frankreichs, das sich allerdings mehr und mehr als schwitzender Eisblock unter den heißen Strahlen der Technisierung und Industrialisierung erweist. Mehr, als es zwei Weltkriege vermochten, bedrängen sie Frankreichs inneres Gleichgewicht.

Damals, als Touchard und Katzenmaier aus dem Krieg nach Hause kamen, hatte mit der Balance auch nicht alles gestimmt. Mit zornigem Erstaunen sah Marianne, wie Onkel Sam kräftig an der Kurbel des deutschen Wirtschaftswunders drehte, zu einer Zeit, in der Touchard noch jeden Tag neue Widerstandskämpfer kennenlernte. Es waren schließlich so viele, daß er sich wunderte, wie es die Deutschen vier Jahre in einem Land ausgehalten hatten, in dem jeden Tag ihre Depots in die Luft flogen, ihre Züge entgleisten und listige, opferbereite Frauen ihnen im Halbschlaf Geheimnisse entrissen.

Oh, was hatte man sie veräppelt! Hat sie nicht allein der verbale Spott, der auf sie niederging, bis auf die Haut naß gemacht? Welches Land außer Frankreich hätte es fertiggebracht, den Aggressor lächerlich zu machen? *Haricot vert, doryphore, Fritz, Fridolin, Frisé, shleu,* sind nur eine kleine Blütenlese aus den Produkten eines Erfindergeistes, der nie müde wurde, die Unerwünschten zu attackieren, und wenn sie nicht alles verstanden, so war das ein schlagender Beweis für ihre bekannte Schwerfälligkeit, die noch dadurch unterstrichen wurde, daß die Deutschen nie ein einziges brauchbares Schimpfwort für die Franzosen erfanden.

Das allerdings mußte Touchard zugeben. Doch es gelang ihm nicht, diesen geistigen Waffen ein besonderes Gewicht bei der Befreiung beizumessen. Offenbar hatten die Amerikaner die Vertreibung der Deutschen doch etwas fester in die Hand genommen als die Résistance, und offenbar wollten sie nach dem Sieg deshalb auch ein bißchen mehr zu sagen haben als Marianne, die schmollende französische Mitsiegerin.

Sie drückte den Heimkehrer kurz an die Brust und überließ es ihm dann, sich in einer wirtschaftlichen Lage zurechtzufinden, die eher nach Niederlage denn nach Sieg roch und in der die etablierten Könige des schwarzen Marktes regierten. Touchard, dem die Deutschen fünf Jahre gestohlen hatten, mag sein Steak eher wieder in der Pfanne gehabt haben als Katzenmaier, aber der holte, als seine Währung saniert war, mit einem Tempo auf, das Marianne irritierte. Und es störte ihn verflixt wenig, daß die französische Landkarte wieder etwas größer, die deutsche hingegen zusammengeschrumpft und auch noch in zwei Teile zerlegt war. Die Hauptsache für ihn war, im westlichen Teil zu leben.

Überall bauten die Katzenmaiers auf, überall diskutierten die Touchards am Zinc. Sie hielten sich fest an ihm, ohne zu merken, daß rechtsrheinische Technokraten, bar jeden nostalgischen Gefühls, den elektrischen Bohrer ansetzten, wo Frankreich noch mit der Hand bohrte. Marianne fühlte sich mißverstanden und auf ungerechte Weise übervorteilt.

## Spätes Rendezvous

Hier sei eine kurze Einblendung jener Zeit gestattet, die dieser umwälzenden Ära vorausging. Eine Einblendung aus eigener Sicht und in eigener Sache. Nicht jeder kehrte so problemlos aus der Kriegsgefangenschaft heim wie Katzenmaier, der, irgendwo im Badischen, aus einem Transport sprang, sich ein paar Tage in einer Scheune versteckte und dann zu Hause anklopfte.

In jenen Tagen, die Hunderttausende von Soldaten der geschlagenen deutschen Armeen in russische, französische, amerikanische und englische Lager brachten und in denen ein Zufall oder ein Trick unabsehbare positive oder negative Bedeutung für den einzelnen hatte, drohte zwar die Fessel der Alliierten, aber es war immerhin auch eine durchgeschnitten. Zum ersten Mal konnte jeder, der für Hitler marschiert war, wenigstens den Versuch machen, selbständig eine Entscheidung zu treffen. Sicher, die Auswahl war gering, und das Risiko stieg mit der Verwegenheit des Versuchs.

Wahrscheinlich hätte ich nie den Entschluß gefaßt, den Russen an der Elbe mit Hilfe einer französischen Uniform zu entkommen, wenn ich Zeit gehabt hätte, alles in Ruhe zu durchdenken. Zu irrsinnig wäre mir alles erschienen. Aber ich hatte nur ein paar Minuten Zeit, und als das Soldbuch verbrannt war, gab es keinen Weg mehr zurück.

Dafür kamen wenige Tage später die Verhaftung in Frankreich unter Spionageverdacht, qualvolle Verhöre bei der Sûreté und der Marsch ins Gefängnis. Als 1973 »Die Baskenmütze« erschien und gar auf die Bestsellerlisten kam, glaubte so mancher Kritiker, daß hier eine Trittbrettfahrt bei »Papillon« beabsichtigt sei und daß sich einer zum Helden emporstilisieren wolle, weil er einiges erlebt hatte, was nicht gerade jeden Tag passiert.

Doch das war sowenig eingeplant wie die inzwischen erfolgten Übersetzungen des Buches in vierzehn Sprachen. Heldentaten sind von ganz anderen Leuten und unter ganz anderen Umständen vollbracht worden. Und vielleicht enttäusche ich auch manchen Leser mit dem Bekenntnis, daß die vielen Fluchten aus Lagern, die ja erst erfolgen konnten, als die Geheimdienstler zähneknirschend erkannt hatten, daß kein Spionageverdacht gerechtfertigt war, mehr sportliche denn unerhört wagemutige Versuche waren. Schwer und gefährlich war der Anfang. Der Rest war nichts als ein Ausbruch des unter Hitler angestauten Freiheitsdrangs und der für die heutige Generation vielleicht etwas eigenartig anmutende Wille, etwas von der gestohlenen Jugend zurückzuholen.

Angst haben wir immer gehabt, wenn wir Stacheldrähte durchschnitten und uns durch Kontrollen schmuggelten, aber größer war der Reiz des Ungewöhnlichen, und im Grunde wollten wir die Abenteuer von Tom Sawyer und Huck Finn nachvollziehen, die uns nie vergönnt gewesen waren, weil man uns zur Eroberung der Welt gebraucht hatte. Es war die Zeit, in der ein zweites Hemd und ein Handtuch Besitz bedeuteten, ein Stück Brot Zufriedenheit und ein paar mit der Zange gestohlene Tage außerhalb des Stacheldrahts einen kribbelnden Rausch von Freiheit.

In »Bonne Nouvelle« zu Rouen, dem Zentralgefängnis der Normandie, waren die Freuden rarer gewesen, und ich weiß nicht, ob ich diesen steinernen Wolfsrachen ohne die Hilfe eines jungen Franzosen lebend verlassen hätte. Ich war zweiundzwanzig, er gerade achtzehn, und hineingekommen war er durch eines jener Militärgerichte, die in jenen Tagen gar keine Zeit dazu hatten, nach bestem Wissen und Gewissen abzuwägen, was Recht oder Unrecht war. In normalen Zeiten wäre Henri Bonnaventure mit ein paar Tagen Kasernenarrest davongekommen, so wie ich in normalen Zeiten nie etwas von der Existenz dieses vermutlich aus napoleonischen Tagen stammenden Kerkers erfahren hätte.

Henri teilte nicht nur das Eßpaket mit mir, das ihm seine Mutter jede Woche schickte, sondern er half mir auch später bei der Flucht, die mich zusammen mit Wolf Schlögel bis in die Schweiz brachte, aber dann doch vergeblich war, weil die Eidgenossen jeden Kriegsgefangenen, den sie erwischten, wie ein unzustellbares Paket brav an den unfreiwilligen Absender Frankreich zurückgaben.

Schlögel – in der »Baskenmütze« versehentlich Schlegel genannt – taugte viel. Er sprach fließend Französisch, besaß eine goldene Uhr und war kein Angsthase. Man konnte lange nach einem suchen, der so viele Trümpfe im Spiel hatte. Unser Trumpfas aber war Henri Bonnaventure, der inzwischen, aus »Bonne Nouvelle« entlassen, wieder bei seinen Eltern in Paris lebte. Ihm verdanke ich die wegen ihrer Zusammenballung von Hilfsbereitschaft, Komik und Absurdität unvergeßlichste Nacht meines Lebens, denn eine Kleinigkeit war es wirklich nicht, bei einem waschechten Pariser Taxifahrer zu essen und zu schlafen, ohne daß er die geringste Ahnung davon gehabt hätte, wer ihm da ins Haus gelaufen war.

Nach diesem gelungenen *coup fourré* verkauften wir am nächsten Tag Schlögels goldene Uhr an einen amerikanischen Soldaten, und ehe wir nach einem Abschiedsessen nebst Apéritif in den Zug nach Belfort stiegen, sagte Henri: »Komm gut heim, Junge. Es wird die Zeit kommen, wo du als freier Mann nach Paris fahren kannst. Dann werden wir uns eine volle Nacht besaufen!« Ich sehe ihn heute noch, wie er am Bahnsteig stand und, was gar nicht zu ihm paßte, mit einem weißen Taschentuch winkte.

Es kam die Zeit, in der ich als freier Mann nach Paris fahren durfte, aber es gab keinen Henri mehr. Schon in den frühen fünfziger Jahren war die graue Mietskaserne nahe der Place d'Italie, wo Henri gewohnt hatte, abgerissen worden, und auf dem Polizeikommissariat des Arrondissements erhielt ich keine Auskunft über seinen Verbleib: »Hier wohnen hunderttausend Menschen, Monsieur, und was wollen Sie überhaupt von diesem Mann?«

Ich habe später noch zwei Versuche gemacht und dann

Henri, diese Stecknadel im riesigen Pariser Strohhaufen, aufgegeben. Aber 1973, als »Die Baskenmütze« fertig war, stand er plötzlich wieder ganz groß und mit allem, was ich ihm zu verdanken habe, vor mir. Ein Rendezvousversprechen vom Sommer 1946 war einzulösen, und den ersten Schritt mußte ich tun. Und es mußte noch andere Möglichkeiten geben, einen Menschen in Paris zu finden, als die biedere Vorsprache bei einem lustlosen Polizeisergeanten.

Freunde halfen mit. Sie fanden eine Spur, die nach Südfrankreich führte, aber sie war nur lauwarm. Ein entfernter Verwandter, der seit Jahren nichts von Henri gehört hatte. Doch er konnte auf eine Tante verweisen, die vielleicht mehr wußte. Sie schrieb meinen Pariser Kollegen, die jetzt Spaß an der Jagd nach dem Mann fanden, der sich mit seinem deutschen Gefängniskumpel vor siebenundzwanzig Jahren in Paris verabredet hatte, daß Henri noch im gleichen Arrondissement wohne. Auch den Namen der Straße wußte sie, bloß war ihr die Nummer entfallen, weil die Glückwunschkarten zum Jahreswechsel Henris einziges Lebenszeichen waren.

Sofort fuhr ich nach Paris, fest überzeugt davon, das vorzufinden, was der Schwabe »a g'mähts Wiesle« nennt. Aber die Kollegen warnten: »Frühstücke gut, die Straße hat hundertachtzig Nummern!«

Keiner wird auf Anhieb glauben, was es heißt, hundertachtzig alte Pariser Häuser durchzukämmen, ohne einen Durchsuchungsbefehl in der Tasche zu haben. Denn du rennst unweigerlich gegen eine Barriere, die Concierge heißt. Theoretisch könnte das zwar ein Vorteil sein, denn sie kennt nicht nur alle Mieter des Hauses, sondern sie weiß auch alles über sie. Erstens, weil sie weiß, wann sie nach Hause kommen und wann sie sich streiten, und zweitens, weil sie ihre Post liest, ehe sie sie verteilt. Gegen die Pariser Concierge ist ein preußischer

Hauptfeldwebel der alten Schule ein saftloser Chorknabe.

Kampf mit der Concierge also, deren Laune dem wißbegierigen und wenig trinkgeldträchtigen Fremdling gegenüber kaum weniger stinkt als der ewig brodelnde Topf auf ihrer Sparflamme. In diesen alten Wohnvierteln krallen sich die Hausmeisterinnen fest, wie es die Ratten im Hallenviertel vor dem Umzug des Großmarktes nach Rungis taten. Ein unerforschliches Geheimnis bleibt, wie sie dem Markt nachtippeln konnten. Tatsächlich sind sie bald scharenweise in Rungis aufgetaucht, und es waren keine neuen, sondern die alten.

Manchmal frage ich mich, was mit der Concierge geschieht, wenn »sie« ein altes Haus abreißen. Vielleicht wird sie, zur späten Freude aller, die unter ihrer Fuchtel standen, mitsamt ihrer Loge von einem Bagger hochgehoben und dann zermahlen. Doch bevor es soweit ist, hat sie Generationen von Mietern zermürbt, weil sie das Haus mit einer Herrschsucht verwaltet, die den pingeligsten deutschen Hausbesitzer zum ergebenen Wohltäter seiner Mieter macht.

Hundertachtzig Häuser und fast ebenso viele Conciergen. In einigen wenigen fehlte sie, in ein paar anderen konnte ich mich an der Loge vorbeischleichen und mit Riesenschritten die erste Etage gewinnen. Von der zweiten an ging's langsamer, und als ich keuchend die letzte erreichte, immer gewärtig, von der Concierge zurückgepfiffen zu werden, mischte sich die Atemnot mit heftigem Heimweh nach dem kleinen, vielsagenden deutschen Namensschild drunten an der großen Haustür.

An seiner Stelle haben die Pariser ein Haustier namens Concierge, das gestreichelt werden will. Besonders schätzt es die mit einem Geldschein streichelnde Hand, doch da die kleinste Note ein Zehner ist, wäre ein blanker Tausender noch viel zuwenig für eine hausmeisterliche Massenfütterung gewesen.

An diesem Vormittag schaffte ich siebenundzwanzig Conciergen und jedesmal schwebte über dem dunstigen Halbdunkel Mariannes perfidestes Lächeln: »Siehst du Freundchen, soviel Ordnung steckt in dem, was ihr Schlamperei nennt!«

»Bonjour, Madame, wohnt hier vielleicht eine Familie Bonnaventure?«

Das simple Sprüchlein schrie nach einer simplen Antwort, aber was eine richtige Concierge ist, riecht sofort, ob Trinkgeld in der Luft liegt, obwohl das, was in ihrem Topf brutzelt, jeden normalen Geruchssinn blockiert. Eine wollte von mir wissen, ob sie denn bloß noch ein billiges Auskunftsbüro für jedermann sei, die nächste, was ich denn von dem gesuchten Herrn wünsche, und die übernächste war überhaupt zu keinem Gespräch bereit, weil sie gerade Milch für ihre Katze warm machte.

Es gab, um der Wahrheit die Ehre zu geben, auch ein paar brummige, aber brauchbare und direkte negative Antworten, doch als ich gegen Mittag das abgeklapperte kleine Terrain mit der Länge der Straße verglich, wankte ich mutlos in einen schmuddeligen Bistro mit der Aufschrift »Café-Tabac«. Durstig überdies, doch das ließ sich am Zinc regeln, und warum sollte Henri, der im Gefängnis ein starker Raucher war, hier nicht Kunde sein? Aber der Patron konnte mit dem Namen sowenig etwas anfangen wie der Bäcker an der Ecke, und nach einem schnellen »Bifteck-Frites«, an dem ich lustlos herumkaute, beschloß ich, telefonisch Verstärkung anzufordern.

Es kamen zwei Kollegen von »L'Equipe« und eine Sekretärin, so daß wir die Einkreisung Henris systematisch von beiden Straßenseiten aus betreiben konnten.

Um fünf zahlte ich ihnen den Apéritif. Aber ich mußte mich am Zinc festhalten, denn die Füße schmerzten erbärmlich. Von Henri keine Spur.

Eine Stunde später hatten wir sie, und die fündige Concierge bekam ihren Schein, was einen Schwall freundlicher Beredsamkeit auslöste. Leider zerschmolz die Auskunft, bei Licht betrachtet, auf der Hand. Henri hatte bis vor zwei Jahren mit seiner Familie hier gewohnt. Dann waren sie in die Provinz gezogen, in die Bretagne, glaubte sie. Ich zog einen neuen Schein aus der Tasche und legte ihn auf den gleichen Platz, den der andere im Handumdrehen verlassen hatte. Pariser Hausmeisterinnen beherrschen meisterhaft die Kunst, jede Spur zu verwischen, die auf Käuflichkeit deuten könnte.

»Im dritten Stock«, sagte sie, »wohnt einer, der wissen könnte, wo sie hingezogen sind. Aber er ist die ganze Woche unterwegs und kommt erst am Samstag zurück.«

»Wirklich?« fragte ich und griff wieder nach der Brieftasche.

»Wirklich«, sagte sie. Und da sie den zweiten Schein noch einen Moment lang neben dem Strickzeug liegen ließ, gab es keinen Zweifel. Der Mann war wirklich verreist.

»Macht nichts«, beruhigten mich die Kollegen. »Fahr ruhig nach Hause. Wir lassen nicht mehr locker.«

Acht Tage später riefen sie an: »Wir haben ihn! Er wohnt tatsächlich in einem bretonischen Nest, aber er hat kein Telefon. Hier ist die Nummer eines Freundes. Er wird morgen abend um sechs bei ihm sein und erwartet deinen Anruf.«

So einfach ging das. Ich rief an, und Henris Stimme klang, als ob nicht siebenundzwanzig Jahre vergangen wären, sondern nur ein Tag.

»Ich wußte, daß du dich melden würdest«, sagte Henri, »aber ich hatte früher mit dir gerechnet. In Paris hätten wir, glaube ich, noch einen Pott zu leeren!«

Wir haben uns beeilt. Es war Sommer, wie damals, als Henri für Schlögel und mich an der Gare d'Austerlitz für das Geld, das die goldene Uhr eingebracht hatte, die Fahrkarten nach Belfort löste. Und der Zufall wollte es, daß der Spanier Luis Ocana sich gerade anschickte, die Tour de France zu gewinnen. Meine Zeitung hielt es für notwendig, dies in einer großen Reportage festzuhalten, und schickte mich nach Paris.

Am Vorabend der letzten Etappe hielt die Tour in Versailles hof, und ihr Sonnenkönig Luis Ocana zitterte wie Louis XVI., als die Marktweiber von Paris anmarschierten, um ihn zu entmachten. Er hatte Angst vor dem stupiden Zwischenfall des letzten Tages, vor dem streunenden Hund, dem man nicht ausweichen kann, oder dem Massensturz, bei dem die Gabel des Hintermanns das Gelbe Trikot, das Hunderttausende wert ist, wenn man es nach Paris bringt, aufspießt und zu einem wertlosen Fetzen macht. Keiner darf vor dem Zielstrich jubeln, und obwohl bei mir weder Geld noch Ruhm auf dem Spiel stand, konnte ich spät in der Nacht, als ich die Schreibmaschine weggestellt hatte, in dem muffigen Versailler Hotelzimmer nicht einschlafen. Vielleicht käme Henri irgend etwas Unvorhergesehenes dazwischen, und überhaupt, wie sollte ich ihn erkennen? Seine Stimme hatte geklungen wie damals, als er mir im Gefängnis den schwarzen Tabak reichte, den seine Mutter in einer ausgehöhlten Kartoffel verborgen hatte, aber siebenundzwanzig Jahre waren inzwischen vergangen, und keiner hatte am Telefon daran gedacht, dem anderen ein Erkennungszeichen zu geben.

Als Treffpunkt hatten wir für Sonntag abend um halb acht die Brasserie »Le Brébant« am Boulevard Montmartre gewählt. Sie bildet die Ecke des Boulevards mit der Rue du Faubourg Montmartre, nur einen Steinwurf entfernt von »L'Equipe«, deren Setzmaschinen zu diesem Zeitpunkt mit dem Triumph des Spaniers Luis Ocana gefüttert wurden. Ihm war nichts mehr dazwischengekommen.

»Le Brébant« ist eines der großen Boulevardcafés, deren Mittelpunkt nicht der Zinc ist, sondern die roten, von einer weit ausladenden Markise überdachten Tischchen auf dem Trottoir. Es war, was ich nicht einkalkuliert hatte, an diesem warmen Juliabend kaum ein Platz zu finden, obwohl die Stunde des Apéritifs vorbei war. Ich mußte mein Tischchen mit einem eleganten, graumelierten Herrn teilen, der im Knopfloch die Rosette der Ehrenlegion und auch sonst alles zur Schau trug, was zu einem größeren Patron gehört. Er trank Pernod und las den »Figaro«. Ich hatte mir am Kiosk an der Ecke eine deutsche Zeitung gekauft, in der Hoffnung, Henri damit ein kleines Zeichen geben zu können. Es war noch nicht ganz halb acht, und dreimal hatte ich die rund fünfzig Gäste an den kleinen Tischchen vom Trottoir aus geprüft, ehe ich Platz genommen hatte. Henri war noch nicht da.

Der Boulevard quoll an diesem Sonntagabend über von flanierenden Menschen, und der Wind war zu schwach, um die träge Schwüle zu vertreiben, die auf dem Asphalt hockte. Die Mädchen trugen luftige Blusen und kurze Röcke, und Parfüm kämpfte mit den Abgasen der Autos, die in Sechserreihen hinunter zur Place de l'Opéra rollten. Es war das Bild, das wir uns hinter den Eisenstäben von »Bonne Nouvelle« gemalt hatten.

Aber Henri kam nicht. Es wurde Viertel vor acht und dann acht, und ich weiß nicht, ob der Herr mit der Rosette der Ehrenlegion zahlte, weil er ohnehin gehen wollte, oder weil ich nervös wurde und mit dem wackeligen roten Tischchen zu spielen begann. Als er gegangen war, entschloß ich mich zu einem kompletten Rundgang durchs Lokal. Es war ein blödes Gefühl, alle Männer anstarren zu müssen und verwunderte oder ärgerliche Blicke zurückzukriegen, aber es gab keinen anderen Ausweg. Entweder saß er irgendwo und kam sich ebenso hilflos vor, oder er war nicht gekommen. Die Möglichkeit, daß er als Pariser dieses bekannte Café nicht fände, schied aus.

Beim zweiten Durchgang brauchte ich mich nur noch auf vier Tische zu konzentrieren, an denen einzelne Herren saßen. Alle anderen waren entweder wegen zu großen Altersunterschiedes oder ganz einfach aus physischen Gründen ausgeschieden. Ein vollbärtiger Zwei-Zentner-Henri war ebenso unvorstellbar wie der rachitische Hakennasige in der Ecke, der gelangweilt auf gesalzenen Mandeln herumkaute.

Und als dann nur noch zwei übrigblieben, hatte ich ihn. Er stand auf, als ich noch fünf Meter von seinem Tisch entfernt war, und sagte: »Seit einer Viertelstunde beobachte ich dich, aber ich habe immer wieder gezögert. Wir hatten beide vergessen, daß wir nicht mehr achtzehn sind!«

Unser Händedruck zwischen den vielen Leuten ist ein bißchen verlegen, aber als er dann an meinem Tisch sitzt, passiert etwas Seltsames. Es ist, als ob jemand einen Schleier von dem Kopf zöge, auf dem die dunkelblonden Haare spärlich geworden sind, und als ob Hemd und Krawatte unter grobem Sackleinen verschwänden. Furchen haben sich ins Gesicht geschnitten, aber es ist der gleiche Mund, in dessen Winkeln Ironie nistet, und auch die Augen, die jetzt lachen, weil wir uns angestellt haben wie die ersten Menschen, sind die gleichen, auch wenn ein lachendes Jungengesicht anders aussieht als das eines Mannes, der auf die Fünfzig zugeht.

Er scheint ähnlich zu denken, aber er denkt auch praktisch. »Hör zu. Wir haben die Nacht vor uns, aber der letzte Zug, den ich erwischen muß, ist der erste Frühzug am Bahnhof Montparnasse. Ich hab 'ne Menge Arbeit morgen.«

»Ich auch«, grinse ich. »Im Gefängnis haben sie uns mehr Zeit füreinander gelassen, was?«

Im Grunde ist es wie 1946 an der Gare d'Austerlitz. Nur daß es diesmal Henri ist, der auf den Zug muß. Und da er immer praktisch denkt, schlägt er vor, gleich aufzubrechen. Wir werden bis zum Châtelet zu Fuß gehen, dann die Métro nach Montparnasse nehmen. Er kann dann in Ruhe sitzen, ohne auf ein Taxi angewiesen zu sein.

»Gut«, sage ich. *»On va manger dans la Rue de la Gaîté.«* Es gibt viele hübsche kleine Restaurants in der »Straße des Frohsinns«, und der Name paßt zu einem Essen, das seit siebenundzwanzig Jahren geplant ist. Wir essen von halb zehn bis Mitternacht, und der Bordeaux fließt nicht wie bei armen Leuten. Später bestelle ich Champagner, und Henri braucht nicht zu wissen, daß ich mir morgen bei Freunden, die ihn für mich gefunden haben, Geld leihen muß.

Was er vor siebenundzwanzig Jahren für mich getan hat, war mit Geld nicht zu bezahlen. Heute wird mit Geld alles gemacht.

Ich sage ihm, was ich denke.

»Du hast recht«, sagt Henri. »Aber wenn man sich Freundschaften kaufen will, kriegt man Ramsch. Manchmal überlege ich mir, ob es nicht von großem Vorteil für die Menschheit wäre, wenn man alle Leute, und zwar recht früh in ihrem Leben, einmal ins Gefängnis steckte. Nicht für vierzehn Tage, sondern so ein Jährchen, in dem sich's nachdenken läßt. Ist natürlich Blödsinn, aber ich kann dir sagen, daß aus mir, ohne die Zeit im Knast, nichts geworden wäre.«

»Jetzt brauchst du bloß noch zu sagen, daß du den Arschlöchern dankbar bist, die dich hineingeschmissen haben!«

Er legt sich ein Stück Brie aufs Weißbrot, und über die Mundwinkel huscht die Ironie von damals, wenn er ein Päckchen Tabak aus einer Kartoffel holte, welche dem Gefängniswärter, der die Pakete aufschnitt, nicht aufgefallen war.

»Der Optimismus, mit dem ich bei meiner Entlassung vollgepumpt war, ist dir wahrscheinlich nicht aufgefallen. Vielleicht wollte ich ihn dir auch nicht zeigen. Du warst mein Freund, und ich wußte, daß man dich nicht wie einen Franzosen entlassen würde. Nach dem Gefängnis kam für dich das Lager. Ich konnte dir nur helfen, indem ich dir meine Adresse gab, und ich bin froh, daß es nicht umsonst war. Aber du hast keine Ahnung, wie meine sogenannte Freiheit dann aussah.«

»Als ich mit Schlögel bei deinen Eltern übernachtete, habe ich dich um deine Freiheit und deine Fröhlichkeit beneidet.«

»Was hast du davon gesehen? Eine Nacht, auf die ich heute noch ein bißchen stolz bin, weil ich dir helfen konnte und mein Alter, der sich soviel auf seinen Instinkt einbildete, uns auf den Leim ging. Dann noch einen Tag, an dem ich nicht in die Fabrik ging, um euch zu helfen, die goldene Uhr zu verkaufen.«

»Ich kann mich nur an deine Hilfsbereitschaft und deine herrliche Unbekümmertheit erinnern.«

»Aber du weißt nicht, daß ich ein paar Wochen später meine Stellung verlor. Ich hatte den Ehrgeiz, vorwärtszukommen, doch sie wollten mich nur als Hilfsarbeiter, weil ich vorbestraft war. Das stand unauslöschlich in meinen Papieren, verstehst du?«

»Daran«, sage ich und fülle Champagner nach, »habe ich allerdings nicht gedacht.«

»Wie hättest du auch sollen? Du konntest ja auch nicht wissen, daß ich gerade aus der Volksschule kam, als die Deutschen in Paris einmarschierten. Und du kennst das miese Viertel, in dem wir wohnten.«

»Aber dafür konnten schließlich die Deutschen nichts.«

»Das habe ich auch nicht behauptet. Du mußt aber wissen, daß mein Alter seinen Job als Taxifahrer verlor und das Saufen anfing. Wenn er nicht soff, versuchte er sich im schwarzen Markt, aber da gab es raffiniertere Spezialisten. Ab und zu hatte er auch eine geregelte Arbeit, aber es reichte hinten und vorne nicht, und er kümmerte sich einen Dreck darum, was aus mir und meinem Bruder wurde. Wir streunten mit kleinen Banden durch das linke Seineufer, und je älter wir wurden, um so kritischer wurde unser Verhältnis zur Justiz. Gelegentlich habe ich ein bißchen gearbeitet, aber einen Beruf hatte ich nicht, als 1944 die Amerikaner kamen.«

»Und dann hast du in der FFI ein bißchen Soldat gespielt.«

»Ja, die Geschichte kennst du. Es war die reine Lust am Abenteuer. Sehr fromm ging's nicht zu in unserem zusammengewürfelten Haufen, und ich bin, ohne daß ich recht wußte wie, in diesen einfältigen Raub bei einem Bauern hineingeraten. Ich wußte ehrlich nicht, was die vorhatten, und als wir vor Gericht standen, haben uns die Anführer reingelegt.«

»Und dein Anwalt?«

Henri verzieht den Mund, aber die Augen lachen nicht mit. »Ein Pflichtverteidiger. Er hat keine zehn Worte mit mir gesprochen und ist dem Gericht in den Arsch gekrochen. Wenn mein Vater hätte einen bezahlen können, wäre ich keinen Tag gesessen! Aber ich sagte dir ja schon, daß ich es gar nicht bereue.«

»Aber du hast es noch nicht erklärt.«

»Ich bin ja dabei. Sieh mal, du erinnerst dich noch an unsere Gespräche, als meine Entlassung näherrückte. War es nicht so, daß ich glaubte, aus der Hölle ins Paradies zu kommen? Ich war achtzehn und hatte tausend Pläne im Kopf. Nicht solche wie die *mecs*, die Riesenpakete von ihren freischaffenden Kumpels kriegten und schon im Knast an neuen Dingern drehten. Ich wollte in Abendkursen ein richtiges Handwerk erlernen, und das habe ich auch gemacht. Aber zunächst verdiente ich mein Geld als Hilfsarbeiter. Es hat mich nicht gestört, bis zu dem Tag, an dem ich meinem Chef die Prüfungen von den Abendkursen zeigte und einen anderen Job wollte. Da hat das Schwein in eine Schublade gegriffen und mir mit fiesem Lächeln die Vorstrafe unter die Nase gehalten.«

»Und du hast ihm nicht erklären können, wie alles war?«

»Er wollte nichts wissen, aber ich habe ihm erklärt, was ich von ihm halte, und dann war ich entlassen. Ich habe wieder irgendwo als Hilfsarbeiter angefangen und bin abends in keine Kurse mehr gegangen, sondern in Versammlungen der Kommunisten. Aber ich habe schnell gemerkt, daß das auch nicht der wahre Jakob war. Und als ich mit meinen Papieren noch ein paarmal bei diesen Westentaschen-Stalins der Industrie gescheitert war, ging ich wieder in Abendkurse. Ein selbständiger Meister wollte ich sein, und ich bin es auch geworden. Es hat lange gedauert, und ich habe viel Geld aufnehmen und abzahlen müssen, bis ich mir mein bißchen Unabhängigkeit erkauft hatte. Verstehst du jetzt, wenn ich sage, daß mir der Knast auch geholfen hat? Er hat mich gelehrt, gegen die Gemeinheiten zu kämpfen, die in dieser sogenannten Freiheit nicht kleiner sind, und ohne ihn würde ich jetzt wahrscheinlich bei irgendeinem Ausbeuter an der Drehbank stehen.«

»Prost, Henri«, sage ich und lasse den Champagner schäumen.

Dann erzählt er von seiner Frau, aber mehr noch von den Kindern und dem Häuschen im Grünen. Es ist noch nicht abbezahlt, aber man baut in der Provinz immer noch billig, und er hat viel selbst gemacht. Geheiratet hat er verhältnismäßig spät, weil er erst Ordnung in seinem Leben brauchte. Und so sitzt er nun in seinem Städtchen, ist zutiefst mit sich zufrieden und zutiefst mißtrauisch gegen eine Gesellschaft, die es ihm schwergemacht hat und auf deren Interesse an seiner selbstgebastelten Privatsphäre er in hohem Maße verzichten kann. Vielleicht hat er sogar Fußangeln im Garten und eine Schießscharte im Wohnzimmer.

Nach Paris fährt er nur noch, um seine Mutter zu besuchen. Der Vater ist früh gestorben, und sie hatten einander nie viel zu sagen gehabt. Die Großeltern waren kleine Bauern im Süden gewesen, die sich von der großen Stadt hatten anlocken lassen. Henri hat sie abgestoßen; er ist ihr davongelaufen wie einem häßlichen Moloch, weil er spürte, daß sie keinen anderen Platz für ihn hatte als das schmutzige graue Viertel, in dem er aufgewachsen war, als Hunger und Not durch Straßen schlichen, auf denen deutsche Militärstiefel hallten. Es war nicht schwer gewesen, die Deutschen hassen zu lernen und ihnen die Pest an den Hals zu wünschen. Und dann hatte er im Gefängnis von Rouen seine Pakete mit einem Deutschen geteilt.

Henri zieht an der Gauloise und blickt auf die Uhr. »Wir haben nicht mehr viel Zeit, und hier ist sowieso Schluß. Wenn unsere Zeche nicht so groß wäre, hätte uns der Patron schon rausgeschmissen. Trinken wir am Bahnhofsbüfett noch ein Glas.«

Montparnasse-Bienvenue ist der modernste Bahnhof von Paris geworden. Die große Halle erinnert an einen modernen Flughafen, aber sie ist ausgestorben um diese Zeit, und es ist so still, daß man außer unseren vom Wein schwer gewordenen Schritten nur das Surren der im gleißenden Neonlicht glitzernden Rolltreppen hört.

Doch ich sehe nicht dieses Licht, das den Augen weh tut, sondern den kleinen und alten Bahnhof, in dem Henri in ein paar Stunden aussteigen wird, zurück von einem Pariser Rendezvous, das vor siebenundzwanzig Jahren beschlossen worden war. Er wird in sein Provinzstädtchen hineinkriechen wie in ein warmes, heimeliges Nest, und in seinen Mundwinkeln wird die Ironie spielen, wenn er an das brodelnde Gewühl der Stadt denkt, mit der er seine Rechnung beglichen hat. Er weiß, daß die meisten Menschen in seinem Städtchen von der Sehnsucht nach Paris geplagt werden, weil der ständige Konsum von satter, behaglicher Ruhe ein Kribbeln verursacht, für das die Kleinstadt kein Ventil bietet.

Ich sehe den Bahnhofsplatz mit dem Kopfsteinpflaster, dem Blumenbeet und dem scheußlichen Kriegerdenkmal vor mir. Das Café de la Gare mit den kunstledernen roten Bänken und der Musikbox, die man durch die geschlossenen Fenster grölen hört. Auf der anderen Seite das Hotel de Paris für die Handelsvertreter, die kein Zimmer mit Bad brauchen, aber viel Platz beim Mittagessen, weil sie nebenher Rechnungen und Berichte schreiben. Die Tischdecken sind aus Papier, und der alte Ober, der aussieht, als ob er hier schon im ersten Weltkrieg bedient hätte, kritzelt mit dem Kugelschreiber die Addition drauf. In der ersten Seitenstraße der eigentliche Bistro, der wahrscheinlich Café du Commerce heißt und an dessen Zinc schon die Urgroßväter derer Politik machten, die heute hier stehen und ganz genau wissen, was in Paris alles falsch gemacht wird. Aber dieses Schimpfen ist Tünche für eine unterschwellige Sehnsucht und Elixier der Daseinsberechtigung zugleich in einer kleinen

Welt voll konservativer Banalität, in der das Vorurteil noch immer eine starke Barriere gegen den Fortschritt ist. Unaufhaltsam aber schlägt die Industrie mit harten Prioritäten ihre Breschen in diese Barriere und scheucht die Kleinstadt auf. Es ist die europäische Uhr, die sich da meldet, und es genügt nicht, wenn die Zeiger in Paris richtig stehen.

Henri freilich entzieht sich den Maßstäben, die in seinem Nest gelten. Ein Sonderfall wohl, so, wie er damals in Bonne Nouvelle ein Sonderfall für mich war. Er lächelt über die Spießer, die sich ein- oder zweimal im Jahr eine Pseudogeschäftsreise nach Paris ermogeln, weil die Kleinstadt abends um zehn schläft und keine Brotkrume des Amüsements von reich gedeckten Tischen fallen läßt. Deshalb meldet sich bei den Satten von Zeit zu Zeit auch ein anderer Appetit.

Aber Henri fährt lieber in die umgekehrte Richtung. Wir trinken ein letztes Glas am Büffett, und dann bringe ich ihn hinaus auf den Bahnsteig, wo das Licht milchig ist, weil sich fahle Dämmerung mit den Strahlen der Lampen mischt. Als der Zug abfährt, winke ich lange mit dem Taschentuch, wie er damals, als wir nach Belfort fuhren, um in die Schweiz zu entkommen.

Man mag es – ich tu's nicht – Zufall nennen, daß mich ein paar Wochen später der Mann anrief, der der Dritte im Bund gewesen war. Wolf Schlögel, den ich nach dem Krieg ebenso vergeblich gesucht hatte wie Henri, meldete sich aus Baumholder, einem Nest zwischen Saar und Nahe, das noch ein paar Etagen unter dem liegt, was man als tiefe Provinz bezeichnet. Wahrscheinlich hat man es deshalb zum Truppenübungsplatz gemacht.

Er ließ mich ein bißchen am Draht zappeln, denn er sprach Französisch, und es klang so echt, daß ich dreimal falsch riet. Erst als er sagte, hier spreche der Kommandant des »Camp de la Tubize« von Rouen, hatte ich ihn am Wickel.

»Ich habe ›Die Baskenmütze‹ gelesen und will dir nur sagen, daß es mich auch noch gibt.«

Schlögel. Ich sah ihn vor mir mit seinen Einssechsundsechzig und der viel zu langen amerikanischen Offiziershose, die er mit einem Bindfaden in der Gegend der Brustwarzen befestigt hatte und über der ein gestohlener französischer Maurerkittel schlotterte. Und ich sah ihn mit Henri auf einer Bank im Sommerwind auf dem blühenden Pariser Marsfeld vor dem Eiffelturm sitzen, während ich einem amerikanischen Soldaten seine goldene Konfirmationsuhr verkaufte.

Zwanzig war er gewesen, und ich sah auch die Tränen ohnmächtiger Wut in seinen Kinderaugen, als uns die Schweizer Grenzer bei Delle wieder an die Franzosen auslieferten. Dann war das Lager Belfort gekommen, in dem man uns auseinanderriß, ehe wir eine neue Flucht planen konnten, aber ich hatte ihm die Adresse meines Onkels in Basel gegeben. Vier Wochen später war er hungrig und zerzaust wie ein streunender Hund dort eingetroffen, und am nächsten Tag war er, gestärkt und neu eingekleidet, durch den Stacheldraht bei den Langen Erlen nach Deutschland hineingekrochen.

So hatte es mir mein Onkel erzählt. Er hatte noch eine halbe Stunde im Gebüsch gewartet und war dann sicher, daß Schlögel die deutsche Seite erreicht hatte. Erst jetzt, nach siebenundzwanzig Jahren, erfuhr ich die Wahrheit. Auf den letzten Metern, als der Draht schon aufhörte und er nur hätte hineinrennen müssen in eine steinige deutsche Wiese, hatte ihn ein Schweizer Grenzer geschnappt.

Ein legitimer Fang. Der Mann, der vielleicht froh war, daß sich mal was rührte, brachte ihn nach Basel zurück, wo er einen Tag Gefängnis wegen unerlaubten Grenzübertritts absaß. Und nachdem Mutter Helvetia ihr Recht gehabt hatte, wurde Schlögel, ebenfalls Rechtens, den Franzosen übergeben. Hätte der Schweizer ein Auge zugedrückt, wäre Wolf Schlögels Leben mit einiger Sicherheit anders verlaufen.

So aber kam er in ein berüchtigtes französisches Hungerlager und kehrte zurück mit dem Keim einer Krankheit, die er nicht mehr abschütteln konnte. Zwar schaffte er ein Studium in Freiburg und den Sprung in den Journalismus, aber seit einigen Jahren ist der Dr. phil. Wolf Schlögel arbeitsunfähig und auf eine bescheidene Rente angewiesen. Henri Bonnaventure hat im alten Frankreich den Platz gefunden, den er suchte; Schlögel fand den seinen in der gewaltigen Produktionshektik der Bundesrepublik nicht.

Aber noch oft fährt er über die nahe französische Grenze, denn er ist frankophil wie damals, als wir den Franzosen ausbüchsten, und er gehört zu den Deutschen, die den »Canard enchaîné« mit Genuß und Begeisterung lesen. Nicht zuletzt deshalb, weil er den Irrsinn des Krieges mit der gleichen Leidenschaft verdammt wie der Gründer dieses Blattes, das in Deutschland keine Lebenschance hätte.

Nationale Institutionen lassen sich nun einmal nicht verpflanzen, doch zu fragen bleibt, warum es kein deutsches Äquivalent für den »Canard« gibt. Der »Simplizissimus«, der das für uns so heikle Pflänzchen der Satire – geistvoller Sarkasmus ist ohnehin unverkäuflich – zu pflegen versuchte, hat die fünfziger Jahre nicht überlebt. Die »Weltbühne«, deren Herausgeber Tucholsky, Jacobsohn und Ossietzky nicht nur wegen ihrer politischen Haltung, sondern auch wegen ihres Kampfes gegen die »White-Collar-Crimes« dem »Canard« am nächsten stand, feierte nach Hitlers Abgang nur dem Namen nach in Ostberlin ein Comeback, und was heute an deutscher

Pseudo-Satire angeboten wird, bedarf vierfarbiger pornographischer Titelbilder auf Kunstdruckpapier.

Es ist ein geistiger Offenbarungseid, wenn man an die schmucklose Ente denkt, die in Paris durch eine normale Zeitungsrotation läuft. Keine pfauenhafte Verpackung, aber viel Inhalt für den Liebhaber.

Ein Liebhaber, der in Deutschland nicht existiert? Das ist so sicher nicht. Sicher ist nur, daß niemand den Mut hat, ihn zu suchen. Mit einer Kopie des »Canard« geht es freilich nicht. Unsere Sprache sträubt sich gegen den *calembour*, jenes federleichte Wortspiel, das dem »Canard« die Flügel gibt. Da gibt es zu viele ächzende Scharniere, die sich nicht auseinanderreißen lassen. Der geistvolle Meister des Calembour aber schüttelt sein Französisch wie ein Kaleidoskop und fügt es mit scheinbar spielerischer Leichtigkeit zu neuen und verblüffenden Bildern – eine Technik des Esprits, zu der kein Computer taugt. Der bringt höchstens einen Gebrauchswitz Marke Stammtisch zuwege. Allerdings sind die unteren Schubladen im Archiv des witzigen Wortguts in Frankreich auch nicht besser bestückt als bei uns. Marius und Olive sind das Marseiller Pendant von Tünnes und Schäl, Millowitsch-Typen wie die vom Rhein, und die Affinität geht so weit, daß viele Pointen gleich sind und auf ein munteres Export-Import-Geschäft schließen lassen.

## Unsterblicher Cocu

Der spezifisch französische Witz aus den oberen Schubladen ist subtiler und lockerer, und mit Absicht wird die Pointe oft nur angeritzt, um den Partner das beste Stück selbst kauen zu lassen. Der vorgekaute und prustend ausgespuckte Witz gilt nicht unbedingt als geschmacklos, aber er schmeckt eben auch nach nichts.

Unschlagbar ist die Beliebtheit des Cocu-Witzes. Cocu, das ist der Hahnrei, der betrogene Ehemann, der als einziger nicht merkt, daß er mit Hörnern herumläuft. Die Zahl der Witze, die über ihn kursieren, ist größer, als es die Zahl der Cocus jemals sein kann. Ein Zeichen dafür, daß die heimlichen Wünsche der französischen Ehefrauen bei weitem zahlreicher als ihre Eskapaden sind? Die muffigen Kleinstädte deuten zumindest darauf hin.

Von einem, der aber nicht nur gelegentlich, sondern sehr heftig von seinem Weib betrogen wird, sagt man: *Il est cocu comme un chef de gare.*

Gehörnt wie ein Bahnhofsvorstand also, und das Bild ist klar: Bahnhofsvorstände haben lange Dienstzeiten und so viel Verantwortung, daß sie unmöglich kontrollieren können, was zu Hause passiert.

Heute freilich, wo Frankreich durch die europäische Uhr gezwungen wird, mit Traditionen zu brechen, braucht man nicht unbedingt einem Bahnhof vorzustehen, um sich seine Hörner zu holen. Der moderne Pariser Cocu ist nicht selten ein Opfer seiner beruflichen Tüchtigkeit, die es ihm erlaubt hat, einen familiären Wunschtraum zu erfüllen. Es handelt sich um das Häuschen im Grünen. Wer am Wochenende den großen Anzeigenteil des »Figaro« liest, muß zu der Überzeugung kommen, daß in der nächsten Woche ganz Paris auf dem Land leben wird. So überzeugend schildern die Baulöwen in ihren Offerten die Annehmlichkeiten des Lebens *en plein air,* wo den Lungen anstelle von Auspuffgasen Sauerstoff und den Augen die frische Farbenkraft von Blumen geboten wird, aus denen fleißige Bienen reinen Nektar naschen.

Das macht die Frau träumerisch und den Mann bienenfleißig. Bis er es riskieren kann, mit dem Baulöwen einen Vertrag abzuschließen und die muffige alte Wohnung, in die man sowieso niemanden einladen kann, aufzugeben. Er hat alles genau durchgerechnet, und die Abzahlungsraten wird er schon aufbringen, wenn sich das Budget auch entsprechend einschränkt. Aber was ist das gegenüber dem stolzen Gefühl, Besitz zu erwerben und eine Frau glücklich zu machen!

Es kommt der Umzug aus dem verwohnten *deux-pièces* des alten Pariser Mietshauses ins sonnige Vallée de Chevreuse, und obwohl es dort zur gleichen Zeit zu regnen pflegt wie in Paris, werden die Wochenenden zu einem zweiten Honigmond. Unter der Woche freilich ist die Frau lange allein mit der frischen Luft und der neuen Pracht, weil schon so viele diese beneidenswerte neue Lebensart gewählt haben, daß die Ausfallstraßen jeden Abend hoffnungslos verstopft sind.

Aber der tüchtige, in Paris arbeitende Landbewohner forcht sich nit. Geduldig schluckt er auf dem Heimweg mehr Auspuffgase, als er je in die Nüstern kriegte, wenn er früher mit der Metro heimfuhr. Damals brauchte er eine Viertelstunde, und wenn's hoch kam, zwanzig Minuten. Aber jetzt läßt sich nichts mehr programmieren, und es häufen sich die Abende, an denen er um acht noch in der stinkenden Blechlawine eingeklemmt ist, welche der frischen Luft entgegenkriecht.

Doch statt sie in vollen Zügen zu genießen, muß er essen, und wenn er sie dann genießen könnte, ist er müde. Oh, er schläft gut, und auch im Schlaf hat die Luft ihre Vorzüge. Er ist nur kürzer als früher, weil das Schneckentempo der Blechlawine einkalkuliert werden muß.

Er macht sich den Frühstückskaffee jetzt selbst, damit sie das Landleben auch auskosten kann. Am Sonntag wird er den Rasen mähen, und man wird, wie die Schloßherren, draußen frühstücken. Sollte es aber regnen, wird er im Hobbyraum basteln. *Bricoler.* Er ist ein leidenschaftlicher *bricoleur*, und es gibt noch so vieles in der neuen Wohnung zu richten.

Schade nur, daß Françoise kein Hobby hat. Manchmal kommt ihm tatsächlich der Verdacht, daß sie sich nach Paris zurücksehnt. Aber das ist natürlich blanker Unsinn, und er weiß ja, wie sie von ihren Freundinnen beneidet wird.

Was er nicht weiß, ist, daß die Grüne Witwe gelegentlich in die Stadt fährt, ohne darüber zu reden. Am Anfang war es nur Zeitvertreib, aber Françoise ist noch nicht zu alt, um Männerblicke auf sich zu ziehen.

Wenn eine attraktive Frau am Drugstore der Champs-Elysées flaniert, gleicht sie dem Hasen am Tage der Eröffnung der Jagd. Sie gerät in die Schußlinie deutlicher Angebote, und wenn's dem Monatsende zugeht, ist das Haushaltsgeld durch die neuen Sparmaßnahmen so knapp geworden, daß an eine schicke Bluse oder ähnliche Dinge, die früher, als man wie andere Leute wohnte, ganz selbstverständlich waren, überhaupt nicht mehr zu denken ist.

Dafür überdenkt Françoise die vergleichsweise ungefährlichen Möglichkeiten der Aufbesserung des Budgets, und wenn die Ebbe am Monatsende zu groß wird, läßt sie sich schon mal zu einem Stündchen einladen, bei dem nicht nur Kaffee getrunken wird. Ihr Gewissen entlastet sie damit, daß sie die strapazierte Kasse entlastet, und sie hat auch sonst ein bißchen etwas davon, weil sie einen guten Blick für anständige Interessenten hat. Und wenn Patrik müde nach Hause kommt, freut er sich, daß sie guter Laune ist und sich langsam akklimatisiert.

Er ist nicht der einzige, der sich ein Häuschen im Grünen mit Hörnern erkauft, denn der freie Markt der femininen Seitensprünge, den die neuen Wohngebiete geschaffen haben, floriert und läßt den ewig jungen

Cocu-Witz nicht verkommen. Wer die Marktlage nutzen will, braucht freilich ein Gespür, das Katzenmaier nicht gegeben ist. Wenn er in Paris ein galantes Abenteuer sucht, muß er sich schon auf die ausgetretenen Pfade von Montmartre begeben. Seit es Madame Richard im Jahre 1945 gelungen ist, die öffentlichen Häuser abzuschaffen, tappt der Fremdling im dunkeln, wenn er in der *ville lumière* das Abenteuer sucht. Paris wäre allerdings nicht Paris, könnte man nicht mit entsprechenden Beziehungen entsprechende Adressen bekommen.

Der Tuchfabrikant aus Roubaix, den regelmäßige Geschäftsreisen nach Paris führen, hat diese Beziehungen. Aber diese verschwiegenen Häuser haben auch ihre Preise, genau wie die Nachtportiers oder die Barkeeper der großen Hotels, die diskret dafür sorgen, daß der eilige Geschäftsmann splitternackt im Bett vorfindet, was er nach der schweren Sitzung braucht. Die Deutschen fliegen, um diesen Service zu bekommen, nach Bangkok, wo keine Beziehungen vonnöten sind. Allenfalls kann ein kleiner Nachurlaub nötig werden, weil ein hoher Prozentsatz der thailändischen Schönen Souvenirs verteilt, die man tunlichst nicht mit nach Hause nehmen sollte. Katzenmaier kann bestätigen, daß sie auch in Paris angeboten werden und daß es angenehmere Kriegserinnerungen gibt als die Roßkuren beim Sanitätsgefreiten Neumann.

Viel größer ist indessen die Gefahr des Coup de fusil, und das Gewehr, das ihn abfeuert, wird in den meisten Fällen nicht vom Schützen geladen und gespannt. Der sitzt, wenn er ein echter Profi ist, geruhsam hinter seiner Theke und überläßt die Kundenbeschaffung seinen Zulieferern, deren Zahl mit der Bedeutung seines Etablissements steigt. Sie sind dann auch nicht so leicht als Anreißer erkennbar wie die Lieferanten der kleinen *boîtes*, die mit ein paar zerquetschten Prozenten abgespeist werden und daher einer möglichst großen Zahl von Herren dienen. Sie erinnern ein wenig an die Striptease-Mädchen der verqualmten kleinen Schuppen, die man nachts im billigen Pelzmantel und mit wenig drunter von Auftritt zu Auftritt durch die Rue Pigalle huschen sieht. Alle zehn Minuten Tapetenwechsel, weil der kleine Laden sich kein eigenes Ensemble halten kann.

Deshalb kann er sich auch keine Taxifahrer als Anreißer leisten. Sie, die für den Fremdling einen Hauch von augenzwinkernder Allwissenheit verbreiten, geben sich, wenn sie sich vom Kuchen des Amüsierbetriebs etwas abschneiden wollen, nicht mit den kleinen Buden ab, wo über einem mickrigen Zinc ebensolche Pornofilmchen flimmern.

Wenn schon, dann beliefern sie goldene Mausefallen, wobei sie es sich nicht nehmen lassen, den erwartungsvollen Gast aus der Provinz oder dem Ausland persönlich hineinzukomplimentieren, damit der Patron weiß, wen er für seine Schlepperdienste zu entlohnen hat.

Wenn er nicht einen ganz Hellhörigen und Mutigen ins Vergnügen geworfen hat, dem der Champagnerzwang ebenso suspekt ist wie das Mädchen, das ihm nach fünf Minuten auf dem Schoß sitzt, winkt dem Chauffeur eine hübsche Belohnung für das nun einsetzende ewig junge Spielchen.

Das Mädchen kuschelt sich an ihn, als ob er der göttlichste aller Lehnstühle wäre, und in den Gläsern schäumt der Inhalt der zweiten Flasche, noch ehe er nachgeprüft hat, ob unter ihrer Bluse alles so echt ist, wie es den Anschein hat. Die zweite Flasche gibt ihm dieses Recht.

Die dritte gar noch weitere, aber es gibt Barrieren, auch wenn das Licht schummrig ist und der Patron das Spielchen mit ermunternder Diskretion schürt. Doch der zum kribbelnden Lehnstuhl gewordene Champagnerkonsument muß einsehen, daß sie bis drei Uhr an das Lokal gebunden ist. Eigentlich sogar bis vier, doch sie findet ihn so hinreißend, daß sie eine Ausnahme machen wird. Der Patron wird ein Auge zudrücken, und sie beide. Gleich um die Ecke wohnt sie, und wie einen Pascha wird sie ihn verwöhnen.

Aber bis drei Uhr ist natürlich noch einiger Champagner fällig. Nicht, daß sie ihn drängen wolle. Ganz im Gegenteil. Doch man muß den Patron bei Laune halten, damit er keine Schwierigkeiten macht, und sie übernimmt die Bestellungen für den Pascha in spe, bis der mit schwerer Zunge und getrübtem Blick feststellt, daß drei Uhr naht.

Es läuft wie im Ölbad. Nur noch ihren Mantel muß sie holen gehen, und die Vorfreude prickelt wie Champagner und läßt ihn, als der Coup de fusil der Rechnung verdampft ist, mit einer Unternehmungslust, wie er sie lange nicht gekannt hat, die Tischplatte betrommeln.

Der Garçon freilich, der eine Batterie Flaschen nebst stattlichem Trinkgeld abräumt und sich das Gähnen noch verkneift, bis alles geregelt ist, weiß, daß da kein Triumphmarsch getrommelt wird. Als der Gast um halb vier unruhig wird, stellt er ihm die Stühle auf den Tisch.

*»On ferme, monsieur.«*

Und aus der Nebentür, hinter der die Dame, welche um die Ecke wohnt, verschwunden ist, tritt, wie aus der Trickkiste, einer jener Typen, die keinen Wagenheber brauchen, um bei einem Volkswagen ein Rad auszuwechseln.

*»On ferme, monsieur.«*

Der Gorilla läßt die Arme baumeln wie einer, der sich die Hände gewaschen hat und kein Handtuch findet, aber er hat doch ein Ziel. Als seine Pratze die große Tür öffnet und frische Morgenluft hereinläßt, ist die Ernüchterung des verhinderten Paschas so weit fortgeschritten, daß er auf Protest verzichtet. Er versucht, seinem Rückzug die Lebensart des Weltmannes zu verleihen, der noch ganz andere Situationen mit Eleganz zu meistern versteht, und obwohl er alle Taxifahrer von Paris am liebsten ohne Retourbillett auf den Mond schießen möchte, ist er dankbar, als ihn einer aufliest und ins Hotel transportiert.

Vor sich hat er eine kurze Nacht und ein sparsames Monatsende. Die Coups de fusil, die wie Maschinengewehrsalven durch die Pariser Nächte knattern, leisten einen deutlich spürbaren Beitrag zur Stillung des Erlebnishungers, und die Leute mit der Hand am Drücker sind einer gewissen Madame Richard, die 1945 die öffentlichen Häuser abschaffte, zu großem Dank verpflichtet. Ihnen wiederum haben zahlreiche Strohwitwen den tugendsamen Verlauf von Geschäftsreisen ihrer Ernährer zu verdanken, wiewohl diese Tugend ihren saftigen Preis hat.

## Taxis in Paris

Die Tatsache, daß nicht selten ein Taxifahrer bei einer solchen Feuertaufe Pate steht, darf jedoch nicht zu falschen Schlüssen über die ehrbare und sehr selbstbewußte Gilde dieser unentbehrlichen Helfer des Fremden im Chaos des Pariser Verkehrs führen. Metro und Omnibusse pflegen nur in der Richtung zu rollen, die ihnen vorgezeichnet ist, weshalb ihre Benützung die Kenntnis eines Systems erfordert, das, bei all seiner Einfachheit, den Unerfahrenen zunächst einmal abschreckt.

Taxis aber kann man dirigieren.

Denkt der Fremde und macht schon einen Fehler, weil der Mann, der hinter dem Steuer eines Pariser Taxis sitzt, sich als freier Unternehmer fühlt, dessen Ansichten über

Dienstleistung sich nicht unbedingt mit den Ansichten der Person decken, die für ein paar Kilometer sein Gast sein will.

Katzenmaier, der gewohnt ist, sich einen Taxifahrer anzuwinken wie einen Ober, der verpflichtet ist, ihm dienlich zu sein, hat gelernt, an Pariser Taxifenstern so vorsichtig anzuklopfen wie an der Loge einer Concierge. Denn erstens kann man nicht wissen, wie der Mann aufgelegt ist, und zweitens, ob die Richtung, in die man will, mit der übereinstimmt, die ihm vorschwebt.

Wer die Tür aufreißt und sich in den Fond lümmelt, ehe er höflich sein Anliegen vorgebracht hat, darf sogar sicher sein, auch dann nicht befördert zu werden, wenn seine Richtung zufällig mit der des Fahrers identisch sein sollte. Denn viel zu deutlich hat er dem Burgherren von ein paar Quadratmetern von Polstern über vier Rädern gezeigt, daß er eine Dienstleistung erwartet.

Pariser Taxifahrer aber erweisen Gefälligkeiten. Sie sitzen hinter ihrem Volant wie die französischen Postbeamten an ihren Schaltern und nebeln den Bittsteller mit solchen Schwaden von Unabhängigkeit ein, daß er zu Bordsteinhöhe zusammenschrumpft. Erst wenn diese Verkleinerung zu ihrer Zufriedenheit ausgefallen ist, sind sie bereit, die Sache zu besprechen.

Paßt die Richtung ins Konzept, kommt ein gnädiges Handzeichen, das der Gast mit einem freudigen Aufreißen der Tür zu quittieren hat. Dann wird sein Gastgeber die Ich-hab's-zwar-nicht-nötig-Miene aufsetzen, den ersten Gang einlegen und einen akrobatischen Akt starten, der Fußgängern die Bügelfalten aus den Hosen weht und Konkurrenten auf den freien Raum, der sich auftut, wenn niemand damit rechnet, mit einer kessen Slalombewegung stoppt. Im dritten Gang fährt er so zügig auf Rot los, daß sich der Gast mit Grausen duckt. Aber der Mann hat ein so untrügliches Gefühl für Zeit und

Distanz, daß im gleichen Sekundenbruchteil, in dem er die unsichtbare Linie passiert, Grün aufleuchtet.

Er tut natürlich so, als ob er das gar nicht bemerkte, und hinzugefügt werden muß nur noch, daß die gelbe Zwischenstufe längst abgeschafft ist, weil der Pariser Verkehr keine Gelbschläfer verkraften kann.

Solche genußvollen Höhepunkte der Zirkulation erlebt man allerdings nicht, wenn es nachmittags um fünf regnet und man von der Opéra zur Madeleine fahren will. Für diesen Weg, den man in zehn Minuten bequem zu Fuß macht, riskiert man im Taxi eine gute halbe Stunde, die möglicherweise auch noch mit Rauchverbot verbunden ist, weil immer mehr Pariser Taxifahrer entdecken, daß der Genuß des vierrädrigen Hausrechts erst solchermaßen vollkommen wird. Es soll sogar passionierte Raucher unter ihnen geben, die sich ihre Gauloise verkneifen, wenn sie merken, daß sie damit einen ärgern und als echter Patron auftreten können.

Geht's freilich ans Zahlen und damit ans Trinkgeld, verlangt der Mann am Steuer mit Patronswürde die Prozente, die ihm für seine Mühewaltung angemessen erscheinen. Seine Kunst, mit der offenen Hand des Valets Chef zu bleiben, ist unnachahmlich.

Die Gilde dieser verkappten Herrenfahrer mag an die fünfzigtausend Männer und Wagen umfassen und ist somit viel größer als die Einwohnerzahl von Henri Bonnaventures Provinznest. Schwer dezimiert worden ist sie im zweiten Weltkrieg, als die Deutschen Wagen requiriert und den Benzinhahn abstellten. Auch Henris Vater hatte sein Taxi abgeben müssen, und sein Versuch, Menschen per Fahrrad und Anhänger wie ein chinesischer Rikschakuli durch Paris zu strampeln, war von kurzer Dauer gewesen.

Nur wenige hielten das mit ihrer Patronswürde vereinbar. Die meisten suchten einen anderen Job oder versickerten im schwarzen Markt, der Männern mit Ortskenntnis und weit verästelten Beziehungen manche Chance bot. Manches Taxi verwandelte sich auch in Butter und Eier und diente fortan einem Bauern aus der Normandie, diesem riesigen, vor den Pariser Toren gelegenen Obstgarten, der zahlungsfähige Restaurants bis zu dem Tag, an dem die Alliierten an der Normandieküste landeten, friedensmäßig belieferte. Größere Kriegsprofiteure als die kühl rechnenden Normandiebauern hat es nicht gegeben.

Mit schnöder Verachtung blicken die Kriegserfahrenen unter ihnen deshalb auf die Subventionen, die ihnen der europäische Markt beschert. Das reine Nasenwasser, *s'il vous plaît*, wenn man an die Geschäfte denkt, die man mit den hungrigen Parisern machen konnte! Denn für die Kühe verlor das saftige Normandiegras im Krieg keinen Kalorienbruchteil seines Nährwerts, und ein mit sauberem Quellwasser gestreckter Fünf-Kilo-Butterballen brachte soviel ein wie heutzutage die halbe Ernte.

Und der Calvados! Der Käse! Die Eier! Das Mehl! Rissen sie es einem nicht aus der Hand, ehe man zur pflichtmäßigen Ablieferung schreiten konnte? War es nicht bäuerliche Pflicht, hungernden Städtern zu helfen, ihnen mit vollen Händen zu geben, wenn sie mit vollen Händen anklopften? Sie boten Geld, Stoffe, Kommoden und Teppiche, und es wäre unmenschlich gewesen, sie mit leeren Händen gehen zu lassen.

Außerdem können Normandiebauern rechnen. Sie konnten sich an den Fingern abzählen, daß der verwässerte Butterballen mit jedem Kilometer, den er Paris näherrückte, teurer würde, und daß neues Wasser dazukam, ehe das, was einmal von glücklichen Kühen produziert worden war, den schwierigen Versuch unternahm, in Pariser Pfannen zu brutzeln.

Mehr als jede andere Region war die Normandie des hungrigen Parisers reich belohnter Freund und Helfer.

Die großen Verlierer des zweiten Weltkrieges aber waren die Taxifahrer. Eine verdienstvolle Gilde verlor Gesicht und Bedeutung, und kaum jemand erinnerte sich daran, daß sie den ersten Weltkrieg gewonnen hatte.

*Les taxis de la Marne, mais oui!* Als die Deutschen an der Marne standen und damit die Tür nach Paris weit aufgestoßen hatten, schien es nichts mehr zu geben, was sie aufhalten könnte. Der französischen Front fehlte einfach alles. Die Regimenter in den Gräben waren nicht zahlreich genug, und der Nachschub tröpfelte, anstatt zu fließen. Marianne verbarg ihr Gesicht, um den Einzug von Preußens Gloria in Paris nicht sehen und hören zu müssen.

Da rollten die Taxis von Paris in die Bresche und wurden Frankreichs stärkste Waffe. Vollgepackt mit Soldaten und Munition, rollten sie über die nördlichen Ausfallstraßen zur Front, und sie kamen gerade noch rechtzeitig, um den Deutschen die Tür vor der Nase zuzuschlagen.

Man hat diese Sternfahrt auch das Marnewunder genannt. Aber eigentlich war es nur der erste und einzige Betriebsausflug der sonst auf strikte Individualität bedachten Pariser Taxifahrer. Als Katzenmaier 1940 nach Paris und Touchard hinter deutschen Stacheldraht marschierte, ging ihre Armada ruhmlos unter, und als der Krieg aus war, hatten sie ihre Stellung in Paris ebenso verloren wie Paris die seine in der Welt.

Man hat, als die Waffen schwiegen, die Franzosen und speziell die Pariser als undankbare Profiteure der Amerikaner hingestellt. Unbestreitbar ist in der Tat, daß die Sieger der Normandieschlachten, die aus Kentucky, Massachusetts und Ohio kamen, bei den Mädchen von Montmartre nach den ersten Nächten der Euphorie mehr zu bezahlen hatten als ihre vertriebenen deutschen Vorgänger, doch vergißt man dabei, daß eine Umstellung von der schwindsüchtigen Mark auf den gesunden Dollar erforderlich wurde. Katzenmaier hatte gegeben, was er hatte, und so war es nicht mehr als recht und billig, daß die Boys, wenn sie außer ihren Kaugummis alles ablegten, ebenfalls gaben, was sie hatten.

Aber nicht überall rollte der Dollar so sinnvoll und hilfreich wie auf Montmartre. Paris war eine abgetakelte Hauptstadt, unfähig, die stolzen Segel von einst zu setzen. Wer geglaubt hatte, daß mit den Amerikanern die unbeschwerte alte Zeit einzöge, erlebte eine herbe Enttäuschung.

Nicht nur, weil er mit der Lebensmittelkarte weiterleben mußte, sondern weil neben dem Magen auch Frankreichs Stolz strapaziert wurde, als ob die Befreiung nur in den Zeitungen stünde. Die Sieger machten keine Anstalten, Frankreich auf ihr Podest zu hieven.

Nach einem eher steifen Befreiungstänzchen mit Marianne zog sich Charles de Gaulle in sein lothringisches Dorf zurück, und er wollte, daß sie sich seiner nicht würdig fühle. Ob sie dies tat, ist nicht so sicher, wie der tief in seinem Stolz gekränkte General geglaubt haben mag, aber es ist absolut sicher, daß sie sich unbehaglich fühlte.

## Der Handstreich des Christian Dior

Paris hatte den matten, unsicheren Pulsschlag eines noch weit von der Rekonvaleszenz entfernten Kranken. Es war die kraftloseste aller Hauptstädte, die unzerstört geblieben waren, eine verarmte Steinwüste gegenüber dem brodelnden, unternehmungslustigen New York.

Und Paris fror. Wenn Touchard im kalten Winter des

Jahres siebenundvierzig morgens zu den Hallen fuhr, hingen die Eiszapfen wie Eisenstäbe von Gefängnissen an den gußeisernen Pavillons, und seine Nase tropfte heftiger als in den Zeiten der deutschen Gefangenschaft. Keine Kohle kam in Paris an, weil die Seine und alle Kanäle zugefroren waren, und an den Zincs der Bistros im Hallenviertel, wo man den Rum in den Kaffee schüttete wie früher die Milch, gab man den Amerikanern die Schuld an allem, nicht ahnend, daß sie gerade den perfidesten aller Coups gegen die Stadt vorbereiteten, die befreit zu haben sie sich mit satter Selbstgefälligkeit rühmten.

Es war ein Coup mit feinen Nadelstichen, den die amerikanische Textilindustrie schon im Krieg sorgsam eingefädelt hatte. Während die Geleitzüge ins ausgepowerte Europa schwammen, erkannten die großen Textilbosse eine einmalige Chance: Endlich konnten sie Paris als Welthauptstadt der Mode absetzen. Die Zeit ihres Neureichenkomplexes war vorbei wie die Haute Couture von der Seine. New York war zur Wachablösung bereit, und in Kalifornien schossen Textilfabriken, die keine Rohstoffprobleme hatten, wie Pilze aus dem Boden.

Die Pariser Branche fühlte sich durchaus in der Lage, ihre Reputation zu verteidigen. Sie hatte nach dem Einmarsch der amerikanischen Truppen mit dem der Chefeinkäufer der Fifth Avenue gerechnet und war auch für den Empfang der Ladies and Gentlemen gerüstet. Doch der amerikanische Markt, auf den sie alles gesetzt hatte, als Stalins Eiserner Vorhang herunterrasselte, schickte sich nun seinerseits an, Europa zu erobern. So einflußreich war er, daß er sogar einen totalen Modeboykott Frankreichs in der amerikanischen Presse durchsetzte. Die Pariser Haute Couture, die dank ihres bewundernswerten Einfallsreichtums mit einem Minimum an Substanzverlust über den Krieg gekommen war, sah mit der

Befreiung ihren Bankrott heraufdämmern: New York lieferte nicht nur keine Kohlen für die frierenden Bürger, sondern es ließ auch den Ofen der Haute Couture ausgehen.

Aber die flotten Rechner von Broadway und Fifth Avenue unterschätzten einen Mann, der früher als alle anderen begriff, daß die Friedensbringer der französischen Mode den Krieg erklärt hatten und daß es galt, sie schleunigst zu entwaffnen.

Der Mann hieß Christian Dior, war zweiundvierzig Jahre alt und verschickte, nachdem seine umfangreichen Vorbereitungen abgeschlossen waren, für den 12. Februar 1947 Einladungen »zur Präsentation seiner ersten Kollektion« in einem Hotel der Avenue Montaigne. Zu einem Zeitpunkt, an dem das Papier so rar war, daß die Pariser Zeitungen nur Notausgaben machen konnten, war das vornehme Bütten seiner Einladungen ebenso verblüffend wie die pompöse Blumenpracht des von ihm ausgewählten Hotels. Niemals hätte die Regierung in diesen Tagen einen Staatsempfang mit so geschmackvoller Üppigkeit zu arrangieren vermocht, und auch die behagliche Wärme, welche die Gäste hinter der Drehtür wie ein exklusiver Pelz umhüllte, war ungewohnt.

Christian Dior hatte auch Kohlen besorgt.

Aber das alles war nur standesgemäßes Beiwerk für den Schock, den er Süßholz raspelnden und Morgenluft witternden New Yorker Modegangstern zu versetzen gedachte. Christian Dior wollte auspacken und zugleich aufräumen mit der naiven, wenn auch dollarschweren amerikanischen Ansicht, daß die stolze Flagge der Haute Couture auf den Wolkenkratzern Manhattans gehißt werden könnte. Und er wußte, daß er die smarten Burschen, die so hoch hinaus wollten, am besten damit packen konnte, daß er tief ging.

Aber noch war der geheimnisvolle Schleier, der über

seinem umheimlich kostspieligen und bis ins kleinste Detail durchdachten Unternehmen lag, nicht gelüftet. Als Netz hatte er ihm bisher lediglich gedient, um alle einzufangen, die in der Branche einen Namen hatten, einschließlich der Journalisten, wobei er ganz besonderen Wert auf die amerikanischen legte. Sie kamen alle, weil der Mann namens Dior Neugier weckte und weil die Zwillingsschwester der Mode Neugier heißt. Selbst Carmel Snow, die eigenwillige Herausgeberin des einflußreichen »Harper's Bazar«, setzte sich in eine der Propellermaschinen, die damals noch Zwischenlandungen zum Auftanken machten und vierzehn Stunden von New York bis Paris brauchten.

Es sollte keine vergeudete Zeit für die um ihren Weltruf kämpfende Pariser Mode sein. So, wie das Geld, das Marcel Boussac, Baumwolle- und Turf-König mit einem jener Vermögen, an denen Kriege spurlos vorbeigehen, in das Unternehmen Dior steckte, nicht vergeudet war. Eingeweihte wollten wissen, daß er Christian Dior unbeschränkten Kredit einräumte. Aber auch der Graf Etienne de Beaumont war da, ein Mäzen wie aus dem Bilderbuch der *Belle Epoque* geschnitten und strahlendes Wahrzeichen für die Behauptung, daß man nur im richtigen Sattel sitzen muß, um gut über Zeiten hinwegzukommen, die der kleine Mann als schwer empfindet.

Oder Christian Bérard, dieser vollbärtige Bonvivant des Theaters, von dem behauptet wird, er habe die vier Jahre deutscher Besatzung gar nicht registriert, weil er viel zu hoch schwebte, um feldgrauen Mief zu riechen. Katzenmaier hätte in dieser Gesellschaft mit einigem Erstaunen registriert, daß er doch nicht ganz Paris kennengelernt hatte.

Es begann das Défilé der Mannequins und eine bemerkenswert lange Zeit offener Mäuler, die nicht in der Lage waren, ihre Überraschung zu artikulieren. Dann kamen, wie die ersten Tropfen eines Regens, die »Ahs« und »Ohs« der Damen, die sich die Hälse verrenkten und denen schier die Augen aus dem Kopf fielen, während sonores Murmeln das erste heftige Erstaunen der Herren verkündete.

Aber noch ehe die Hälfte der neunzig Modelle paradiert hatte, war ein donnerndes Gewitter der Begeisterung über Christian Dior hereingebrochen. Sie rangen nach Worten, aber der sprachliche Musterkoffer gab nicht genug her, um Diors Kollektion gerecht zu werden. In seinen Ohren summte alles, was die vornehmen Salons an Lob zu kredenzen vermögen, und er konnte sich aussuchen, ob er umwerfend, revolutionär, begeisternd, sublim, superb oder einfach göttlich sein wollte.

Große Überraschungen pflegen simple Ursachen zu haben, und Christian Diors Geheimnis gründete sich auf die Verlängerung der Roben um zwanzig bis fünfundzwanzig Zentimeter.

Seine Revolution hatte die Länge eines Pariser Sandwichs und den Effekt einer Atombombe.

Von schmaler Taille fiel das Kleid üppig und weit zu einer Tiefe, die unvorstellbar geworden war, und von den Hüften stieg es hoch, um den Busen wie eine einladende Obstschale zu präsentieren. Das war, mit einer Nuance hier und einer Nuance da, der Fehdehandschuh, den Christian Dior in aller Heimlichkeit geschneidert hatte, um ihn den amerikanischen Emporkömmlingen vor die Füße zu werfen. Und er hatte gut gezielt.

Die erste, die ihn aufgriff, war Carmel Snow. Die Direktrice von »Harper's Bazar« schrie als erste nach einem Telefon: »Your dresses are out of the world, Christian! Ah, what a new look!«

Die Bombe des »New Look« war gezündet. Sie ließ die Kabel unter dem Atlantik glühen, wie es drei Jahre zuvor die alliierte Landung in der Normandie getan hatte, und sie elektrisierte auch die europäischen Länder, die in der Lage waren, sich für Mode zu interessieren.

Katzenmaier, der damals eigenen Tabak pflanzte und erfahren mußte, daß die Schwarzwaldbauern nicht weniger geschäftstüchtig als ihre Kollegen aus der Normandie waren, merkte nichts davon.

Die New-Look-Bombe platzte nicht nur in New York und in San Franzisko. Sie platzte in Rio und in Buenos Aires, in Madrid, in Zürich und in Stockholm. Nur in Paris nicht. In Frankreich streikten die Zeitungen während eines vollen Monats, und die dürftigen Notausgaben hatten nur Platz für Notverordnungen der Regierung. Die Mode war beim Versorgungsproblem nicht inbegriffen.

Aber Amerikas Massenmedien stürzten wie Habichte auf die unglaubliche Kunde aus Paris. Sie holten alle verfügbaren Geschütze gegen Diors New Look hervor. Bloß, daß sie nicht in der Normandie landen konnten, um diesem Modeteufel, der im ungünstigsten Moment aus dem Kasten gesprungen war, den Garaus zu machen.

Immerhin konnten sie ihn lächerlich machen. Aber sie vergaßen die Mentalität ihrer Frauen und vor allem ihre unzerstörbare Bewunderung für französische Kreativität. Und so merkten sie nicht, daß Dior und Frankreich mit jedem Artikel, der gegen sie geschrieben wurde, Pluspunkte sammelten.

Aber die großen Modebosse der Fifth Avenue merkten es. Auf ihren neuen Kollektionen, die einem bisher nie gekannten Aufwand entsprungen waren, blieben sie sitzen. Riesige Werbeetats verpufften wie Rauch im Kamin, nur weil Paris seine jahrelange Funkstille unterbrochen hatte. Amerikas Frauen spitzten die Ohren und zückten, sehr zur Freude ihrer Gatten, zunächst die Geldbeutel nicht.

Amerikanische Bosse pflegen bei unvorhergesehenen Ereignissen nicht zu weinen, sondern zu handeln. Sie schickten die New Yorker Experten auf fieberhafte Blitztrips nach Paris.

Doch es passierte etwas, das die bewährten Businessregeln nicht vorgesehen hatten: Viele der Abgesandten, die eiligst ihre Koffer gepackt und um einen Platz in der ersten verfügbaren Maschine gekämpft hatten, ließen sich zur Rückkehr viel mehr Zeit, als ihren fiebernden Chefs lieb war.

Denn das Paris, das nicht das frierende und hungernde von Touchard war, fing wieder zu leben an. Nicht nur in den Kellern von St. Germain des Prés, wo Jean-Paul Sartre, Maurice Chevalier, die Garbo und Marlene Dietrich aus und ein gingen und wo man fasziniert von einer blutjungen Sängerin namens Juliette Gréco war, sondern auch in den vornehmen Restaurants, und der Dollar erwies sich als Vitaminspritze, von der sich nicht nur die Damen von Montmartre gern stechen ließen. Wer mit New Yorker Akzent im Tour d'Argent einen Tisch bestellte, durfte sicher sein, nicht auf der Warteliste der Pariser Snobiety hängenzubleiben.

Der Dollar wurde zum Sesam-öffne-dich für alles, was Marianne, die wieder Rouge auflegte und selbstbewußt wurde, zu bieten hatte, und es war so manches dabei, was die amerikanischen Textil-Gentlemen nicht weniger, dafür aber angenehmer überraschte als die zwanzig Zentimeter, die ihnen Christian Dior zum Verdauen gab.

Und überhaupt: Strahlte diese Stadt, trotz aller Unzulänglichkeiten, die ihr der Krieg hinterlassen hatte, nicht ein Prestige aus, das es verbot, sich mit ihr in Fragen modischer Eleganz anzulegen?

Die Gentlemen, die ausgezogen waren, um diesen Dior zur Vernunft zu rufen, kehrten mit leeren Taschen und wichtigen Erkenntnissen nach New York und Chicago zurück. »Mitmachen«, erklärten sie ihren Bossen. »Es gibt keine Waffe gegen den New Look.«

Und sie lächelten milde über die Frauenvereine, die Gift und Galle gegen die Mode spuckten und sie als Attentat gegen die guten Sitten bezeichneten.

Die Experten wußten Bescheid: Hier ging es viel mehr um liebgewordene Tischsitten als um die Moral. Präsidentinnen von Frauenvereinen wuchern häufig mit ihren Pfunden, und es war klar, daß taillenlose Matronen die von Dior propagierte Wespentaille wie Wespenstiche empfanden. Doch ihr Gezeter goß nur Öl in das Feuer, das in Paris entfacht worden war.

Da es jedoch viele Amerikanerinnen gibt, die anstelle eines Busens Wespenstiche tragen, war selbst der Besitz einer Wespentaille noch keine Garantie für die volle Wirkung einer Dior-Robe. In Marie-Louise Lebigot fand Christian Dior die ideale Verbündete, denn sie erfand für ihn den *balconnet*. Dieses Balkönchen erwies sich als die rechte Brustwehr für alle schmucklosen Fassaden, denn die gewünschte Größe war einstellbar.

Nicht allen Männern behagte das, weil mit dem Fallen der Hüllen oft genug auch der New Look fiel, aber gegen die Macht der Mode waren sie wehrlos. Wie zu allen Zeiten blieb ihnen nichts anderes übrig, als zu zahlen, denn die Frauen bissen an wie Forellen nach einem Gewitter und ließen sich von smarten Ärzten die ersten Kalorientabellen in die Hand drücken. Während sie sich in Illinois, Massachusetts und Ohio Wespentaillen anhungerten, bekam Frau Katzenmaier die ihre auf ganz natürliche Weise, ohne sich indes den New Look leisten zu können. Als das möglich geworden wäre, kam die deutsche Freßwelle, und man darf deshalb getrost sagen, daß die deutsche Frau stark benachteiligt ins Nachkriegsrennen der Eleganz ging.

Und sie mußte sich dann sehr beeilen, um Dior-Kundin zu werden, denn nur zehn Jahre rastloser Kreativität blieben dem Mann, dessen Rettungsaktion für Frankreichs Prestige mit den Taxis der Marne verglichen worden ist.

Wer aber denkt heute noch daran, daß es im 18. Jahrhundert ein Pendant des Kampfes gegen dieses Prestige von erstaunlicher Ähnlichkeit gegeben hat? Keine andere als Katharina II. von Rußland hat sich im reifen Alter zu einer veritablen Kriegserklärung gegen die französische Mode aufgeschwungen. Ihr Motiv war frauliche Eifersucht, durchaus vergleichbar mit der, welche 1947 fette amerikanische Moralhüterinnen auf die Barrikaden trieb, doch waren auch, wie zweihundert Jahre später, kommerzielle nationale Interessen im Spiel.

Die Pikanterie des Vergleichs geht weiter: Katharina, die Große von Volkes Gnaden, hatte, wie später die Großen von Dollars Gnaden, auch ins Horn der Engländer geblasen. Lange schon hatte John Bull wegen der verdammten »french fashions« die Zähne gebleckt. Englands Textilfabrikanten des 18. Jahrhunderts stöhnten unter der französischen Vorherrschaft und träumten, wie später die Amerikaner, von der Eroberung des Weltmarkts.

An Material fehlte es nicht. Aber Englands Frauen waren entweder englisch und damit schlecht gekleidet, oder sie trugen französisch, was Sommersprossen oder ein Pferdegebiß zwar nicht ausschaltete, aber erträglicher machte. Deshalb wohl hat das Komplott mit der russischen Katharina die Pariser Modeflagge nicht vom hohen Mast reißen können.

Zweihundert Jahre später aber, mitten im zweiten Weltkrieg, bekam John Bull Witterung von den Plänen der New Yorker Modebosse und beschloß, obwohl tausend Dinge vordringlicher waren, einen Gegenschlag: Die Kollektionen der bekanntesten Modeschöpfer, einschließlich derer Norman Hartnells, des königlichen Hoflieferanten, wurden, trotz Churchills wütendem Protest, auf Regierungskosten nach Südamerika geschickt, um diesen interessanten Markt vor den Nordamerikanern zu erobern.

»Als ob es«, wie Churchill sarkastisch bemerkte, »im Augenblick nichts Wichtigeres zu erobern gäbe.«

Tatsache ist, daß der Konvoi englischer Weiberröcke von den deutschen U-Booten verschont wurde. Aber Südamerikas Frauen gaben Churchill und nicht seinem Handelsminister recht: Auch sie wollten von der Sendung verschont bleiben.

Noch zweckloser als dieser weithin unbekannt gebliebene britische Schlag ins Wasser aber blieb, zweihundert Jahre nach Katharina, ein russischer Versuch, den vermeintlichen Sturz von Paris zu nützen und auf dem Weltmarkt der Mode Fuß zu fassen. 1946 wurden alle verfügbaren Designer in Moskau zusammengezogen, und der Erfolg ihrer fleißigen planwirtschaftlichen Anstrengungen waren ein paar hundert Modelle, die mit einigem Pomp der Moskauer Gesellschaft und den internationalen Beobachtern vorgestellt wurden.

Doch an dieser Weltrevolution hatte Stalin keine Freude. Nachdem ausländische Experten entweder milde gelächelt oder vernichtende Urteile abgegeben hatten, wurde das Unternehmen, nicht ohne deftige Kritik an den Verantwortlichen, abgeblasen. Und einige Funktionärsfrauen kamen in den zweifelhaften Genuß von Roben, von denen sie nicht recht wußten, ob sie bei internationalen Empfängen Aufsehen oder Mitleid erregten.

Es ist weder ein Zufall, daß sich ein spezifisches Stück Frankreich wie die Mode, diese verführerische und exzentrische Tochter des Geschmacks, gegen massive und wohlvorbereitete Angriffe dieser Art zu behaupten vermochte; noch ist es ein Zufall, daß die kulturelle Großmacht Frankreich bei aller Verschiebung der Kräfteverhältnisse nach dem zweiten Weltkrieg ihre Stellung hält.

Als Dame, der, auch wenn man sie nicht so schätzt, wie sie es erwartet, Format bescheinigt werden muß, macht sie die Konzessionen an Europa, die ihr nützlich erscheinen, aber sie ist zutiefst überzeugt davon, daß es nichts Nützlicheres für Europa geben kann als ihr eigenes Wohlergehen, das logischerweise eine Vorherrschaft in gewissen Dingen voraussetzt. Diese Haltung, die auf einer tausendjährigen, ausgewogenen und in sich ruhenden zivilisatorischen Ordnung steht, erleichtert den Politikern der europäischen Gemeinschaft die Arbeit nicht, und sie wissen sehr wohl, daß die Konzessionen, die sie der eigenwilligen Marianne machen müssen, allemal größer sind als deren Konzessionen an die Gemeinschaft. Zwar leben wir im 20. und nicht im 18. Jahrhundert, in dem französische Lebensart zwischen Versailles und St. Petersburg alle Grenzen sprengte, aber Marianne versteht sich auf den Umgang mit einstigen Bewunderern und weiß angestammte Rechte zu verteidigen. Und sie weiß auch um die vielen Gemeinsamkeiten zwischen Mode und Sprache, weil Raffinement, Zwischentöne und Farbtupfer aller Nuancen hier wie da jenes undefinierbare Etwas ausmachen, das man Eleganz nennt.

## Unbezahlte Anleihen

Manchmal freilich, wenn ich Touchard am Zinc reden höre und seine Kernsätze mit so schneller Regelmäßigkeit um den Kopf geschlagen bekomme, als ob sie in einem Karussell säßen, frage ich mich, was die Leute in Europa an dieser Sprache einst so faszinierte, daß sie bereit waren, die eigene wegzuwerfen. Es muß etwas sein, was nicht in Touchards Lexikon der Redewendungen steht, die mit etwa drei Dutzend zu beziffern sind und so beginnen:

*Ça va / tu peux y aller / c'est moi qui te le dis / c'est vachement sympa / tu m'en diras des nouvelles / qu'ils nous foutent la paix / on commence à en avoir marre / pensestu / Tu parles / ça alors / elle est bien bonne, celle-là / ça, par exemple / tu déconnes.*

Wenn Touchard diesem Dutzend zwei weitere hinzufügt, meistert er spielend jede Situation, ohne die Akademie zu bemühen, woraus ersichtlich ist, daß er sich an der Quelle der Sprache, die Europa einst übersprudelte, nur dürftig benetzt hat.

Näher kommt man dieser Quelle schon, wenn man das Glück hat, einen Unterpräfekten oder gar einen Deputierten zu hören, der einem Feuerwehrmann von Angoulême oder dem Leuchtturmwärter von Machin-sur-Mer das Kreuz der Ehrenlegion verleiht. Da sprudeln von hehrer Feierlichkeit getragene, gut konstruierte und wohltemperierte Sätze, in denen neben patriotischer Wärme auch der Konjunktiv nistet.

Ein bißchen geschwollen mitunter, gewiß. Aber niemand käme auf die Idee, deshalb nach kalten Umschlägen zu rennen. Vielmehr läßt man diese Sätze warm vom Herzen in die Augen steigen, um dann mit dem Taschentuch zu beweisen, daß sie gut angekommen sind.

Der respektlose »Canard enchaîné« mag solche Festredner als *bourreurs de crâne* bezeichnen, als Leute, die sich mit Fleiß und Geschick in der Kunst üben, anderen den Kopf zu vernebeln. Aber es gibt eben, und damit kommen wir zum Kern der Sache, keine Sprache, die an der Orgel der Feierlichkeit mit so vielen Registern zu arbeiten vermag wie die französische. Auch Touchard ist in solchen Fällen beeindruckt von der brausenden

Macht seiner Sprache, und obwohl er mit seinen Kernsätzen in Sekundenschnelle das gleiche auszudrücken vermag, bewundert er den *bourreur de crâne* für seine meisterliche Eleganz: »*Y a rien à dire, il est vachement fort!*«

Da die Konkurrenz in der Lebensmittelbranche groß ist, stehen Touchards Chancen, eines Tages Ritter der Ehrenlegion zu werden, nicht sonderlich gut. Er zählt, wie Katzenmaier, zu denen, an die sich der Staat nur im Notfall erinnert. Friedrich der Große beispielsweise prägte für die Katzenmaiers das Wort Kanonenfutter, und es war eine seiner wenigen Schöpfungen in der von ihm so gehaßten deutschen Sprache.

Allerdings hätten alle Katzenmaiers Ruhe vor ihm gehabt, wenn er, anstatt Kriege für Preußens Gloria führen zu müssen, an französischen Kaminen mit Voltaire hätte träumen dürfen. Aber auch Könige können nicht über ihren Schatten springen.

Gleichwohl darf dem Alten Fritz nicht allein die Verherrlichung alles Französischen angelastet werden. Frankreichs europäische Hegemonie umfaßt einen viel größeren Zeitraum als das Regnum des Preußenkönigs, nämlich ein volles Jahrhundert und noch ein halbes dazu. Sie begann um 1660 mit Ludwig XIV. und überdauerte die Revolution von 1789, ohne angeknabbert zu werden. Erst der Sturz Napoleons im Jahre 1815 war ihr abträglich, ohne daß Marianne beim nun einsetzenden europäischen Kesseltreiben gegen ihre Reize nennenswerten Schaden genommen hätte.

Der Alte Fritz freilich erlag ihnen, wie seine Armee nie einem Gegner unterlag. Das Französische verwandelte sein Verhältnis zur deutschen Sprache in das einer Stiefmutter zu einem Balg, den man ihr aufgezwungen hat. So groß war seine Abneigung, daß er nicht müde wurde, zu behaupten, daß sie keinen Schuß Pulver tauge, wenn es um anspruchsvolle Unterhaltung – er sagte kultivierte

Konversation – gehe. Von Poesie überhaupt nicht zu reden.

Das führte zu einer »Verwelschung« seiner Umgebung, die Voltaire zu seinem größten Erstaunen als komplett bezeichnen mußte. Die Wellen, die Sanssouci lange vor der Erfindung des Rundfunks in Offizierskasinos, Amtsstuben und Zeitungsredaktionen ausstrahlte, führten zu einem Sprachsalat, dessen Zutaten kaum noch auseinanderzuhalten waren. Immerhin handelte es sich um die zweite große Welle nach dem Mittelalter. Damals hatten der Orden von Cluny und die Kreuzzüge dem deutschen Sprachraum eine Unzahl französischer Wörter aufgepfropft, und in der Sprache von Minnesängern wie Gottfried von Straßburg und Wolfram von Eschenbach spiegelte sich der ganze Wortschatz der Troubadours: Tanz, Manieren, Juwelen und auch ein so urdeutsch klingendes Wort wie Abenteuer, das nichts anderes ist als Besitzergreifung des französischen *aventure*. Auch Schlacht- und Turnierausdrücke wie Banner, Herold, Lanze und Visier stammen aus dieser ersten großen Welle.

Die zweite, der nicht nur der Preußenkönig, sondern fast das ganze Europa Tür und Tor öffnete, wenn man von Frankreichs lateinischen Brüdern Italien und Spanien absieht, diese zweite Welle hinterließ nirgendwo hartnäckigere Rückstände als in dem von Kleinstaaterei zersplitterten deutschen Sprachraum. Nicht zuletzt deshalb, weil die Zahl der Dialekte hier fast so groß wie die Zahl der Quadratkilometer war. Das elegante Französisch erwies sich als das tauglichste Mittel, um sprachliche Komplexe abzureagieren, denn wer akzentfreies Französisch sprach, bewies Kultur und Lebensart, und wer es nicht soweit brachte, versuchte sich wenigstens als tüchtiger Panscher.

Welch grandioser Galimathias dabei herauskam, mag

eine von Gottsched überlieferte Neujahrsadresse eines hohen deutschen Beamten zeigen: »Eure Excellence werden pardonnieren, daß ich als Dero Client mir die Permission ausgebeten, zu dem mit aller Prospérité angetretenen neuen Jahre mit gehorsamstem Respekt und tiefster Submission zu gratulieren und sincerement zu wünschen, daß Eure Excellence in allem Contentement dieses und viele Jahre conservieren wolle, damit ich ehestens Occasion habe, meine Temoinage zu bezeigen.«

Ähnliches »Deutsch« hatte Friedrich der Große in früher Jugend von seinem Vater zu hören bekommen, obwohl der alles andere als ein Freund der Franzosen war: »Wenn ein junger Mensch Sottisen thut, solches kann man ihm als Jugendfehler pardonniren, aber mit Vorsatz Lacheteten zu thun, ist impardonnable.«

Die Sucht, durch ausgiebigen Gebrauch von Fremdwörtern Bildung und sprachliche Geschmeidigkeit, also »orale Subtilität«, vorzutäuschen, ist bis auf den heutigen Tag ein Plaggeist geblieben, den so mancher deutsche Journalist nicht abzuschütteln vermag. Seiner unterschwelligen Lust, damit Leser zu plagen, sind jedoch enge Grenzen gesetzt, weil im Zeitalter des Fernsehens niemand mehr die Notwendigkeit einsieht, die Zeitung mit Hilfe eines Fremdwörterbuches zu lesen. Katzenmaier bezieht den größten Teil seines politischen Bedarfs aus der Röhre und läßt Klugscheißer, die ihn überfordern wollen, still vor sich hinkacken.

Daß er selbst einen beträchtlichen täglichen Ausstoß von französischen Wörtern hat, ist ihm noch nicht aufgefallen. Und auch denen, die im Kampf gegen die Verwelschung von einer weichlichen Boudoir-Sprache redeten, die für Kurtisanen tauge, aber nicht für harte Männer, scheint nicht aufgefallen zu sein, daß fast der gesamte deutsche kriegerische Wortschatz französischen Ursprungs ist.

Was würden unsere Militärs anfangen ohne Armee, Flotte, Regiment, Bataillon, Kompanie, General, Major, Kapitän, Leutnant, Infanterie, Artillerie, Kavallerie, Proviant, Garnison, Kaserne, Parade, Kanone, Bajonett, Pistole, Rekruten und was weiß ich noch alles, was ihnen die Franzosen als Sprachmunition geschenkt haben?

Sogar den Invaliden haben sie mitgeliefert, weil das Spielen mit diesen Dingen bekanntlich nicht ohne Blessuren abgeht. Manchmal geht aber auch die Übernahme nicht ohne Bedeutungsänderung ab. So ist Adjutant im Deutschen kein Dienstgrad wie der sich in der Mitte mit »d« schreibende französische *adjudant,* sondern ein Ordonnanzoffizier, und die Parole ist bei den Deutschen das, was die Franzosen *mot d'ordre* nennen.

Eigene militärische Ausdrücke erfanden die Deutschen erst, als sie von den Franzosen nicht mehr viel hielten. Aber seit es Luftwaffe und Panzer gibt, haben sie auch nicht mehr gegen die Franzosen gewonnen.

Große Abnehmer der französischen Militärsprache waren auch die Engländer und mit ihnen die Amerikaner, und man findet zwischen army, artillery, lieutenant und infantry fast alles, was sich auch die Deutschen geholt haben. Gleiches gilt für Architektur und Kunst im weitesten Sinn, und es ist interessant, daß die Russen auf diesem Gebiet so manche französische Importe via Deutschland übernahmen.

Wer wollte bezweifeln, daß die Deutschen französisch bauten? Ob man nun an den Architekten, den Souterrain, den Balkon, die Etage oder den Plafond denkt, ihr ganzes Haus kommt von drüben, und wenn sie es verlassen, stehen sie auf dem Trottoir, falls sie nicht im Norden wohnen und das entsetzliche Wort Bürgersteig vorziehen.

Und wo soll man bei der Mode anfangen und aufhören? Das wimmelt nur so zwischen Frack und Weste, zwischen Robe, Kostüm, Korsett und Puder, aber die Garderobe, die auf französisch *vestiaire* heißt, haben sich die Deutschen selbst gebastelt.

Ihre größte Aktivität aber haben sie im Bereich der Tätigkeitswörter entfaltet und dabei das Ei des Kolumbus in der Nachsilbe »ieren« entdeckt. Imponieren zum Beispiel. Und jedes andere französische Verb, das ihnen imponierte, übernahmen sie auf die gleiche Weise: enervieren, servieren, probieren, marschieren, integrieren, phantasieren, fabulieren, deklarieren, poussieren, jubilieren, kandidieren, interessieren, recherchieren, revanchieren, brillieren, attestieren, absolvieren, panieren, rasieren, genieren, parlieren – und man könnte, ohne zu forcieren oder zu renommieren, endlos weiter schwadronieren.

Dennoch darf man sich, wie die Elsässer sagen, nicht trompieren lassen. Es ist, wie im Französischen, tatsächlich möglich, ganze deutsche Sätze ohne ein Fremdwort zu bilden. Daß sich die Franzosen da leichter tun, je nun, sie haben außer ihrer eigenen Sprache nie eine andere bewundert, und typischerweise bezeichnen sie dieses Festhalten am Eigenen mit *se défendre*.

Man darf dieses Tätigkeitswort, in dem tiefes Mißtrauen gegen alles Fremde steckt, getrost als ein französisches Leitmotiv bezeichnen, womit wir bereits auf das erste deutsche Lehnwort der Franzosen gestoßen wären. Tatsächlich haben Richard Wagners Opern *le leitmotiv* unverändert in den französischen Sprachschatz gebracht.

Aber haben die Deutschen, die im französischen Sprachwald wie die Berserker holzten, wirklich spürbare Gegenleistungen geboten?

Langholz war es nicht. Wenn man an das denkt, was sie importierten, dann muß man sagen, daß eigentlich nur Späne über den Rhein geflogen sind und daß es sich weniger um bestellte denn um aufgezwungene Ware gehandelt hat.

Denken wir an *la schlague,* was freilich kein Spänchen, sondern ein handfester Prügel und damit alles andere als ruhmreicher deutscher Export ist. Das Wort kann seinen deutschen Ursprung so wenig verbergen wie ein Schnitzbuckliger seinen Höcker, und so ist es auch gedacht. Schon im 18. Jahrhundert ist es, vermutlich wegen der friderizianischen Stockstrafe, nach Frankreich gekommen, zur gleichen Zeit, da der Alte Fritz seine Muschkoten prügeln und sich von Voltaire den Staubzucker der französischen Sprache einblasen ließ.

Weniger anrüchig ist das ebenfalls längst ins Französische übergegangene deutsche Wort *trinquer* für freundschaftliches Trinken, doch hat es eine Doppelbedeutung, die unzweifelhaft dem Mißtrauen gegen die Deutschen entspringt. Es bedeutet nämlich auch das Auslöffeln einer Suppe, die einem andere eingebrockt haben.

Wenn Touchard *ah, la vache!* sagt, denkt er mit Sicherheit an einen Flic oder an irgendeinen anderen, der mit der Hütung der Gesetze beauftragt ist. Aber niemand denkt daran, daß diese zweite und höchste bösartige Bedeutung des Wortes auf die deutsche Besatzungszeit im Krieg 1870/71 zurückgeht. Etymologen haben in der Tat herausgefunden, daß *la vache,* ursprünglich die Kuh, als Verballhornung der deutschen »Wache« benützt wurde. Einleuchtend ist dabei sowohl die linguistische als auch die fachliche Seite, denn erstens spricht der Franzose Wache genauso aus wie *vache,* und zweitens haben sich deutsche Feldwachen in besetzten Gebieten nie durch ausgesprochene Zuvorkommenheit ausgezeichnet. Viel eher durch rüden Ton und durch jene kleineren und größeren Gemeinheiten, die sich der Stärkere erlauben kann, und genau das ist mit *vache* gemeint.

Benimmt sich ein Schutzmann anständig, dann ist er

zwar nicht *vache*, aber immer noch ein *flic*, was auch gerade kein Ehrenname ist. Die Geringschätzung ist leicht herauszuhören und liegt in der angeborenen Feindseligkeit des Franzosen gegen jede Obrigkeit begründet. Geliefert aber hat diesen Titel, der als Anrede tunlichst zu vermeiden ist, kein anderer als der deutsche Feldwebel Flick, der nach dem Siebzigerkrieg zu einer populären Witzfigur der Pariser Music-Halls wurde.

Sehr schmeichelhafte Importe sind das nicht, und auch auf den *ersatz*, den uns die Franzosen im ersten Weltkrieg abkauften und der dann im zweiten fröhliche Urstände feierte, brauchen wir uns nichts einzubilden. Meist war der Ersatz so schlecht, daß das französische *remplacement* zu schmeichelhaft geklungen hätte.

Fügt man jetzt noch *le blockhaus, le hinterland* und *le niemandsland* hinzu, dann hat man fast die ganze Bereicherung, welche die deutsche Sprache der französischen zufügte, beisammen. Anzufügen bleibt nur noch *le vasistas*, was eine Dachlucke oder auch ein kleines Fenster in der Tür sein kann, und dem die Franzosen nur deswegen diesen wunderlichen Namen gaben, weil ihnen wißbegierige deutsche Soldaten mit ihrem ständigen »Was ist das« auf die Nerven gingen. So wurde das Guckloch zum *vasistas*, aber viele Leute haben keine Ahnung von der deutschen Hebamme. Da sie nicht allzu viele Bastarde in den französischen Sprachgarten gesetzt hat, bestand allerdings auch kein Grund, nach ihnen zu jäten.

Als jedoch die Deutschen anfingen, ihre Sprache nicht mehr zu begreifen, begriffen sie, daß etwas getan werden mußte. Freilich vergaßen sie bei den Säuberungsarbeiten allzu gern, daß ihnen das, was jetzt wieder hinaus sollte, nicht aufgezwungen worden war. Sie machten die Franzosen für alles, was sie ungefragt und mit Verzückung von ihnen übernommen hatten, verantwortlich, und da sie allerhand Französisch gelernt hatten, brauchten die Linksrheinischen kein Wörterbuch, um von den Rechtsrheinischen zu erfahren, daß sie genau wie ihre Sprache seien, nämlich feminin, dekadent und frivol.

Die Aufklärung wurde an zwei Fronten betrieben. An der einen kämpfte Turnvater Jahn mit Taktstock und Gleichschritt gegen die Verwelschung; an der anderen machten sich keine Muskelpfleger, sondern Sprachpfleger ans Werk. Wie Pilze des Heils schossen sie aus einem Boden, der kein Welschkorn mehr tragen mochte.

Einer der unversöhnlichsten von ihnen, den der moderne Leitartikel als den intransigentesten bezeichnen würde, war ein gewisser H. J. Campe, und es muß zugegeben werden, daß ihm, im Gegensatz zu denen, die gar die Götter der griechisch-römischen Mythologie umtauften, einige gute Fänge geglückt sind.

Die aber, die sich an den Göttern versuchten, machten Pleite. Denn niemand konnte sich dafür erwärmen, Minerva »Kluginne« oder Venus »Lustinne« zu nennen, und auch die Verdeutschung von Natur in Zeugemutter erwies sich, pikanter- und erfreulicherweise, als Fehlgeburt.

Natürlich hat auch Campes scharfer Hobel viel Abfall produziert, aber erfolgreich verwandelte er das Substantiv in Hauptwort und das Konjugieren in Abwandeln. Aus Bouillon machte er Fleischbrühe. Takt und Delikatesse, die in deutschen Landen vor der großen französischen Welle offenbar im argen lagen, verwandelte er in Fein- und Zartgefühl. Das war nicht weniger verdienstvoll als die Umtaufe von Korrespondenz in Briefwechsel oder von Parvenü in Emporkömmling. Aber nicht alles, was Campe formte, kam hoch. So ist sein »Zerrbild« für Karikatur einfach das geblieben, was es sagt.

Die deutsche Sprache genas aber auch unter dem mächtigen Einfluß von Goethe, Schiller und Lessing, welch letzterer ein wahrer Kreuzritter unter den Gegnern der Verwelschung war.

Wenn die Franzosen heute *la langue de Goethe* sagen, so schwingt aufrichtige Hochachtung mit, und wenn man von den Leuten absieht, die das, was sie Image nennen, pausenlos mit Fremdwörtern polieren, darf man sagen, daß die deutsche Sprache noch einmal davongekommen ist. Sie lebt, wie alle anderen um sie herum, in einigermaßen geordneten Verhältnissen.

Was aber geschieht mit der deutschen Sprache im Elsaß? Die Frage ist, um alle, die jetzt patriotischen Unrat wittern, zu beruhigen, rhetorisch gemeint. Es geht um einen Dialekt, der keine Gärtner mehr hat, wohl aber eine Daseinsberechtigung, die auch von den Franzosen nicht bestritten wird. Aber Männer wie der glänzende Kabarettist und Autor Germain Müller und einige pensionierte Gymnasiallehrer werden den Verfall nicht aufhalten können. Ihre Absichten, regionales Sprachgut zu erhalten, sind kultureller Art wie die von Restauratoren an alten Bauwerken. Aber wo ist der Mörtel für diesen alemannischen Dialekt, der viel Ähnlichkeit mit dem rechtsrheinischen und dem nordschweizerischen hat, aber stets isolierter war und nun zusehends kurzatmiger wird?

Es ist ein Kariesprozeß, der noch lange dauern und in den Städten frühzeitiger beendet sein wird als auf dem Land. Das städtische Berufsleben ist dabei, den deutschen Dialekt wie eine unnötige Haut abzustreifen, doch auch auf dem Land, wo er sich mit der Zähigkeit alter Wurzeln hält, verliert er an Ausdruckskraft.

Kerbe um Kerbe treibt das Französische hinein, und der deutsche Gast kann schon einige Mühe bekommen, wenn ihm der Patron der Dorfwirtschaft die Karte mit den Worten reicht, der Herr möge choisieren, solange er sich in den Cave begebe, es sei alles zu haben. »Doch halt«, schreit er plötzlich, »daß ich Euch numme kei latz renseignement geb', ich frog erscht in dr cüsin!«

Hier ist nichts an französischen Haaren herbeigezogen. Das sind, im Gegensatz zu gewollten Verballhornungen, an denen die Elsässer stets ihren Spaß hatten, normale Gespräche des Alltags, bei denen das Französische einfach durchrutscht, weil die Löcher des deutschen Sprachsiebs immer größer werden. Um Spaß zu machen, fahren sie andere Geschütze auf, und was dabei herauskommt, wenn sie den »Erlkönig« durch den doppelrachigen Sprachwolf drehen, sieht so aus:

### DR ERLKEENIG

Wär reitet so spoot par la nuit et le vent?
Das isch dr Babbe mit sym enfant.
Er hot sy Schampedissle güet im Arm,
Er hebt en sicher, er hebt en warm.

»Mon cher enfant, du bisch so froid und so blass,
Dy joli visage isch voll angoisse!«
»Siesch nit dert dr Erlkeenig mit Schweif und mit Krone?«
»Das isch nur e Näbelstraif qui veut nous verhohne.«

»Mon cher enfant, kumm geh du mit mir,
Gar scheene jeux spiel isch mit dir,
Gar scheena Bliemla on trouve am Strand,
und my Mueder hat mängg guldig Gwand.«

»Mi Babbe, mi Babbe, ne veux-tu pas lose,
Was mer dr Erlkeenig verspricht für chose?«
»Bisch ruehig, sois tranquille, holts Mul, mon fils!
C'est seulement le vent, mon p'tit Schampediss!«

»Mon cher enfant, kumm mit mir, waidle
Je veux te montrer scheena Maidle,
Wo luschtig tanze, wenn andre Lyt schnorche,
Tous les Dimanches isch Ball im Storche.«

»Mi Babbe, mi Babbe, und siesch nit derte,
em Erlkeenig syni Dechtere, i due mi ferchte!«
»Sois tranquille, bisch ruehig i sehs jo ganz gnoi,
Es schyne di olte Wydle so groi.«

»Mon cher enfant, mich raizt ta belle figure,
Und kunsch nit mit, bruch i Gwolt je t'assure!«
»Mi Babbe, mi Babbe, i ka dr nur soje,
Scho het mir dr Erlkeenig packt am Kroje.«

Dr Babbe kriegt Gänshut. Er reitet vif druf,
In syne bras tuet's enfant e Schnuf.
Er kunnt zum Hof mit Müh und Mores,
In syne bras isch dr Schampedissle kapores.

Goethe, der das Elsaß liebte und auch seinen Dialekt verstand, hätte sein Plaisir daran gehabt, wäre aber vermutlich über den »Schampedissle« gestolpert. Häufig genug stößt man noch heute im Elsaß auf diesen Namen, der nichts anderes als die mundartliche Verdeutschung von Jean-Baptiste, also Johannes der Täufer, ist.

Es sind, um eine »adäquate Expression« zu gebrauchen, von Deutschen, Elsässern und Stammfranzosen unendlich viele Sottisen über das Elsaß gesagt und geschrieben worden. Daher liegt es in der Natur einer nicht ganz natürlichen Sache, wenn sie nicht jeder mit der gleichen Optik betrachtet.

Um sie zu begreifen, darf man die Elsässer und ihr Land nicht durch die patriotischen Brillen von Katzenmaier und Touchard sehen. Heute, wo man von Europa nicht nur sprechen kann, sondern auch etwas dafür tun sollte, ist Deutschen und Franzosen gleichermaßen zu empfehlen, von der nationalistischen Plattform herunterzusteigen. Das klärt den Blick und vertreibt jene unvermeidlichen Ressentiments-Rülpser, die aus schlecht verdauenden Mägen hochsteigen.

Als das Elsaß 1940 wieder deutsch wurde, ging ich noch zur Schule, und obwohl wir von Freiburg mit den Fahrrädern in zwei Stunden in Colmar waren, das Adolf Hitler, wie einst der Kaiser, wieder mit einem großen »K« versah, obwohl wir also klarere Vorstellungen von der Region und ihren Bewohnern hatten, bekamen wir viel Schwachsinniges darüber zu hören. Denn wir mußten den patriotischen Orgasmus eines Geschichtslehrers erdulden, der am liebsten mit seinen Orden vom Ersten Weltkrieg über das Colmarer Marsfeld spaziert wäre.

Es muß gesagt werden, daß ihn nicht wenige in der Klasse ernst nahmen. Schließlich war unsere ganze Gymnasialzeit ins Dritte Reich gefallen, womit logischen Denkprozessen, sofern es sich nicht um Mathematik handelte, enge Grenzen gesetzt waren. Gleichwohl war nicht jeder siebzehnjährige Kopf blockiert, der mit offenen Augen den üppigen Reichtum der Landschaft des linken Oberrheins und die heitere Unbeschwertheit ihrer Bewohner erlebt hatte.

Leute, die nach Befreiung lechzen, sehen ein wenig anders aus, doch ich werde mich hüten, eine Idylle zu zeichnen. Was ich damals, unterschwellig zunächst, zu begreifen anfing, war die Tatsache, daß das Elsaß sozusagen als klassischer Kriegsgrund zwischen die beiden Nationen gequetscht war. Jede leckte sich die Finger nach ihm, wenn sie es nicht hatte, und jede faßte es mit unsicheren Fingern an, wenn sie es hatte. Die Zweisprachigkeit der Elsässer wurde von beiden Seiten viel weniger als eine natürliche Gegebenheit denn als Doppelzüngigkeit ausgelegt. Vorurteile, die ebenso natürlich waren wie das Aufkeimen einer gewissen Koketterie in einer Region, die sich von zwei großen Ländern begehrt fühlte.

### Hansis Elsaß

Aber ich will lieber die Geschichte von Hansi erzählen, weil mir scheint, daß sie uns das elsässische Problem, ohne daß wir patriotische Schwätzer von links und rechts des Rheins bemühen müssen, in einer Nußschale darbietet.

Hansi war eine der typischsten, knorrigsten, blutvollsten – und obwohl er die Deutschen nicht mochte, sage ich eine der sympathischsten Persönlichkeiten, die das Elsaß hervorgebracht hat. Niemand wird sich, wenn er mehr von diesem außergewöhnlichen Mann weiß, an diesem scheinbaren Widerspruch stoßen.

Eigentlich hieß er Jean Jacques Waltz, und geboren wurde er in Colmar, zwei Jahre, nachdem das von Bismarck geformte Reich den Siebzigerkrieg gegen Frankreich gewonnen hatte.

Des Kaisers Siegespreis war Elsaß-Lothringen, und folglich war der Waltzbub ein Deutscher. So einfach fangen viele komplizierte Geschichten an, und so hilflos ist ein kleines, schreiendes Bündel Mensch beim ehrenvollen Empfang seiner Staatsbürgerschaft. Trotzdem halten es viele Menschen, die feiste Bäuche mit schönem Selbstverständnis durch die Sorglosigkeit satter Länder tragen, für ein höchst persönliches Verdienst, dortselbst geboren zu sein.

In einer Pufferprovinz, um die so heftig gestritten wird, daß Besitzerwechsel unvermeidlich sind, ist es logischerweise auch unvermeidlich, daß sich die Einwohner in drei Gruppen teilen: in Anhänger des einen Staates, in die des anderen und in die der neutralen Mitte, welch letztere nicht unbedingt die Besten, aber mit Sicherheit die am wenigsten Gefährdeten sind. All das ist von so spezifisch menschlicher Wesensart, daß es gar nicht erwähnenswert wäre, wenn es nicht darum ginge, das Bild von Hansi zu zeichnen und es in den zeitgemäßen Rahmen zu stellen.

Es wäre übertrieben, zu behaupten, es sei die Schuld der Deutschen gewesen, daß aus dem technischen Zeichner Jean Jacques Waltz ein feinfühliger Künstler wurde. Wer seine Landschaftsaquarelle, seine Zeichnungen von gotischen Kirchen und von pittoresken Winkeln in Kaysersberg, Riquewihr, oder Ammerschwihr kennt, der weiß, daß diese Hand von einer tiefen Liebe zur Heimat geführt wurde.

Mit unterschwelliger Macht trieb sie ihn aber auch gegen die Deutschen. Als er begann, sich Hansi zu nennen und seine Bilder so zu signieren, mußten sie anfangen, ihn zu fürchten. Unfreiwillig standen sie ihm überall Modell, wenn er nicht gerade in einem stillen Winkel der Vogesen malte, und da Hansi alles, was er nicht leiden mochte, mit der gleichen Leidenschaft sichtbar machen wollte wie das, was er liebte, schulte er Auge und Ausdrucksfähigkeit mit solcher Besessenheit an den deutschen Modellen, die sich von allen Seiten darboten, daß er es zu hoher Meisterschaft in der ätzenden Karikatur brachte. Zu jener, die keines Textes bedarf, weil sie Bild, Film und Buch in einem ist.

Natürlich hat er überzeichnet. Aber wer um das Fingerspitzengefühl weiß, mit dem die Deutschen ihre Beamten für das wiedergewonnene Elsaß aussuchten, dem sie preußische Disziplin verordneten – als ob die neuen Kasernen, die wie Pilze aus dem Boden schossen, nicht genügt hätten –, dem ist klar, daß Hansi nicht lange

nach den Köpfen für seine Bürokraten und Feldwebel suchen mußte.

Sehr früh berühmt, nämlich schon um die Jahrhundertwende, wurde er durch seinen »Professor Knatschke«, ein Buch, das er sowohl schrieb als auch illustrierte und das sogar ins Englische übersetzt wurde. Es war eine köstliche Persiflage über den Deutschen mit dem Schmiß auf der Backe und den knallenden Hacken, dessen voller Titel so lautete: »Professor Knatschke. Des großen teutschen Gelehrten und seiner Tochter ausgewählte Schriften. Den Elsäßern mitgeteilt und illustriert von Hansi.«

Dazu gehörte, mitten in der Regierungszeit des Kaisers, einiger Mut. Andererseits kann aber auch eine

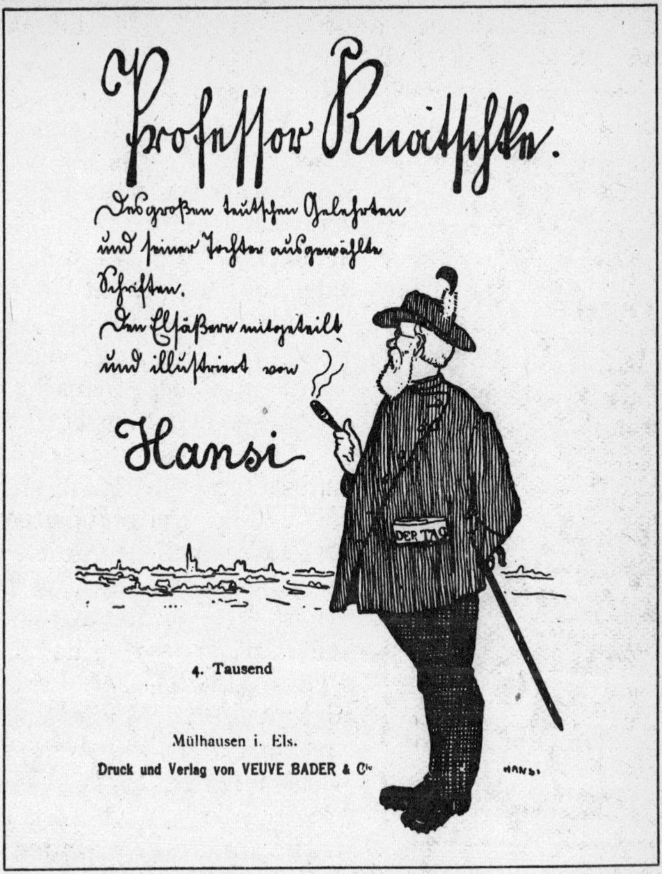


bemerkenswerte Großzügigkeit der Deutschen nicht unterschlagen werden. Als Hitler im Elsaß regierte, wäre ein Professor Knatschke nebst Autor im Schnellverfahren eingestampft worden.

Deshalb konnte Hansi in dieser Zeit auch gar nicht im Elsaß leben. Aber auch damals, als er sich mit seinem Knatschke auf die schwarze Liste des Kaisers gesetzt hatte, begann ein Kesseltreiben gegen ihn, das kurz vor dem Ausbruch des ersten Weltkriegs seinen Höhepunkt erreichte.

Der Kaiser schickte nicht seine Soldaten, aber seine Häscher gegen Jean Jacques Waltz, alias Hansi, aus. 1913 verurteilte ihn das Hohe Gericht von Leipzig – warum gerade jenes für ihn zuständig war, bleibt unerfindlich – zu einem Jahr Festung wegen Schädigung des deutschen Ansehens. Es ist sicher, daß Hansis deutsche Spießer, die im Elsaß unter der Hand und in Frankreich frei zirkulierten, dort mehr Spaß hervorriefen als in Berlin, aber nicht ganz sicher ist es, ob die deutsche Regierung angesichts des erbosten ausländischen Echos auf Hansis Strafe vor der Vollstreckung zurückschreckte. Möglicherweise hat sie eine Art von Solschenizyn-Vorläufer in ihm gesehen, denn wenn man an die Gründlichkeit des deutschen Strafvollzugs denkt, mutet es doch etwas seltsam an, daß Hansi ohne Bewachung nach Colmar zurückfahren durfte, um in Ruhe seine Koffer für die Festung zu packen.

Waren seine Richter auch seine Komplizen? Vielleicht hat es im damaligen Deutschland tatsächlich jenen *bon sens* gegeben, der einräumte, daß es unter den Deutschen im Elsaß jene Figuren gab, die Hansi zeichnete und leider in einem etwas übertriebenen Ausmaß vervielfältigte? Wenn das stimmt, und es gibt Anzeichen, die darauf hindeuten, dann ist dem ersten Weltkrieg zwischen den Deutschen und den Franzosen etwas vorausgegangen, was sowohl mit Fairness zu tun hat als auch mit dem, was die Franzosen *la bonne guerre* nennen.

Tatsache ist, daß Hansi ungeschoren im Bahnhof von Colmar eintraf. Auch ist seine Ankunft pflichtschuldigst von Geheimpolizisten registriert und nach Berlin vermeldet worden. Aber sie haben ihn nicht verfolgt, sondern sich damit begnügt, einen Mann bei seiner Wohnung zu postieren.

Welche Hansi natürlich nicht aufsuchte. Den Befehl, nach Colmar zu fahren, hatte er ausgeführt. Aber jetzt fuhr er sofort nach Belfort weiter, und war ein paar Stunden später in Gérardmer, jenseits der Reichsgrenzen, in Sicherheit.

Sie war ziemlich kurzfristig, denn der Weltkrieg brach aus, und Hansi, jetzt wieder Jean Jacques Waltz, ließ sich zum zweitenmal in eine Uniform stecken, aber diesmal war es die, die er für die richtige hielt.

1918, als alles vorbei war und die Trikolore wieder auf den elsässischen Burgen flatterte, wurde Hansi in Colmar wie ein Messias gefeiert. Keine Siegesfeier, kein Bankett war denkbar ohne den Mann mit dem breitkrempigen Hut, der Pelerine und dem Spazierstock. Seine Bücher wurden neu aufgelegt, und wo er sich zeigte, riß man sich um sein Autogramm. Hansi wurde zum lebenden Monument seiner Heimat.

Aber jede Euphorie macht wieder dem Alltag Platz, und Hansi war froh darüber. Er ging auf die Fünfzig und den Höhepunkt seines künstlerischen Schaffens zu. Er wurde nicht müde, die Farbmischungen für seine Aquarelle zu verbessern, das heitere Blau eines blanken Sommertages ebenso einzufangen wie das düstere, violettschwarze Blau der Vogesenkuppen und das rotgelbe Feuer des Herbstes, das von den Weinbergen bis hoch in die Laubwälder hineinzüngelte.

Ein Geschäftsmann aber war Hansi nicht. Er floh die Gesellschaft und vergaß, daß ihn seine Satiren und Karikaturen berühmter gemacht hatten als seine Landschaften, die er als knorriger Einzelgänger auf der Suche nach neuen Motiven durchwanderte. Nur noch einmal, als er sich beleidigt fühlte, weil die Pariser Regierung Elsaß-Lothringen außerhalb der anderen Départements unter ein Hochkommissariat stellen wollte, griff er zum spitzen Griffel.

Doch er drang nicht mehr durch. Die neue Welle der Pariser Karikaturisten pflegte einen anderen Stil als der Einzelgänger aus Colmar, und auch die neue Generation in der Heimat fing an, ihn als Figur einer vergangenen Epoche zu betrachten.

In Deutschland freilich hatte man den Vater von Professor Knatschke nicht vergessen. Als Hitler den *drôle de guerre* von 1940 gewonnen hatte, stand Jean Jacques Waltz, alias Hansi, ganz oben auf der langen Liste der Personen, die im Elsaß gesucht wurden. Aber die Gestapo, die sich in Colmar fast ebenso schnell wie die kämpfende Truppe etabliert hatte, fahndete vergebens. Hansi hatte bei Freunden in der Bourgogne, die zur *zone nono*, also zur nichtbesetzten Zone gehörte, Unterschlupf gefunden.

Er war von so kurzer Dauer wie seine finanziellen Mittel. Bald besetzten die Deutschen das ganze Land, und Hansi floh tief in den Süden nach Agen. Doch schon im Frühjahr 1941 spürte ihn die Gestapo von Colmar auf, und wie zu Kaisers Zeiten zeigte es sich, daß man kein allzu großes Aufsehen mit dieser heißen Kartoffel erregen wollte.

Aber die Methoden hatten sich geändert. Drei Männer

in Ledermänteln überfielen ihn nachts in einer Seitenstraße von Agen, die so leer war wie alle Straßen in französischen Provinzstädten, wenn es auf Mitternacht zugeht.

Sie müssen überzeugt davon gewesen sein, ganze Arbeit geleistet zu haben, denn noch in der gleichen Nacht meldeten sie seinen Tod nach Colmar. Sie wußten nicht, daß der in einer Blutlache liegende Mann wenig später von Passanten entdeckt und gerettet wurde.

Hansi erholte sich und hatte sogar einige Monate Ruhe. Dann griff die Gestapo seine Spur wieder auf, und monatelang war der fast Siebzigjährige auf der Flucht, bis es ihm mit Hilfe der Pétain-Regierung gelang, sich in die Schweiz abzusetzen. In Lausanne wurde ihm Asyl gewährt, und zwei oder drei Bilder, die er monatlich malte, sicherten ihm ein bescheidenes Auskommen.

Aber er mußte noch länger als drei Jahre warten, um in ein Elsaß, das den Besitzer wieder wechselte, zurückzukehren. Als die Stunde nahte, glaubte der von Rheuma und Gicht geplagte Mann bei seinen Spaziergängen am Ufer des Genfer Sees manchmal an ein Wunder, das ihm die Kraft seiner Jugend zurückgeben könnte, aber der Hammerschlag der Erkenntnis, daß er die Natur nicht überlisten konnte, ließ nie lange auf sich warten.

Hinzu kam die quälende Angst um sein »Revier«, in dem die meisten seiner Bilder entstanden waren und das von Colmar aus über Türckheim, Niedermorschwihr, Ammerschwihr und Riquewihr über die »Trois Epis« in die Vogesen hineinkletterte nach Labaroche, das die Deutschen »Zell« genannt hatten, und dann, über die schmale »Route des Crètes«, bis hinüber zur Schlucht, wo verwitterte Grenzsteine das Ende des Elsaß anzeigen.

Als die Alliierten im Spätherbst 1944 die »Trois Epis« erreichten und die Rheinebene zwischen Colmar und Schlettstatt zum Greifen nahe vor ihnen lag, schnürte

Hansi mit der Ungeduld seiner stürmischen Jahre das kleine Marschgepäck des Flüchtlings.

Doch aus den paar Tagen, die er sich ausmalte, wurden Wochen und Monate. Mit der Energie der Verzweiflung, die das retardierende Moment der Kriegsdramen ist, verteidigten die Deutschen den Brückenkopf von Colmar, und amerikanische Kanonen zerschossen die Mauern und Kirchen von Dörfern, deren Pracht Hansis Pinsel in Hunderten von Aquarellen erfaßt hatte und in die sich nun die Deutschen mit sinnlosem Widerstand krallten.

Die Zerstörungen waren unnötig groß, und ein Bild dieser verrückten Tage zeichnete mir mein Freund Hubert Gebel, Besitzer des Hotels »Croix d'Or« von Trois Epis:

»Ich war damals dreizehn und lebte, nur ein paar Kilometer von hier entfernt, drunten in Eguisheim. Für uns Buben war dieser Kampf ums Elsaß ein so gewaltiges Abenteuer, daß uns seine Gefahr nie recht bewußt wurde.

Mehr zählte für uns, daß die Schule geschlossen wurde und wir viel Zeit hatten, um absurdes Schauspiel zu erleben. Jeden Tag stieg ich mit meinen Klassenkameraden zu einer Anhöhe im Wald hinauf, von der aus man sowohl das Geschützfeuer der Artillerie von Trois Epis als auch die Einschläge in der Ebene sehen konnte.

Und dann die Jabos! Die amerikanischen Jagdbomber stießen wie die Habichte zu, wenn sich deutsche Militärwagen auf den Landstraßen zeigten, und ich kann mich nicht erinnern, einen gesehen zu haben, der ihnen entkommen wäre. Von unserem sicheren Platz aus haben wir in die Hände geklatscht, aber als ich dann die ersten toten deutschen Soldaten sah, konnte ich nicht mehr begreifen, warum sie sich noch gegen etwas Unabänderliches wehrten.

Aber die amerikanischen Flugzeuge schossen nicht nur. Sie warfen auch tonnenweise Flugblätter ab und forderten die Deutschen darin auf, sich zu ergeben, und sicherten ihnen gute Behandlung in der Gefangenschaft zu.

Da ich in der Schule nicht Französisch, sondern Deutsch gelernt hatte, konnte ich alles lesen, und ich fand es so vernünftig, daß ich zu einem deutschen Leutnant lief und ihm ein Flugblatt in die Hand drückte. Doch er hat mir nur auf die Schulter geklopft und gesagt, das sei dummes Geschwätz.

Am nächsten Tag jedoch rief er mich zu sich und fragte, ob ich ihn verstecken könne.

Ich überlegte kurz und sagte ja, weil ich seine Angst spürte und weil er nicht aussah wie ein Bandit. In einem alten Haus, in dem wir manchmal Versteck spielten, kannte ich eine Höhle, die man verbarrikadieren konnte, und brachte ihn hin. Es war höchste Zeit, denn am nächsten Tag waren die Amerikaner und die Franzosen da. Den Vortritt hatten, wie es sich bei der Befreiung des Elsaß gehörte, die Franzosen, und ganz Eguisheim war leer wie eine Geisterstadt. Viele Leute waren in den Kellern, aber man sah auch Vorhänge, die sich bewegten, und wir Buben lagen auf einem Speicher und linsten durch Dachluken.

Es war unheimlich spannend, aber doch ganz anders, als wir es uns vorgestellt hatten. Plötzlich fuhr ein Jeep mit französischen Soldaten um die Ecke und bremste so scharf, daß der hinter ihm kommende stockvoll auf ihn prallte. Soldaten flogen auf die Straße und hielten sich die Köpfe, und so kann ich mit gutem Gewissen bezeugen, daß die Befreiung von Eguisheim mit einem Verkehrsunfall begann.

Als sie sich wieder aufgerappelt hatten, muß ihnen wohl klargeworden sein, daß hier nicht viel Gefahr drohte, denn wenn die Deutschen Widerstand hätten leisten wollen, hätten sie den Befreiern kaum Zeit gelassen, wieder auf die Beine zu kommen. Dafür kamen sie freiwillig aus ihren Löchern.

Wir zählten an die fünfzig, die sich mit erhobenen Armen an die Häuserwände stellen mußten. Wir haben noch ein Weilchen gewartet, und als kein Schuß fiel, sind wir auch auf die Straße gegangen. Bald kamen die Leute aus allen Häusern, aber nun rollte eine ganze Kolonne von Panzerspähwagen heran, und im Nu war die Straße verstopft, und die Offiziere mochten brüllen, wie sie wollten, niemand ging in die Häuser zurück.

Plötzlich fiel mir der Leutnant ein, den ich versteckt hatte. Ich überlegte eine Minute, bevor ich mir einen Ruck gab und zu einem französischen Offizier ging. Französisch sprach ich damals sehr schlecht, denn wir waren alle in die deutsche Schule gegangen. Aber die paar Brocken, die notwendig waren, brachte ich zusammen.

Stirnrunzelnd hörte mich der Offizier an, und es mag ihm verdächtig vorgekommen sein, daß ihn ein dreizehnjähriger Elsässer in einem so schlechten Französisch ansprach. Aber jetzt konnte ich, obwohl ich am liebsten davongelaufen wäre, nicht mehr zurück. Ich mußte für den Deutschen, dem ich hatte helfen wollen, den Kopf hinhalten.

Sie nahmen die Sache so ernst, daß ich mir wie ein Partisan vorkam. Ich mußte den Offizier nebst einer halben Kompanie zu dem Haus begleiten. Als wir davorstanden, hielten alle die Maschinenpistole im Anschlag, und ich mußte auf deutsch rufen, er solle ohne Waffe und mit erhobenen Händen herauskommen. Meine Stimme zitterte, und mein Herz schlug bis zum Hals hinauf, denn wenn er Dummheiten machte, war es um uns beide geschehen.

Aber nach einer Minute kam er zitternd heraus, und als sie das ganze Haus durchsucht und nichts mehr gefunden hatten, mußte er sich zu den anderen stellen, und mich ließen sie laufen. Aber es hat in ganz Eguisheim keinen Menschen gegeben, den die Befreiung so viele Nerven gekostet hat!«

So mancher Elsässer könnte aus diesen Tagen ähnliche Erlebnisse erzählen wie Hubert Gebel, denn von nahem besehen, verlieren das Heroische des Krieges und die Euphorie einer Befreiung viel von dem, was dann den Festrednern über die Zunge geht und den Chronisten in die Feder fließt.

Viel erzählen könnte auch Hansi, wenn er noch lebte. Aber schon damals, als er endlich nach Colmar zurückkehren durfte, gab es nicht mehr viele, die ihn anhören wollten. Er war ein Mann, der seine Zeit überlebt hatte. Die meisten der Freunde von einst waren tot, und die neue Generation, die nun wieder zu Frankreich gehörte, war zu sehr mit sich selbst beschäftigt, um einen alten Mann zu begreifen, dem jetzt die Kraft für einen neuen Anlauf fehlte.

Aber auch Frankreich, das Land des *ésprit cartésien* und damit der Lektionen, die aus allem zu ziehen sind, hat Grund, sich an der feinfühligen Nase zu packen. Da war ein Mann, ein bemerkenswerter Künstler von überregionalem Format dazu, der weit über ein Menschenalter hinaus des Elsaß bester Anwalt der französischen Sache gewesen war. Sehr gut hätte Paris eine Geste angestanden, welche die Elsässer an den alten Mann in Colmar erinnert hätte.

Doch was tat Paris? Es schickte Festredner, *bourreurs de crâne*, die auftraten, als ob sie Mariannes verlängerte Arme wären, die sich jetzt wieder segnend über dem Land am linken Oberrhein ausbreiteten. Und während sich Hansi, der kaum noch gehen konnte, in preiswerte

Restaurants schleppte, weil ihm niemand kochte und weil er nichts Verkaufbares mehr malen konnte, saßen an den Bankettischen der Pariser Herren wohlbestallte Unternehmer, die natürlich nie Geschäfte mit den Deutschen gemacht hatten und doch erstaunlich gut über den Krieg gekommen waren.

Es war der ewige Kreislauf. Andere freilich mußten, als Hansi wiederkam, gehen – wenn sie noch Zeit dazu fanden. Es waren die anderen Extremen, die aufs falsche Pferd gesetzt hatten, und ich weiß nicht, ob ein gewisser Eduard Haug, Gymnasiallehrer zu Colmar und übereifriger Mitarbeiter der »Oberrheinischen Kulturtage«, noch verschwinden konnte, so, wie seinerzeit der Mann verschwunden war, den er in wahrhaft Goebbelsscher Manier gehetzt hatte. Haug, das war die Kehrseite der Medaille, die unvermeidliche, weil jedes große Drama von Menschen gespielt wird und seine tausend kleinen Nebenhandlungen hat.

Weshalb auch jeder Hansi seinen Haug hat. Eine Abrechnung indes interessierte den alten Mann nicht. Er wußte, daß er zu spät gekommen war, aber er wußte jetzt auch, daß loderndes Engagement seinen Preis hat, ganz gleich, auf welcher Seite man steht. Sechs einsame Jahre blieben ihm noch, und erst als er 1951 im Alter von achtundsiebzig Jahren starb, flackerte die Erinnerung an den Mann auf, der ein ebenso großer Sohn seiner Heimat gewesen ist wie Albert Schweitzer.

Inzwischen ist der elsässische Teig, an dem zwei Köche so lange gerührt haben, zur Ruhe gekommen. Zwar treibt er hin und wieder noch die eine oder andere falsche vaterländische Blase, aber niemand käme deshalb auf die Idee, gleich das ganze Elsaß in ein Forum zu verwandeln. Die Deutschen werden, in ihrer überwältigenden Mehrheit, von keiner Annexionslust mehr geplagt, und die Franzosen nehmen ihnen das auch ab.

Die Frage, ob sie deshalb bessere Europäer sind, ist damit allerdings nicht beantwortet. Sie ist auch nicht ketzerisch gemeint, im Gegensatz zu der folgenden: Hätten die Elsässer, von denen erstaunlich viele als Grenzgänger in Deutschland arbeiten und entschieden mehr verdienen als ihre Kollegen in der heimischen Industrie, heute sehr viel gegen einen neuen Besitzerwechsel einzuwenden?

Nur keine Panik, bitte. Aber man wird ja, nachdem von so viel Allzumenschlichem die Rede war, mal fragen dürfen. Das europäische Haus, an dem wir zimmern, wird deshalb nicht gleich zusammenfallen.

## Kultivierter Egoismus

Jeder weiß, daß der Franzose individualistischer als der Deutsche ist. Deshalb will er auch seine Freizeit nicht von einem Verein organisieren lassen, und in Katzenmaiers Kegelklub würde sich Touchard entsetzlich langweilen. Eine deutsche Großstadt hat dreihundert Kegelklubs, Paris hat dreihundert Käsesorten. Gleichwohl hält es Touchard für durchaus normal, daß Frankreich im Europa der Neun mit allen Neunen kegelt.

Es betrachtet seine Führungsrolle als eine logische historische Mission, und zähneknirschend müssen die Amerikaner zugeben, daß man im lecken englischen Schiff nicht führen kann, sondern Wasser schöpfen muß. Und daß Deutschland aus historischen Gründen das Kommando auch nicht übernehmen kann.

Deshalb haben sich alle an das fröhliche Kikeriki des gallischen Hahns im europäischen Korb zu gewöhnen. Als das größte Agrarland der Neun profitiert Frankreich auf dem grünen Sektor am meisten, weshalb es hier allergrößten Wert auf Solidarität legt. Aber als die große

Energiekrise heraufdämmerte, machte es seine Alleingänge mit den Arabern und profitierte auch am meisten. Da versagte selbst Henry Kissingers sprichwörtliche Diplomatie, und der fliegende Feuerwehrmann Washingtons blitzte in Paris ab wie weiland die amerikanischen Modebosse bei Christian Dior.

Man spricht daher in Washington und London ziemlich laut – und in Bonn etwas leiser – von französischem Egoismus. Aber ist das gerecht?

Nehmen wir den deutschen Egoisten. Er ist eine klar umrissene ausgeprägte Figur, die von niemandem ignoriert wird. Der fanzösische Egoist aber wird zumindest von einem ignoriert, nämlich von sich selbst. Das entschuldigt ihn nicht nur, sondern es macht ihn unantastbar.

Oder nehmen wir die Hilfsbereitschaft und stellen uns vor, daß vor einer Berliner Kneipe nachts um zwölf einer ohnmächtig umfällt. Der Wirt wird ihn behutsam reinholen, auf eine Bank legen und ihm vielleicht einen Schnaps geben, falls er nicht gerade stark nach demselben riecht. Wenn das gleiche in Paris passiert, legt der Patron den Mann behutsam ein paar Meter weiter, weil dort auch wieder ein Bistro ist, der ihm Kundschaft wegnimmt. Warum soll er nicht auch einmal von ihm was kriegen? Denn merke: Erste Hilfe kann man sowohl leisten als auch delegieren.

Der brave Mann, der an sich selbst zuletzt denkt, ist natürlich auch in Paris zu Hause, und wenn ein kleines Komma reinrutscht, dann denkt er an sich, selbst zuletzt.

Denken wir an Eleganz, dann schlägt Katzenmaier zwar Touchard, aber wenn die wirklich auch von Natur aus Eleganten gegeneinander antreten, gewinnt der Franzose um Längen. Denn ein französischer Beau riskiert nicht nur die kleine Extravaganz, sondern er braucht sie wie die Luft zum Atmen, und wenn es nur der Hauch einer frivolen Nuance ist – ein Schal oder ein Parfüm.

Riskanter ist es, etwas so Abstraktes wie Intelligenz zu vergleichen, aber auf die Gefahr hin, heftigen Widerspruch auszulösen, behaupte ich, daß in beiden Ländern der Prozentsatz derer, die man in Deutschland Blödmänner und in Frankreich *couillons* nennt, gestern noch gleich war. Schwankungen sind, wie beim Goldpreis von Paris und Frankfurt, geringfügig.

Was schließlich das Interesse an der Politik anbelangt, so darf man sich am Zinc der Bistros nicht täuschen lassen. Hier entsteht leicht der Eindruck, daß sich Frankreichs Männer mit nichts anderem befassen, aber wer genauer hinhört, erkennt, daß es mehr darum geht, die Ventile des *ésprit rouspeteur* zu öffnen. Gegen die *ils,* die mit Marianne tanzen, und von denen Touchard prinzipiell nichts hält, die er aber hinnimmt, wie man einen Platzregen hinnehmen muß, solange es Benzin für sein Auto und ein *bifteck* für seinen Teller gibt.

Bifteck ist übrigens eines jener englischen Lehnwörter, die man so schreibt, wie man es für richtig hält, genau wie *rosbif,* das man in erster Linie als Sammelbegriff für die Engländer gebraucht und erst in zweiter als Nahrungsmittel.

Aber sonst hat die Nahrung gegenüber der Politik absoluten Vorrang. Man muß sich deshalb wundern, warum Staatspräsidenten oder Premierminister wichtige Fernsehansprachen zur Lage der Nation abends um acht Uhr zu halten pflegen, wenn ganz Frankreich mit dem Diner, der wichtigsten Handlung des Tages, beschäftigt ist.

Als ich im März 1974 zufriedener Pensionsgast eines sehr gepflegten Vogesenhotels war, las ich eines Morgens beim Frühstück in der Zeitung, das Pierre Messmer seine Regierung umbilde und am Abend im Fernsehen zur Lage der Nation zu sprechen gedenke.

Alle Gäste lasen es, und am Abend aß ich ein bißchen schneller, um im Fernsehsalon noch einen guten Sessel zu erwischen. Es gelang mir ohne besondere Hast, aber groß war meine Verwunderung, dortselbst nur den achtjährigen Sohn des Patrons vorzufinden, der mit heißen Augen eine lustige Sendung eines Zweiten Programms genoß.

Als die Sendezeit des Premierministers im Ersten Programm nahte, hoffte ich auf Verstärkung durch andere Interessenten, weil es gar nicht so einfach ist, eigenwilligen Söhnen von Hoteliers ihr Spielzeug wegzunehmen.

Aber es kam niemand. Der Premierminister sprach, und Frankreich aß. Beziehungsweise diskutierte und verdaute, denn längst waren die Nachtische serviert. Ich aber schaltete aufs Erste Programm und sorgte für Tränen beim Sohn, und später, als er mich verpetzt hatte, für vorwurfsvolles Stirnrunzeln beim Vater. Für ihn war die Ordnung im Hause wichtiger als die Lage der Nation, und Leute, die Kinder ärgerten anstatt ordentlich am Tisch sitzen zu bleiben, verstießen entschieden gegen die guten Sitten. Am liebsten hätte er mir für acht Tage das Dessert gestrichen, eine Strafe, die seit Jahrhunderten die beliebteste und zugkräftigste aller französischen Väter ist. In Deutschland kann man sie jedoch nicht als Nationalstrafe einführen, weil der Prozentsatz der Familien, die Desserts reichen, zu gering ist.

Daß die Strafe viel härter ist als die im schlimmsten Fall fünf Minuten brennende Backpfeife des deutschen Vaters, liegt auf der Hand, die der französische Vater schont. Vor seinem Kind steht, und ich kann das bezeugen, weil ich als Kind an vielen französischen Tischen essen mußte, ein Berg von Gerichten, von denen die Eltern als arrivierte Gourmets glauben, daß auch Kindermund Geschmack dran haben müsse. In Wirklichkeit passieren die raffinierten Pfannengeburten die Kindermäuler als ein dem Dessert vorausgeschicktes Übel.

Weshalb acht Tage Dessert-Entzug die freudloseste aller Wochen und die erfolgreichste französische Erziehungsmethode darstellen.

Wenn der solchermaßen Erzogene groß geworden ist, kultiviert er die Tischfreuden verständlicherweise in einem Ausmaß, das es im verbietet, die Lage der Nation zur Essenszeit zu überdenken.

Doch dies nicht nur zur Essenszeit. Frankreich ist ein Archipel von fünfzig Millionen Inseln, die sich zuerst einmal selbst verwalten müssen und auf die tausend Dinge einstürmen, ehe die Stunde des Apéritifs naht, in der man sich mit den Herren des Elysée-Palastes und des Parlaments auseinandersetzen kann. Dann kriegen sie, während zu Hause schon die Pfannen schmoren, ihr Fett. Und wenn man ihnen das Dessert entziehen könnte, gäbe es für *ils* nur selten etwas Süßes.

## Sorgen der Bourgeoisie

Es gibt nicht mehr viele Tabus in dieser zweiten Hälfte der siebziger Jahre. Dafür haben Touchard und Katzenmaier eine ganze Menge von gemeinsamen Problemen erkannt. Ihr Ursprung ist unzweifelhaft der Wohlstand, diese Rankūne des Friedens, die den jungen Leuten links und rechts des Rheins offenbar auf den Magen schlägt. In diesem Punkt sind sich Touchard und Katzenmaier, denen der Krieg keine Zeit für Langeweile ließ, einig wie in keinem anderen: »Diesen Burschen fehlen die harten Jahre unserer Jugend.«

Aber da man harte Jahre nicht lehren, sondern nur erleben kann – auch ihre angenehmen Seiten, über die man nur am Stammtisch oder am Zinc spricht –, wissen beide kein Rezept gegen die harte Wirklichkeit der Zeiten, in denen den Zwanzigjährigen der vom Vater bezahlte VW oder Renault zu klein und zu langsam wird. Gerne wären Katzenmaier und Touchard in diesem Alter mit dem Fahrrad durch den Schwarzwald oder durchs Loiretal gefahren, wenn man ihnen keine Stiefel beziehungsweise Wickelgamaschen verpaßt hätte, um fürs Vaterland zu marschieren.

Katzenmaier, das darf hier nebenbei erwähnt werden, lag mit seinen Knobelbechern besser im martialischen Rennen als Touchard mit seinen Wickelgamaschen aus dem ersten Weltkrieg. Denn Frankreichs Generalstab, überzeugt davon, daß die Maginotlinie unüberwindlich sei, schickte seine Infanterie mit der gleichen Ausrüstung ins Gefecht, die sie 1918 abgelegt hatte, und die genagelten deutschen Stiefel waren immer schon da, ehe die Wickelgamaschen gebunden waren. In der Tat haben die stampfenden deutschen Stiefel den französischen Soldaten von 1940 einen fatalen und irreparablen Minderwertigkeitskomplex eingejagt.

Die zwanzigjährigen Deutschen von heute, denen es nicht gelungen ist, den Wehrdienst zu verweigern, sind keine so furchterregenden Gesellen mehr. Das einzige, was sie bei den Franzosen noch erregen, ist einiges Aufsehen wegen ihrer langen Haare, weil der verlorene Krieg den Bürger in Uniform gebracht und die Allmacht der Schleifertypen gebrochen hat. Dem späten Siegerland Frankreich aber ist der Feldwebel Flick erhalten geblieben, wovon sich jeder, der an einem Kasernengelände vorbeikommt, überzeugen kann. Im Gegensatz zu seinen französischen Kollegen macht der deutsche Jungmann beim Militär heute eine Kur.

Aber die anderen Unterschiede haben sich verwischt, weil die Langeweile in dem Teil Europas, den wir den freien nennen, überall die gleichen Züge trägt. Die Jugendkriminalität steigt nicht nur in den deutschen Städten, sondern auch in Paris und in der französischen Provinz, die ihre Langeweile so lange mit unantastbar scheinendem Gleichmut getragen hat.

Da ist der kleine Ball am Samstagabend. Einst war er, unter den Klängen des Akkordeons und der *valse musette*, Frankreichs harmlosestes und natürlichstes Vergnügen. Aber seit sie mit Motorrädern anbrausen und am liebsten auch noch über die Tanzfläche knattern würden, gehen jeden Samstagabend in Frankreich mehr als zwanzig Prozent der etwa sechstausend *bals populaires* in die Binsen. Sie finden in den Festsälen der Gemeinden und noch häufiger in Zelten statt, organisiert von professionellen Veranstaltern. Seit ihr Inventar immer häufiger zu Kleinholz gemacht wird und anrückende Polizei die Rage der Parketthelden nur vergrößert, halten sich die meisten Veranstalter eine Rausschmeißertruppe, die sich aus Boxern und Catchern rekrutiert.

Die Polizei ist dankbar, da sie ihr viele Scherereien ersparen, aber die Frage ist zu stellen, ob Frankreichs Jugend die Popmusik schlechter verdaut als die deutsche. Sie hat mehr Berechtigung, als es auf den ersten Blick scheinen mag. *Valse musette* und *chanteurs de charme* haben in Frankreich stärkere Wurzeln als die Schnulze in Deutschland, und die Jungen, die wie zum Trotz wilde Rocks und Jerks in den Tanzboden stampfen, tun nur so, als ob sie sie verachteten.

Es ist eine gewollte Emanzipation vom Hergebrachten, und um sie besser zu bewältigen, trinken sie. Früher wurde beim *bal de samedi soir* so mäßig getrunken, daß die Veranstalter keinen Grund hatten, den Alkohol zu streichen. Aber längst sind sie dazu übergegangen, ihn auf Bier zu beschränken oder überhaupt nur Fruchtsäfte anzubieten.

Die Folge ist die Ginflasche in der Jackentasche mit der fatalen Doppelfunktion. Denn wenn sie leer ist, hat sie Kräfte freigemacht, deren Wirkung nach Mitternacht auf blutenden Köpfen zu besichtigen ist. Zunächst jedoch streckt sie die Fruchtsäfte ebenso unsichtbar wie Wasser.

Als der Besitzer eines großen Tanzzeltes zum drittenmal sein Dach auf den Kopf bekommen hatte, kam ihm eine Idee, die ihm kaum noch gekommen wäre, wenn das Dach Balken gehabt hätte. Er entließ seine Band, holte das klassische Akkordeon und die Musik, bei der sich die Eltern der streitbaren jungen Männer kennengelernt hatten.

Mit überraschendem Erfolg. Die Tänzer gerieten, anstatt in Rage, nur noch in Schwung und versuchten, den Mädchen nicht mehr mit Prügeleien, sondern mit den bewährten alten Methoden zu imponieren. Andere Veranstalter zogen nach, und obwohl das Experiment sozusagen noch in alten Kinderschuhen steckt, scheinen sich ruhigere Sonntagsdämmerungen anzubahnen.

Auf dem breiten Land zumindest. Aber die Jugend auf den höheren Schulen läßt sich nicht damit bändigen, daß man die Musik wechselt. Das Lyzeum, einst ein Hort von Kultur, Zivilisation und strenger Disziplin, auf den Frankreich stolz war und außerdem überzeugt davon, daß es seinesgleichen auf der Welt nicht gab, dieses Lyzeum brodelt und zeigt Risse, die Lehrer, Eltern und Regierung zittern lassen.

In seinem Buch »Le Peuple lycéen«, das 1974 erschien, untersucht der Soziologe Gérard Vincent die Gründe der beunruhigenden Vorgänge in dieser französischen Hausmacht. Will Frankreichs geistige Elite von morgen die Schule und die Familie zerstören? Sind es Anarchisten oder zumindest lauter Linke, die allem Hergebrachten die Revolution ansagen?

Tatsächlich scheinen ihnen, wenn sie gemeinsam auftreten und ein Solidaritätsgefühl entwickeln, das nach Barrikaden schreit, Gesetz und Ordnung wenig zu bedeuten. Aber bei einer Befragung von fast siebentausend Schülern, die als repräsentativ angesehen werden kann, ist Gérard Vincent zu dem bemerkenswerten Ergebnis gekommen, daß die Flamme des Solidaritätsgefühls nur gelegentlich lodert. Nur fünf Prozent der Schüler haben erklärt, sie seien militant, und achtunddreißig Prozent sympathisieren per Sparflamme mit ihnen. Der Rest, mehr als die Hälfte, will seine Ruhe.

Gérard Vincents interessanteste Feststellung aber ist ohne Zweifel die, daß sich die Schüler der siebziger Jahre aus einem ganz bestimmten Grund von denen der sechziger Jahre unterscheiden: Es ist die erste Generation Jugendlicher, die ohne jedes Schuldgefühl heranwächst. Sie fühlen keinen Schatten der Vergangenheit auf sich lasten und wollen die Zukunft ohne jegliche Verbindung mit früheren Generationen vor sich sehen, was für ein so traditionsverwurzeltes Land wie Frankreich schlicht unvorstellbar ist.

»Wo«, so fragen sich Alte, die so alt gar nicht sind, aber für die Jungen Methusalems, die über ihre eigenen Bärte stolpern, »wo ist der Respekt vor den Vätern geblieben?«

Mit dem Entzug des Desserts ist da nichts mehr zu machen. Da rümpfen die Jungmänner die Nase, weil sie hoch über materialistischen Ködern stehen und weil ihr Taschengeld sich der Lohnspirale so angepaßt hat, daß sie sich drei Desserts leisten könnten, wenn sie nur wollten.

Was sie wollen, ist die totale Ausbeutung des Augenblicks, ohne an gestern und morgen zu denken. Eine kulturelle Konterrevolution also?

Gérard Vincent sieht es so und befürchtet eine Wendung zum Nihilismus. Aber der Teufel, den er da an die Wand malt, ist so furchterregend nicht. Wenn sie die

Füße erst unter den eigenen Tisch strecken müssen, entdecken sie schnell die Annehmlichkeiten der Bourgeoisie und des ewigen Frankreichs, und die Reflexe, die ein so starkes Solidaritätsgefühl hervorgerufen haben, werden träg wie wenig beanspruchte Muskeln.

Nicht bei allen, doch weiß in Frankreich, wie bei uns, niemand eine Antwort auf die Frage, wie groß der Prozentsatz derer sein wird, die sich gegen die Gesellschaft durchbeißen, um eine neue Moral zu begründen.

Seit Giscard d'Estaing am Ruder ist, liegt in der europäischen Luft nicht mehr soviel *politique de grandeur* wie unter de Gaulle und Pompidou. Da Stabilität jedoch kein Aushängeschild französischer Regierungen ist, muß man vorsichtig sein, denn Minister können das Zeitliche schneller segnen als Versuchskaninchen in einem Laboratorium.

Dennoch muß ein kleiner Mann zitiert werden, der im Frühjahr 1974 die Politik der Größe mit so viel Verve vertreten hat, nämlich Michel Jobert. Dieser Außenminister Pompidous, der ein wenig an das Hündchen erinnert, das auf alten Schallplatten der Stimme seines Herrn lauschte, kam seinen Kollegen von der Europäischen Gemeinschaft aber wie Louis XIV. vor. Zwar sagte er nicht gerade *L'Europe c'est moi*, aber immerhin so laut, daß man es auch in Amerika hören konnte: »Ohne uns könnt ihr gar nichts machen!«

»Bravo«, pflegte Touchard immer zu sagen, wenn der kleine Mann ganz groß wurde, weil eine solche Außenpolitik auch die Politik am Zinc belebt. Tatsächlich ist es ihr gelungen, den Franzosen einzureden, daß von den beiden Supergroßmächten nicht die Russen, sondern die Amerikaner zu fürchten seien.

Der Tobak war so stark, und er sorgte nicht nur in London und in Bonn für Reizhusten, weil man immer noch der Meinung ist, daß es unter der Führung der USA eine defensive militärische und politische Allianz gegen den Ostblock gibt. Mariannes egozentrische Tänze aus der Reihe waren nicht dazu angetan, diese Allianz zu stärken, und von der Geburt der Vereinigten Staaten Westeuropas wollen wir gar nicht reden.

Auch wenn Außenminister Jobert gesagt hat, daß er ein echter Europäer sei, der von den anderen nur noch nicht verstanden werde. Zwar hat er nicht gesagt, wie er sich das europäische Haus vorstelle, von dem wir bis jetzt noch nicht viel mehr als die Grundmauern kennen, aber mit Sicherheit dachte er an eine französische Concierge, die jeden Mieter fest in der Hand hat.

Es ist keine ermunternde Vorstellung. Da jedoch auch andere ihre Vorstellungen haben und Debattieren einfacher als Bauen ist, wird in diesem Jahrhundert noch keine Entscheidung fallen, und im nächsten nicht gleich.

## Die Ferien des Monsieur Touchard

Der Frühling, der der Energiekrise folgte, kündete in Frankreich nicht den Sommer, sondern die düsterste aller Katastrophen an. Wer die Schwarzmalerei in Fernsehen, Radio und Presse verfolgte, fühlte sich an das Bett eines Schwerkranken gezogen, der sich nie mehr erheben würde.

Denn der französische Informationsstil ist unheilschwanger wie kein anderer. Das kommt daher, daß sich schlechte Nachrichten besser verkaufen als gute und der Franzose es liebt, nach dem Donnerwetter, mit dem ihn die Morgenzeitung überfallen hat, in die Sonne zu blinzeln und festzustellen, daß alles noch beim alten ist.

Und im Sommer erhob sich der Schwerkranke des Frühlings und ging in Urlaub. In den ausgedehnten, versteht sich, den schon Touchards Großvater nahm und den Katzenmaier erst nach dem Wirtschaftswunder entdeckt hat.

Aber im Gegensatz zu ihm bleibt Touchard im Land. Einmal hat er eine Omnibus-Exklusivreise zu den bayerischen Schlössern und ins Salzkammergut gemacht, aber Clémentine hat zwischen Straßburg und Salzburg kein Bidet gefunden, und auch ihm waren die bayerischen Knödel so schwer im Magen gelegen wie die bleiernen Plumeaus der komischen Betten auf demselben.

Es war der Anfang und das Ende von unsicheren Experimenten. Noch heute spricht Clémentine schaudernd von der Kulturlosigkeit von Leuten, die man nicht versteht, die kein Frühstück aufs Zimmer servieren und womöglich noch glauben, ein Schrank mit genügend Bügeln könne ein Bidet ersetzen. Sicher, es gibt französische Hotels, in deren Schränken man nur ein Bügelchen aus Draht findet und wo man die Koffer eigenhändig aufs Zimmer tragen muß. Aber wenn man einmal drin ist, weiß man, was man hat.

Zum Beispiel Blumen an den Wänden. Da mag Katzenmaier ruhig sagen, daß er Röschen lieber im Garten sähe als an der Wand. Und wo findet er sie im Winter? Für Touchard blühen sie in jedem Hotelzimmer, und er hat überhaupt kein Verständnis dafür, daß Katzenmaier Blumen nicht nur sehen, sondern auch riechen will. Außerdem riechen diese Tapetenblumen nach Frankreich.

Und das Bidet sorgt dafür, daß Clémentine nicht riecht. Bitte, warum sollte man über ein kleines Waschbecken zur intimen Körperpflege nicht reden können? Katzenmaier hat es, als er Paris besetzte, für ein Fußbekken gehalten und es auch gelegentlich benützt. Als er aufgeklärt war, betrachtete er es als Vorläufer der Pille, ohne als Sohn des Volkes, das sich fälschlicherweise für das sauberste der Welt hält, zu erkennen, daß die vergleichsweise billigere Kombination von Waschbecken und Bidet ein teures Badezimmer ersetzt.

Es sollte hier angefügt werden, daß Bidet ursprünglich der Ausdruck für ein kleines Sattelpferd war und daß ein altes Kinderlied mit den Worten *je suis assis sur le bidet de mon papa* beginnt. »Ich sitze auf den Schultern meines Vaters.«

Auf dem Bidet, das übrigens schon Napoleon nach dem Reiten benützt haben soll, um sich wieder frisch zu machen, sitzt man ähnlich, doch bestreiten Experten heftig, daß es einen entscheidenden Beitrag zur französischen Kinderarmut zwischen den beiden Weltkriegen geleistet habe. Viel eher war es das fehlende Kindergeld, das der Staat heute reichlich und mit schönem Erfolg fließen läßt.

Die Touchards, die ihr Soll längst erfüllt haben, bevorzugen den Urlaub im eigenen Land jedoch nicht nur aus den dargestellten Gründen. Angeborener Argwohn läßt sie den ausländischen Coup de fusil viel mehr fürchten als den heimischen, dem man zwar auch nicht ausweichen kann, aber bei dem man weiß, was man hat.

Und schließlich ist man auch mit Leuten zusammen, die man versteht. Im Gegensatz zu Katzenmaier, der glänzend italienisch spricht und deshalb aus Neapel eine goldene Uhr heimgebracht hat, die weder golden ist noch geht, ist gegenseitiges Verstehen für Touchard schon der halbe Urlaub.

Doch er hat nicht einkalkuliert, daß der wankelmütige Franc die befreundeten Europäer mit härterer Währung anzieht wie der Lampion den Nachtfalter. In Touchards kleinem Hotel der Bretagne, in dem man früher, wenn es hochkam, zwei oder drei Engländer antraf, hat sich etwas verändert. Zwar fehlen die Engländer, weil das Pfund rachitisches Untergewicht hat, aber diesmal hat

Touchard, obwohl er schon im Januar das Balkonzimmer bestellte, das Gefühl, unter die Räuber geraten zu sein.

Ein deutsches Ehepaar wohnt nicht nur im Balkonzimmer, sondern es ißt auch an dem Tisch im Erker, von dem aus man beinahe das Meer sieht. Vor zwei Jahren, als sich Touchard diesen Tisch hätte erkämpfen können, war es noch zu sehen. Jetzt steht ein neues Appartementhaus dazwischen, aber es ist nur ein kleines Trostpflaster.

Ist man überhaupt noch in Frankreich? Touchards Laune wird nicht besser, als Clémentine behauptet, daß die Holländer vom Nebentisch mit den beiden sommersprossigen Rotznasen sogar einen Fernseher aufs Zimmer bekommen hätten.

*Y a d'l'abus! Faut demander un aussi!*

Als Touchard nach zwei Tagen unter dem Druck von Clémentines Sporen auch seinen Fernseher aufs Zimmer will, zuckt der Patron bedauernd mit den Schultern. Die Holländer haben ein eigenes transportables Gerät. Soll er es vielleicht verbieten?

Er soll es nicht, aber er soll auch nicht ironisch mit den Mundwinkeln zucken. Touchard hat ein feines Gefühl für Geschäftemacher und Arrangeure. Hat dieser windige Patron vielleicht im letzten Jahr nicht über die Ausländer geschimpft? Jetzt kriecht er ihnen in den Hintern, bloß, weil die Burschen zu einem phantastischen Kurs wechseln können. Und ihre Fernseher bringen sie mit, weil sie um die Hälfte billiger sind als in Frankreich. Als ob man ihre Kolonie wäre!

*La France, c'est plus ça!* Unerträglich wird es aber erst, als die anderen Deutschen, die bisher am anderen Ende des Saales saßen, ihren Tisch auch in den Erker rücken lassen. Clémentine will sich nicht beruhigen, obwohl ihr Touchard aus reicher Erfahrung zu erklären versucht, daß sie keine Tischsitten, sondern einen Herdentrieb haben.

Französische Pensionsgäste sprechen von Tisch zu

Tisch, aber sie wahren die Intimität des teuer genug erkauften eigenen Reviers. Natürlich könnte Touchard den einzelnen Herrn, der hinter ihm sitzt und seine Ansichten über die Ausländer mit ihm teilt, nach dem Dessert an den Tisch bitten, weil er dann besser diskutieren und seinen Hals schonen könnte.

Aber das macht man nicht. Lieber verrenkt er sich den Hals, und so bietet er bei den Mahlzeiten das Bild eines Papageis, der den Kopf bekanntlich um neunzig Grad drehen kann. Zwischen zwei Gabelbissen pflegt er, ohne Clémentine zu vernachlässigen, die Unterhaltung mit dem einzelnen Herrn, und vielleicht wird er ihn auch einmal zum Apéritif in den Bistro der Fischer einladen, wenn das Wetter und Clémentines Laune schlecht sind.

Zum Glück sind nicht nur Ausländer im Hotel, und abends im Fernsehzimmer – *c'est idiot, mais ça passe un moment* – sind die Franzosen unter sich. Unangenehm ist nur, daß die alte Dame aus Quimper, die kein Dessert nimmt, schon um acht vor dem dritten Programm sitzt.

Von ihrem Mann, der Kapitän war und so oft zwischen Le Havre und Westindien kreuzte, wie sie Runzeln auf der Stirn hat, wenn Touchard und Co. im Fernsehzimmer auftauchten, muß sie den Umgang mit verhaltenen und auch ausbrechenden Stürmen gelernt haben. Denn eine gute Stunde pflegt sie ihr drittes Programm mit so viel Trotz zu behaupten, daß Touchard und der einsame Herr, der jetzt nicht mehr hinter ihm, sondern neben ihm sitzt, einen Hotelmord ins grollende Auge fassen.

Aber da auch das zu den Dingen gehört, die man nicht macht, warten sie mit prickelnder Ungeduld, bis die Alte ihren Triumph des *troisième age*, gegen den es keine gängige Waffe gibt, ausgekostet hat. Leider ist, wenn sie sich mit unnahbarem Adele-Sandrock-Look zurückzieht, der Krimi im Zweiten Programm schon so weit gediehen, daß kein Mensch mehr mitkommt.

Weshalb der Professor der Naturwissenschaften, den man tagsüber mit Schmetterlingshamen und anderen Geräten auf den Felsenklippen balancieren sieht, mit einiger Logik auf Programm Nummer eins hinweist.

Touchard, der als verdienter Hotelgast die Bedienungsweise des Apparates kennt, schaltet um und tappt in einen uralten Film mit Jean Marais hinein.

»*L'éternel retour.*« Der Streifen ist in der Besatzungszeit gedreht worden und war ein ziemlicher Erfolg. Doch fehlt Touchard, der damals auf der Schwäbischen Alb eine im argen liegende Liebeskunst modernisieren mußte, jegliche Beziehung dazu, während die Damen mühsam gegen nostalgische Tränen kämpfen.

»*L'éternel retour*« also. Es ist sinnlos, gegen den Strom zu schwimmen, aber Touchard und der einsame Herr einigen sich auf einen Besuch des Bistros der Seeleute, dieweil Clémentine den Jean Marais der vierziger Jahre anhimmelt, ohne zu ahnen, daß ihr Touchard, dessen Shorts heute wie nutzlose Markisen über weißen Beinen hängen, deren üppige Behaarung nicht ausreicht, um die Krampfadern zu verdecken, weiland ein trutziger Barde französischer Lebensart in Deutschland war.

Fest steht, daß die beiden Herren am nächsten Tag im Bistro der Seeleute den Apéritif nehmen werden.

Es gibt ausgleichende Gerechtigkeit. Am nächsten Tag regnet es, was Clémentine den Urlaubs-*cafard* – eine heilsame Seelenblähung – und Touchard zwei freie Stunden beschert.

Die Seeleute, hier *loups de mer* genannt, was ihre Position den Städtern gegenüber wesentlich erhöht, die Seewölfe also sind sich ihrer Bedeutung für den urlaubenden Bewunderer wohl bewußt.

Sie lassen ihn erst einmal zappeln wie den Fisch, ehe sie ihn an Bord hieven. Touchard kennt dieses Vorspiel, und er erklärt dem einsamen Herrn, daß man ganz anders im Rennen liege, wenn man erst mal eine Runde bezahlt habe.

Der Mann zahlt, und die Männer werden freundlich. Sie erinnern sich sogar an Touchard, der im vergangenen Jahr noch selbst zahlte, um morgens um drei, wenn sich der Tag ankündigt, von einem der Boote mitgenommen zu werden, die Sägemehl, Rotwein und Weißbrot auf den Sardinenfang mitnehmen.

Rotwein und Weißbrot sind für die Männer. Aber die starren, von See und Luft gekühlten Hände werden erst warm, wenn das Sägemehl erfolgreich auf die sich in der Morgenbrise kräuselnden Wellen gestreut ist. Ein Sardinenschwarm ist angelockt, und langsam sinken die Netze, von denen der Tagesverdienst der sechs oder sieben Männer abhängt, die dieses Boot zahlen und ausbeuten.

Es sind aufregende Minuten, ehe der Mann am Steuer spürt, ob die Netze schwer werden. Man kann an einem riesigen Sardinenschwarm vorbeirutschen, ohne ihn zu erfassen. Aber wenn man ihn hat, ist die Begeisterung der Männer nicht im entferntesten mit der zu vergleichen, die Touchard empfindet, wenn er einen Fang auf dem Großmarkt macht.

Das ist es, was ihn hier, an der Quelle der Nahrung, wo der Zwischenhandel nichts zu melden hat – er meldet sich noch früh genug –, so fasziniert. Wenn die Fische im Boot zappeln, daß es tief liegt, und die Brecher über Bord schlagen, teilt er die Freude der Männer und vergißt den fehlenden Schlaf an Clémentines runden Seiten.

Und er teilt auch das urwüchsige kulinarische Fest mit ihnen, zu dem nur ein Messer und die Rotweinflasche gehören. Man ritzt einer Sardine den Bauch auf, haut ihr den Kopf ab und schiebt sie in ihrer ganzen Roheit zwischen die Zähne. Was hängen bleibt, spült der Rotwein hinunter, und die Fischer behaupten, das fördere die Potenz mehr als die schleimige Auster, die man drüben, vor »Belle Ile«, von den Riffen kratzt.

Im Grunde hat Clémentine nichts gegen den Touchard einzuwenden, der nach rohen Sardinen, Rotwein und Meer riecht, wenn er zur Frühstückszeit ins Hotel zurückkehrt. Aber sie ärgert sich, daß sein Sinn nicht nach dem Bett, sondern nach heißem Milchkaffee und Croissants steht.

So profitiert sie wenig von seinen männlichen Ausflügen in die Gefahr der See, und mit einigem Recht befürchtet sie, daß es noch weniger wird, wenn er mit dem einzelnen Herrn vom Hintertisch auf Sardinenfang geht. Aber seinen Auslauf braucht er, und da es höchst selten vorkommt, daß ein Fischerboot nicht wieder einläuft, läßt sie ihren Seewolf auf Zeit mit zwei dicken Wollpullovern in See stechen. Außerdem ist es gut für die Kunden, wenn einer, der Sardinen verkauft, auch etwas vom Handwerk weiß.

Nicht eingeplant ist, daß der einzelne Herr von der Sardinentour seekrank wird und drei Tage Zwieback essen und Pfefferminztee trinken muß. Diese »Infusion« spielt in Frankreich eine viel größere Rolle als bei uns, aus dem einfachen Grund, weil es mehr rebellierende Mägen gibt und schon die Urgroßmütter auf den Gesundheitstee schworen. Aber Touchard mit seinem Roßmagen zieht rohe Sardinen mit Rotwein vor und versucht, dem einzelnen Herrn klarzumachen, daß es nur beim ersten Mal zum Kotzen sei. Doch der wird gelb, wenn er nur an Sardinen denkt.

Nachmittags, wenn es regnet, darf Touchard im Seemannsbistro mit den Fischern Belotte spielen, aber er gewinnt selten, weil die Burschen gut aufeinander eingespielt sind und ihn solchermaßen, ohne daß viel geredet werden muß, seine Sardinenpassagen bezahlen lassen. So hat jeder seinen Spaß, und der Calvados schmeckt, wenn der Sturm den Strand leerfegt und den Regen gegen die Fenster peitscht.

Überhaupt hat der Strand Touchard noch nie angezogen. Wenn es hochkommt, zieht er die Badehose in vier Wochen dreimal an, weil er nicht braun wird, sondern rote Platten auf den Bauch kriegt und das Meer auch an heißen Tagen kalt findet. Die Typen mit der ewig bronzenen Farbe, die im Winter in Paris vermutlich Body-Building unter der Höhensonne machen, und mit den Worten *elle est bonne aujourd'hui* in die Wellen hineinrasen, ohne sich abzukühlen oder an die zwei Stunden Schonzeit nach dem Essen zu denken, erregen gelegentlich seinen Neid, den er aber zweckmäßigerweise sofort in Mißachtung verwandelt. Wo sind sie denn nachts, wenn echte Männer im Sardinenkutter eisigen Wellen trotzen und in Fischleiber beißen, die noch zucken? Im warmen Bett mit einer dieser Nixen wahrscheinlich, die tagsüber in der Sonne rösten, als ob dies eine Fleischausstellung wäre.

*Non, la mer aussi, ce n'est plus ça.* Und die Deutschen bauen gar Sandburgen, als ob es nicht sinnvoller wäre, nach der schwarzen Muschel zu suchen, die an den schroffen Felsen nistet und sich nicht mehr verstecken kann, wenn die Ebbe das Wasser zurückfluten läßt. Touchard liebt es, bekleidet mit Pullover, Shorts und Plastiksandalen, welche die Sohlen gegen spitze Kanten schützen, schwarze Muscheln, Krabben oder Krebse zu sammeln, weil das sein Vater und sein Großvater schon getan haben und weil die Suche nach Nahrung dem echten Mann besser ansteht als nutzloses Herumdösen im Sand.

Man kann sich natürlich auch zu Preisen, deren Berechtigung Touchard höchst zweifelhaft erscheint, bei einem Gymnastiklehrer einschreiben und den Hampelmann im Sand spielen, während andere als freie Menschen die besten Muschelbänke plündern und zur Mittagszeit mit gefüllten Plastiksäcken beweisen, daß sie etwas geleistet haben.

Daß Touchard nicht auf dem Zeltplatz kampiert und im Hotel so gut versorgt ist, daß er auf Nahrungssuche verzichten könnte, tut nichts zur Sache. Er liefert seine Beute mit legitimem Stolz beim Hotelkoch ab und erhält seine Anerkennung, nicht ahnend, daß derselbe den Ramsch unverzüglich in den Abfalleimer wirft.

Aber wie viele Arbeiten würden nie erledigt, wenn ihre Nutzlosigkeit von vornherein feststünde!

Touchard ist, weil er sich zu beschäftigen versteht und eine unterschwellige Freude an schwarzen Wolken empfindet, die den bronzefarbenen Strandherren den Tag verleiden, ein vergleichsweise zufriedener Urlauber. Und da Zufriedenheit abschirmt, kann er mittags, wenn das Dessert serviert ist und die Sonne durch das Erkerfenster linst, noch ein gutes Stündchen sitzen und Clémentine reden lassen.

Wird es ihm langweilig, dann dreht er den Kopf zum einzelnen Herrn am Hintertisch, der nach Pfefferminztee und Zwieback wieder zum Menü übergewechselt ist. Und schonungslos erzählt er ihm vom letzten Sardinenfang, bei dem die Brecher so hereinschlugen, daß man das Messer gar nicht mehr ansetzen konnte, sondern den Sardinen einfach die Köpfe abbeißen mußte. Das verdirbt dem Mann zwar das Dessert, aber es erhöht Touchards Männlichkeit vor Clémentine und den umliegenden Tischen.

Sie bewundern ihn alle, und sie nehmen sich Zeit dazu. Drüben am Erker aber, wo die Deutschen sitzen, wird das Dessert hinuntergeschlungen, weil jede Sekunde zählt, die man der Sonne nicht abgewinnen kann.

Touchard versteht das nicht. Er, der die Sonne mit

demselben Gleichmut hinnimmt, wie er einen Platzregen erträgt, weiß natürlich nicht, daß die Sonne einer der seltenen Gäste im Ruhrgebiet ist.

Er, dem der Sinn noch nach einem Käse steht, den Sonne und Regen weich und reif gemacht haben, hat den natürlichen Zeitbegriff und versteht Leute nicht, die beim kleinsten Sonnenstrahl unruhig werden und das Bedürfnis verspüren, sich ihm auszusetzen.

Denn normal ist das nicht. Aber woher sollte Touchard, obwohl er glaubt, Deutschland zu kennen, wissen, daß die Sonneneinstrahlung über Wanne-Eickel viel dürftiger als die des Mondes ist?

Das beste Dessert ist für diese Leute, wenn die Sonne den Strand überflutet, nichts anderes als verlorene Zeit. Jetzt sind sie es, die es wie einen Platzregen hinnehmen, weil sie es bezahlt haben.

Das Tempo, mit dem sie es vertilgen, grenzt an Barbarei, aber da sie nicht nur ihre Zimmer, sondern auch die bretonische Sonne gemietet haben, empfinden sie das kulinarische Getto nicht wie Touchard als Lustschloß, sondern als Bunker.

In der Tat deckt die Urlaubssonne hier einen Unterschied zwischen Deutschen und Franzosen auf, der im Alltag verborgen bleibt. Klammert man die internationale Vereinigung der Strandlöwen aus, dann stellt man fest, daß der Deutsche einen ausgeprägten Sonnenhunger über den natürlichen Appetit stellt, den der Franzose so kultiviert, daß er es als Barbarei empfände, eine Mahlzeit der Sonne zuliebe zu verkürzen oder gar ausfallen zu lassen wie jene, die kalten Proviant mit an den Strand nehmen. Sogar die Selbstverpfleger vom Campingplatz sind nur in Notfällen so barbarisch. Vielmehr gelten bei ihnen die bewährten Grundsätze der Steinzeit. Die Männer gehen fischen und sammeln Meeresfrüchte, und die Frauen verbringen mehr Zeit an den Kochtöpfen als zu

Hause, so daß sich, wenn dies keine sakrale Handlung wäre, die Frage stellen würde, warum sie überhaupt Urlaub machen.

Nicht, daß Touchard die Sonne als lästig empfände. Aber anstatt sie anzubeten, schützt er sich vor ihr, und es gibt keinen Strandbesuch ohne Clémentines verstellbaren Sonnenschirm. Ohne sich des Kleides zu entledigen, verbringt sie viele schattige Stunden unter ihm, während Touchard mit Seemannsmütze und Pullover die Felsen nach den Muscheln absucht, die der Koch dann in den Abfalleimer wirft.

Bis zu den Knien kann ihn das ins Wasser bringen. Clémentine erreicht diesen Pegelstand nicht, wenn sie mit hochgeschürztem Kleid der aufkommenden Flut trotzt und sich die strammen weißen Waden belecken läßt. Wer mehr Küste hat als grüne Grenzen, muß dem Meer nicht nachlaufen wie die Deutschen mit ihrem windigen Stück Nordseestrand.

Touchard hat nichts dagegen, daß sie kommen. Aber sind Devisen vielleicht ein Freischein für das beste Zimmer und den besten Eßplatz, der überhaupt nicht ausgenützt wird, wenn die Sonne scheint? Solche Gedanken entfernen Touchard um die Mittagszeit weiter vom vereinigten Europa, als die Deutschen an ihrem unverdienten Platz und die Holländer mit ihrem tragbaren Fernseher ahnen.

Und ihre ordinären Nasen! Sonntags, wenn das ganze Haus schon am Morgen nach frischem Hummer und bretonischer Ente à l'orange riecht, bringen sie es fertig, einen Ausflug nach Carnac zu planen und sich kalte Verpflegung einpacken zu lassen, dieweil Touchards Nüstern sich in Vorfreude blähen und er den Patron mit weltmännischem Augenzwinkern fragt, ob auch der Chablis Grande Réserve kalt gestellt sei.

»Für Sie immer, Monsieur Touchard.« Da merkt man

wieder, daß man Stammgast und keine barbarische Laufkundschaft ist. Und Franzose mit Lebensart, auch wenn die blauen Scheine der anderen sündhaft günstig gewechselt werden. Gegen eine gemeinsame Währung allerdings wäre nichts zu sagen. Vorausgesetzt, daß Frankreich davon profitiert.

Aber die Vereinigten Staaten von Europa? Da fallen ihm sofort Besatzung, genagelte Stiefel und besetzte Fensterplätze ein. Noch nie hat er viel von französischen Regierungen gehalten, aber immer hat man unter ihnen leben können.

Wie aber soll man unter dem europäischen Hut leben? Je mehr Touchard in seinem bretonischen Stammhotel darüber nachdenkt, um so klarer wird ihm, daß die Individualisten aus dem Land der dreihundert Käsesorten die Baskenmütze nicht einfach mit diesem europäischen Hut vertauschen können. Die Deutschen mögen das anders sehen, aber sie haben auch keine Rücksichten auf eine tausendjährige Geschichte zu nehmen. Und wenn man ihnen heute auch über den Weg traut, so hat man doch nicht vergessen, daß ihnen, als sie endlich Schluß mit ihrer Kleinstaaterei gemacht hatten, nichts Besseres einfiel, als Frankreich zu überfallen. Dann gleich noch zweimal, und jetzt haben sie das Balkonzimmer und den besten Tisch besetzt.

»Wenn ich sie mitnähme zum Sardinenfang«, sagt sich Touchard, »würden sie nach zwei Nächten den Kapitän absetzen und selber fischen.«

Deshalb kommen die Leute vom Balkonzimmer nie in den Genuß von rohen Sardinen auf schwankenden Brettern, doch muß fairerweise gesagt werden, daß dies Touchards einzige Revanche für ihre Übergriffe ist. Manchmal packt er sogar sein Kriegsdeutsch aus, um ein paar Worte mit ihnen zu reden, denn schließlich wohnt man unter dem gleichen Dach, auch wenn man nicht am gleichen Tisch ißt und sie den besseren erwischt haben.

Es ergibt sich sogar ein gemeinsamer Apéritif, nach welchem Clémentine die Auffassung vertritt, daß sie eigentlich gar nicht so ungehobelt seien, auch wenn sie Artischocken und schwarze Muscheln kaum anrühren und nicht wissen, was ein Bidet ist. Man kann Europa nicht an einem einzigen bretonischen Regentag bauen.

Vielleicht können sie gar nichts dafür, daß sie im Balkonzimmer wohnen? Und sind sie nicht viel zu jung, als daß man ihnen wegen der schwarzen Jahre Vorwürfe machen könnte?

*Les années noires.* Das war die Zeit der Pariser Besetzung, in der Clémentine die ersten *bals du samedi soir* besuchte und in der Touchard auf der Schwäbischen Alb Heu und andere Dinge machte.

Schwarze Jahre waren es schon, aber in der Crémerie von Clémentines Eltern hatte es für die, die bezahlen konnten, nie an Butter, Fleisch oder Wein gefehlt, und als Touchard aus Deutschland zurückkam, hatte er nicht schlecht über die Mitgift gestaunt, die der Kombination aus schwarzen Jahren und schwarzem Markt entsprungen war. Und hatte man sich bei den *bals du samedi soir* nicht besser amüsiert, als es die Jungen heute tun?

Manchmal hält Clémentine ihren Touchard für abgeklärt genug, um ihm einiges davon zu beichten. Aber dann fällt ihr ein, daß er damals hinter deutschem Stacheldraht schmachtete, so, wie Touchard, wenn er an die schwarzen Jahre denkt, in denen Paris unter der deutschen Knute hungerte, seine Hemmungen bekommt und es sich verkneift, mit der Liebesglut zu protzen, die er bei schwäbischen Bäuerinnen entfachte.

So glauben sie, einander gegenseitig schonen zu müssen. Genau wie Charles de Gaulle, als er 1944, wie der

Erzengel Gabriel, mit dem amerikanischen Schwert in der Hand aus England zurückkehrte und darauf bedacht war, sowohl das eigene Image als auch das von Marianne zu pflegen.

Nachdem er sie, die sich ihm wie die Märchenprinzessin ihrem ersehnten Prinzen in die Arme warf, abgespritzt hatte, wie es mit den Autos in den modernen Waschanlagen geschieht, waren die schwarzen Jahre tabu. Frankreich tat, als ob es dem Aggressor nur Fallen gestellt und niemals mit ihm kollaboriert habe, und über dem schizophrenen Schlamm von vergangener Servilität und ewiger Grandeur balancierte es auf einem schmalen Laufsteg, aber mit unnachahmlicher Eleganz in die siebziger Jahre hinein, die eine so frappierende Ähnlichkeit mit den vierziger Jahren haben, obwohl alles ganz anders geworden ist.

Damals, und das fängt Touchard jetzt zu begreifen an wie Katzenmaier auf der anderen Seite, ließ der Mangel an allem, was das Leben lebenswert zu machen scheint, opportunistische Neureiche wie Pilze aus dem Boden schießen. Auf deutscher Seite waren es Nazifunktionäre, auf der anderen die Arrangeure in Zivil.

Und wie steht's mit der Masse? Gebraucht wird sie allemal, und was sie gestern dem schwarzen Markt opferte, opfert sie heute per Teilzahlung dem hemmungslosen Konsum, weil der Hunger nach dem Häuschen im Grünen oder nach dem neuen Auto nicht weniger drückt als der nach dem Bifteck, alldieweil das unter höchsten Opfern erreichbare auch stets das höchste Ziel ist.

Und da der Mensch stets bleibt, was er ist, zeigt er bei den Polen Hunger und Sattheit die gleichen Reflexe. Sie heißen Egoismus und totales Desinteresse am Ergehen des Nachbarn, der von Gerechtigkeit träumt und es versäumt, sich nach der Decke zu strecken.

Jetzt, wo sie Ärger mit ihren unruhigen Söhnen kriegen, fangen Touchard und Katzenmaier zu begreifen an, daß der Zug, für den sie die Weichen gestellt haben, nicht in ein problemloses Paradies hineinfährt.

Katzenmaier hat etwas länger Zeit gehabt, um seinen Hitler hinunterzuspülen und zu verdauen als Touchard mit seinem de Gaulle. Daß der General von 1940 gegenüber dem Gefreiten von 1914 tausend Vorzüge hatte – man denke nur an den Sektor des Geistes und der Bildung –, steht gar nicht zur Debatte.

Zur Debatte aber steht, daß de Gaulle seinen Franzosen aus ureigenem Interesse einen Türken baute, indem er die vier schwarzen Jahre von der schwarzen Tafel wischte wie ein ungeduldiger Lehrer, der die Arbeit seines Vorgängers auslöschen will. Die Franzosen sollten ihre Erniedrigung vergessen und an ihre Größe glauben, und sie bemühten sich, vor ihren Söhnen und Töchtern einen Schleier über die schwarzen Jahre zu legen.

Aber plötzlich wollen sie Aufklärung. Es genügt ihnen nicht mehr, daß ein de Gaulle mit dem Schwamm kam, um die Zeit auszulöschen, der sie nicht mehr und nicht weniger als ihre Existenz verdanken.

Vielleicht drängt, wer in dunklen Jahren geboren ist, mehr zum Licht als andere. Vielleicht merkt Touchard auch, daß die Jungen gar nicht mehr geneigt sind, in seinen Erfahrungen etwas zu sehen, aus dem sie profitieren könnten. Und vielleicht denken sie tatsächlich schon so europäisch, um alte Zöpfe abschneiden zu können. Instinktiv spüren sie, daß es Marianne nicht gut tut, de Gaulles Waisenkind zu sein, so, wie es ihr in den schwarzen Jahren nicht gutgetan hat, zwei Väter zu haben, nämlich einen in London und einen in Vichy. De Gaulle wollte ungeschehen machen, was er als tiefe nationale Schande empfand, und schuf in seiner Sucht nach Pathos eine künstliche *honeur*, eine Ehre, die für Touchards

Generation zwar auch nicht viel mehr als eine dekorative Vokabel war, von der aber die neue gar nichts mehr wissen will.

Sie will begreifen und blanklegen, was die Alten zudeckten. Und die Jugend rechts des Rheins kommt ihr entgegen. Sie gibt rechtsradikalem Nationalismus, der das deutsche Verhältnis zu Frankreich so lange belastete, keine Chance mehr, erfreuliches Produkt einer Entwicklung, die freilich auch unerfreuliche zeitigt, weil die stupide Langeweile der Konsumgesellschaften nicht eingeplant war.

Als Kurt Tucholsky zwischen den beiden Weltkriegen zuerst den Kaiser und dann Hitler demaskierte, stieß er nicht durch. Von seinem schwedischen Asyl aus mußte er zusehen, wie der Diktator durchstieß und den kaiserlich-preußischen Kadavergehorsam zu den schaurigsten Blüten trieb. Und wie das Bild, das man sich im Ausland vom Deutschen machte, noch viel schlimmer als das wurde, das Hansi zwischen zwei anderen Kriegen im Elsaß gemalt hatte.

Es ist in diesem Zusammenhang aber höchst interessant, festzuhalten, daß die Führer der Deutschen zu allen Zeiten nicht nur Stolz über ihre zackigen Untertanen empfanden, sondern auch Hohn über sie schütteten. Es gibt unzählige Beispiele dafür, daß die Verachtung des Alten Fritz für die »Kerls« von Wilhelm II. ebenso geteilt wurde wie von Hitler.

Als der Weltkriegskaiser um die Jahrhundertwende zusammen mit Moltke zum Col de la Schlucht hinaufritt, wo sein durch die elsässische Region vermehrter Besitz aufhörte und Frankreich anfing, traten plötzlich deutsche Wanderer mit den unvermeidlichen grünen Lodenmänteln und Hüten aus dem Wald, um unverzüglich vor Majestät in Ehrfurcht zu erstarren. Und unter der vorgestreckten Hand flüsterte Wilhelm, obwohl man weiß, daß er zur Ironie kein stärkeres Verhältnis als ein Büffel hatte, seinem Generalstabschef zu: »Sie sehen tatsächlich wie die Figuren von Hansi aus!«

Die größte Freude im Elsaß aber bereitete dem Kaiser stets ein Besuch in der im Zuckerbäckerstil erbauten Hohkönigsburg, die ihm die Stadt Schlettstatt zum Geschenk gemacht hatte. Sie wurde zu einem Wallfahrtsort aller Deutschen, welche die wiedereroberte Provinz besuchten, weshalb Hansi, der die elsässischen Burgen wie die alten Kirchen und Stadttore liebte, nie einen Pinsel für die Hohkönigsburg angerührt hat.

Hansis Professor Knatschke ist nach dem zweiten Weltkrieg von Ausländern in Heidelberg wiederentdeckt worden, wie überhaupt alle deutschen Figuren mit den spezifischen Attributen der Karikaturisten aus aller Welt. Niedere Stirn, kalte Ochsenaugen und fette Bäuche bei den Männern, breite Gesichter, dicke Busen und lange Dirndlkleider bei den Frauen. Und die Buben sahen immer aus wie Ludwig Thomas vornehmer Knabe mit dem Matrosenanzug, der Nickelbrille und dem Rittmeisterscheitel.

Es war um so schwerer, dagegen anzukommen, als auch die lebenden Modelle allerorts zu besichtigen waren. Bedenkt man ferner, wie lange es dauerte, bis die internationalen Illustrierten es müde wurden, den dämonenfratzigen Hitler, den dümmlichfeisten Göring oder die kalte, schmierige Blindschleiche Himmler zu konterfeien, dann braucht man sich nicht über die Langlebigkeit des verheerenden Bildes der deutschen Führer und ihrer Untertanen zu wundern.

Daß es noch nicht ausradiert ist und vor allem in den französischen und amerikanischen Kinos und Fernsehprogrammen weiterlebt, ist nicht verwunderlich, aber auch nicht sehr störend. Speziell nicht für die Jugend, die in den deutschen Gymnasien Mitte der Siebziger Jahre sowenig historische Belastung empfindet wie die gleichaltrigen Franzosen in ihren unruhig werdenden Schulen. Sie würden, könnte man gemischte Schulen machen, über die gleichen Probleme diskutieren, kaum aber über jene, bei denen sich ihre Außenminister in die Haare kriegen.

Europas Chancen stünden, wenn es nach ihnen ginge, nicht schlecht.

### Franzosen im Stadion

Da die Politik jedoch höheren Orts gemacht wird, sind Touchard und Katzenmaier so überholt nicht, wie es scheinen könnte. Außerdem braucht, wie 1974, nur eine Fußballweltmeisterschaft zu kommen, um uns zu zeigen, was ein vereintes Europa an den Möglichkeiten nationaler Selbstbestätigung verlöre.

Zwar sind die Franzosen auf diesem heißen Sektor viel bescheidener geworden als wir; aber nur, weil es ihnen seit langem nicht mehr gelingt, sich für die Weltmeisterschaften im populärsten aller Spiele zu qualifizieren. Aber kroch nicht die ganze Nation in Radios und Fernseher hinein, als Frankreich 1958 den dritten Platz hinter Brasilien und Schweden belegte? Und wie war es 1964, als Michel Jazy im Olympiastadion von Tokio in die Fußstapfen des großen Jules Ladoumegue trat, um die Goldmedaille über fünftausend Meter zu erkämpfen? Selbst de Gaulle, der vom Sport kaum mehr als Hitler verstand, aber nationalen Prestigegewinn per Muskelkraft sehr wohl zu schätzen wußte, zitterte für den *fils à Gaston* und beschloß, dem Sport fortan mehr staatliche Unterstützung zu gewähren.

Er erfuhr bei dieser Gelegenheit nämlich, warum sie Michel Jazy in Fachkreisen den *fils à Gaston* nannten.

Gaston Meyer, Chefredakteur von »L'Equipe« und Frankreichs Leichtathletik-Fachjournalist Nummer eins, hatte Jazy, wie es im Fachjargon heißt, aufgebaut und dessen olympische Vorbereitungen zu seiner eigenen Sache gemacht. Im Gegensatz zur Regierung, die gerne einen olympischen Goldregen erlebt hätte, aber keine Ahnung davon hatte, wie man einen solchen auslöst, kannte Gaston Meyer die Methoden der Ostblockländer. Und da er wußte, wie Staatsamateure trainieren, wußte er auch, daß ein Olympiasieg nicht nach Feierabend vorbereitet wird. Gerade bei den Langstreckenläufern ist das Streben nach der Goldmedaille ein Fulltime-Job.

Doch auch der talentierteste Läufer kann nicht von der Luft des Stadions leben. Für seine Leistung auf der Aschenbahn brauchte Jazy eine Lohntüte, die keine Leistung von ihm verlangte. Gaston Meyer besorgte sie ihm, indem er ihn als Schriftsetzer bei seiner Zeitung anstellte. Man hat ihn selten in der Setzerei von »L'Equipe«, dafür um so häufiger im Stadion gesehen. Und bald nannten ihn Schriftsetzer und Journalisten »den Sohn von Gaston«.

Für Tokio bekam er Vorschußlorbeeren wie kein anderer, aber im olympischen Endlauf versagten seine Nerven. Immerhin brachte Gaston Meyer an diesem Staatstrauertag der Regierung bei, daß eine Schwalbe noch keinen Sommer macht. De Gaulle höchstpersönlich wurde zur Hebamme des kapitalistischen Staatsamateurs, und allein dreimal ließ ihn der *on-dit*-Zollbeamte Jean-Claude Killy 1968 bei den Winterspielen von Grenoble Gold in die nationale Trophäenschatulle klimpern.

Als die Deutschen 1954 in Bern ihre Rückkehr auf die internationale Fußballbühne mit dem Gewinn der Weltmeisterschaft feierten, hat man sehr kritische Maßstäbe an ihren Überschwang gelegt. Besonders die Franzosen, damals noch an alten Klischees hängend, taten es. Für sie hatte geistlose Kraft in Verbindung mit stupidem Zufall über magyarisches Raffinement gesiegt, ein Raffinement, in dem sie mit schönem Selbstverständnis gallische Züge sahen.

Die Entwicklung hat mit diesen Klischees aufgeräumt, aber die nationale Euphorie begleitet den Erfolg wie eh und je. Fünfundvierzig Millionen Franzosen haben die drei Goldmedaillen Killys wie einen nationalen Schatz umklammert, und es hat sie verflixt wenig gekümmert, daß sie für den dem Amateurstatut verpflichteten Pseudo-Zollbeamten aus Val d'Isère gut und gerne fünfundvierzig Millionen (alte) Francs wert waren.

Seither sind Feiern à la Killy rar geworden. Es wäre jedoch ein grandioser Irrtum zu glauben, es seien Vernunftsbremsen gegen nationalistischen Überschwang eingelegt worden. Es fehlt nur an Gelegenheiten, weil die großen Erfolge ausbleiben.

Die Konsumgesellschaften links und rechts des Rheins sind zu träge geworden, um die Champions am Fließband hervorzubringen wie beispielsweise die DDR, in der Sportruhm sozialen Aufstieg per Rakete garantiert. Könnte man Champions wie Champignons in dunklen Kellern züchten, ohne sich sehr dabei anstrengen zu müssen, wären die Franzosen nicht nur Weltmeister auf dem kulinarischen Sektor.

Es muß indes nachdenklich stimmen, daß zwei satte Länder, in denen man einen Leistungssportler ob seines spartanischen Trainingsfleißes eher belächelt denn bewundert, sich in kribbelnde Ameisenhaufen der Euphorie verwandeln, wenn plötzlich wieder sportlicher Ruhm über sie kommt. Und man frage nicht, was geschähe, wenn den Franzosen im Boxen ein neuer Marcel Cerdan oder den Deutschen ein neuer Max Schmeling erwüchse. So, wie die Dinge freilich liegen, werden die hungrigen amerikanischen Neger das zu verhindern wissen.

Was nicht heißen soll, daß Armut und Hunger in Amerika unbedingt zum Champion und in Frankreich unbedingt zum Clochard führen.

Im Land der dreihundert Käsesorten verhungert man nicht so leicht wie in den USA. Der einzige Ort, in dem in Amerika besser gegessen wird als in Frankreich, ist das Gefängnis. Weshalb es der französische Clochard, im Gegensatz zum amerikanischen, gerne vermeidet.

Was die dreihundert Käsesorten sonst noch anbelangt, so fallen sie mir immer ein, wenn ich in einem französischen Stadion sitze. Nicht, weil mich die Freßlust überkäme, sondern weil ihre Konsumenten auch die Arena anders konsumieren als der deutsche Normalverbraucher.

Es ist, als werde für die hunderttausend Deutschen, die sich in einem Krater von wagnerischer Größe drängen, ein einziger riesiger Käse eingerollt, den sie in den neunzig Minuten eines Fußballspiels ratzeputz auffressen. Jedem das Seine, aber vom Gleichen, bitte.

Seltsamerweise sehen die Franzosen in ihren kleineren Stadien größere Entfaltungsmöglichkeiten. Denn auch hier, wo der Deutsche, eingeschleust vom Herdentrieb, unkompliziertes Vergnügen in Gesellschaft sucht, so, wie er es auf der Kegelbahn tut, manifestieren sie individualistischen Widerspruchsgeist.

Dem Chauvinismus en masse setzen sie den differenzierten entgegen. Zunächst sind sie nicht eingekeilt, sondern haben so viel Platz, daß sie Hängematten zwischen den Pfosten ihrer altertümlichen Tribünen anbringen könnten, die immer ein wenig nach Staub riechen, weil ihre Bänke zu selten von sich hautnah reibenden Männerärschen blank gefegt werden.

Deutsche, Engländer, Italiener oder Spanier wollen

ihre Mannschaft auch bei Spielen sehen, die nicht unbedingt entscheidenden Charakter haben.

Die Franzosen nicht. Es geht ihnen fühlbar gegen den Strich, den Anhängertrottel für eine Mannschaft zu spielen, die sie enttäuscht hat, was logischerweise im langen Verlauf einer Saison unvermeidlich ist.

Gewönne sie jedes Spiel, wäre das natürlich auch langweilig und ein Grund mehr, dem Stadion fernzubleiben.

Deshalb stehen die französischen Fußballvereine vor einem unlösbaren Problem. Gewinnen sie ein Spiel, was nach der Wahrscheinlichkeitsrechnung ebenso unvermeidlich wie eine Niederlage ist, falls der Trainer nicht elf Invaliden ins Gefecht schickt, wecken sie Hoffnungen. Diese sind jedoch beim nächsten Heimspiel keineswegs geeignet, die Zahl der Stadiongäste zu erhöhen.

Denn mit ihrer angeborenen Skepsis ahnen die Anhänger den Rückfall, und da dies nicht selten am nächsten Tag von den Zeitungen bestätigt wird – nicht vom Fernsehen, weil französische Sportreportagen am Bildschirm um mindestens einen Weltkrieg nachhinken –, begreift jeder, warum volle Häuser so rar sind.

Doch das Publikum in den halbleeren Stadien zeigt nicht weniger französischen Widerspruchsgeist als die zu Hause Gebliebenen. Es tritt sich nicht auf den Füßen herum, und sein Gemütszustand ist, a priori, nicht ganz leicht zu erfassen, schon deshalb nicht, weil es ihn verheimlichen will. Im Gegensatz zu anderen Lateinern wie Italienern und Spaniern, ist den Franzosen die enge Tuchfühlung in der Arena fast so unangenehm wie das Sitzen mit einem Fremden am runden Tischchen des Straßencafés.

Wenn das Stammpublikum eines deutschen Vereins dem Schiedsrichter oder der Mannschaft seine Unzufriedenheit kundtut, wissen die, was sie haben. In Frankreich aber bekommen sie nichts Konformes, sondern mindestens dreihundert nuancierte Meinungen serviert, die naturgemäß schwer zu verdauen sind und die Halbzeitpause nicht selten über das international vorgeschriebene Limit ausdehnen.

Wenn fünfzigtausend deutsche Fans ihren Linksaußen pauschal und in schöner Übereinstimmung als Flasche bezeichnen, sehen fünftausend Franzosen (mehr kommen leider selten) denselben zwar auch nicht als Ausreißer von Bäumen, aber durch eine viel feinere Optik.

»*Mais il fait une cure!*« schreit einer.

Übersetzen kann man das zwar, aber nicht auswinden. Aber der Bursche, der seinen Aufenthalt auf dem Linksaußenposten mit einer Kur verwechselt, wird ja nicht nur von einem beschimpft.

Ein anderer nennt ihn einen Angsthasen, ein Dritter *une cloche,* was der deutschen Flasche sehr nahe kommt, aber da die Logik von Descartes auch eine Freikarte für die Arena hat, gibt es auch Zuschauer, welche sich sehr eingehend mit den Gründen für das Versagen des Linksaußen befassen.

»Er hat keine Unterstützung!«

»Er wird absichtlich geschnitten!«

»Wenn sie im Mittelfeld schlafen, kann es vorne keine Wunder geben!«

»Bei solchen Nebenleuten wäre auch ein Pelé verloren!«

»Der Trainer kann ihn nicht leiden und hat ihn auf den falschen Platz gestellt. Als Mittelstürmer würde er ein Malheur anrichten!«

Es muß im Nationalcharakter liegen, daß der Schwache nicht, wie bei uns, ausschließlich Spott und Hohn zu hören bekommt. Spitze Zungen, die das auf die deutsche Besatzungszeit 1940–44 zurückführen, liegen mit Sicherheit falsch, weil es nachweisbar auch schon vorher Kümmerlinge gab, denen die Volksgunst nicht abhold war. Sogar in der Regierung.

Da der Sport ein viel getreueres Spiegelbild charakteristischer nationaler Eigenschaften ist, als es Psycho- und Soziologen in ihren Elfenbeintürmen wahrhaben wollen, ließen sich auch noch interessante Vergleiche zwischen den nationalen Schlachtrufen anstellen, zwischen dem hellen und peitschenden »Allez France!« und dem »Deutschland vor, noch ein Tor!«, das wie das Gekrächze heiserer Raben klingt.

Aber vielleicht kommt das nur daher, daß die Deutschen, wenn's um alles geht, ihre Anstrengungen koordinieren – Heilig Vaterland, in Gefahren deine Söhne sich um dich scharen –, während das »Allez France!« ein individueller Aufschrei ist, oft gehört zwar, aber nie gleichzeitig an dreihundert Stellen.

Individualismus und Widerspruchsgeist sind es wohl auch, die den Starkult in Frankreich nicht wuchern lassen wie bei uns. Schwülstige Bankettreden, aus denen nationales Schmalz tropft, und das Aufflackern von Chauvinismus, der in jeder französischen Seele sein Plätzchen hat, sind unvermeidlich und beweisen nicht das Gegenteil. Zwar wird ein arrivierter Star in einem Pariser Restaurant möglicherweise ebenso erkannt wie in einem Münchner, aber er wird, ohne daß sich eine Schlange von Autogrammjägern vor seinem Tisch bildet, unbelästigt essen können. Ja, man wird so tun, als ob man ihn nicht erkannt hätte.

Das hat nichts mit Verachtung, wohl aber mit höchst eigenwilliger Selbstachtung zu tun. Vor allem, wenn es sich um einen hochbezahlten Fußballprofi handelt. Vertreter individueller Sportarten stehen, wie es Denkweise und Lebensart entspricht, höher im Kurs und bekommen auch ihre Bezüge nicht vorgeworfen, was Fußballern im Falle der Niederlage selten erspart bleibt.

Denn auch das ist eine Form von Chauvinismus. Genau wie jene Behauptung von André Maurois, man müsse einem Franzosen, um ihn für ein Spiel zu interessieren, erklären, daß es sich um einen Krieg handle, während man einem Engländer, um ihn für einen Krieg zu interessieren, zu sagen habe, daß es ein Spiel sei.

Ist es für den Deutschen ein Kriegsspiel? Maurois sagt nichts darüber, aber es könnte wohl so sein. Wie es auch sein könnte, daß der Franzose nur die Champions bewundern will, die er leiden sieht.

## Tortur de France

Die Tour de France gibt ihm dazu jeden Sommer reichlich Gelegenheit, und nirgendwo anders kann das Geheimnis der Popularität eines Rennens liegen, das im Zeitalter der Vollmotorisierung eigentlich längst schrottreif sein müßte, aber dessen Spannungsfeld von Touchard bis zum Präsidenten der Republik reicht, obwohl sich beide in der übrigen Zeit des Jahres aus unterschiedlichen Gründen kaum mit Sport befassen.

Wie kein anderes Sportereignis stimuliert die Tour die Einbildungskraft, von der man weiß, daß sie den Franzosen mit größeren Löffeln als den Deutschen eingegeben wurde. Irgendwann hat jeder einmal versucht, mit dem Fahrrad eine zehnprozentige Steigung zu nehmen, und er wird sich immer daran erinnern, wenn die Giganten der Landstraße auf ihren fragilen Maschinen die wilde Gebirgswelt der Alpen und Pyrenäen stürmen.

Tortur de France. Bergsteigen auf zwei Rädern. Es ist sinnlos zu fragen, ob das schwieriger ist als Bergsteigen mit Seil und Spitzhacke.

Wer beides als sinnlos bezeichnet, findet genug Argumente für seine Behauptung.

Bloß, sie ziehen nicht, wenn Frankreich im heißesten Monat des Jahres sein Tour-Fieber verschrieben bekommt. Auch der Intellektuelle läßt sich damit impfen, und der Zeitungsverleger, der auf die Idee käme, sich die Entsendung von Reportern zu sparen, könnte seinen Laden gleich zumachen.

Aber er weiß ja viel zu genau, welche prächtige Brücke die Tour de France über die Zeit der sauren Gurken schlägt. Mit dem spektakulärsten Raubmord und der skandalösesten Regierungskrise läßt sich nicht halb soviel Papier verkaufen wie mit den Qualen der Tour. Würde man sie Tieren zumuten, hätten sie die Tierschutzvereine längst abgeschafft. Aber der Mensch hält das aus, auch wenn das Thermometer in der Provence auf über fünfzig Grad klettert, das Gras neben dem aufgeweichten Makadam der Landstraße verdorrt und kein Hund sich aus seinem Schatten prügeln läßt.

Sport? Es ist das unsterbliche Sommerdrama, das sich die Franzosen nicht nehmen lassen und das die Frage nach der Grenze zwischen Begeisterung und dem morbiden Appetit der Masse auf das Schauspiel der Strapaze aufwirft, welches dem Passiven ein prickelndes Gefühl des Wohlbefindens verschafft.

Ich habe die Tour de France als Profi mitgemacht. Als journalistischer, versteht sich, der in der Hand nicht den gebogenen Rennlenker, sondern den Notizblock hält. Manch kluger Deutsche mag wenig Sinnvolles darin erblicken, ein Malochen in den unteren journalistischen Regionen, wo Sprache und Papier mißhandelt werden. Aber es gibt viele französische Ärzte, Künstler, Pfarrer und auch Schreiber, welche die Tourbegleiter beneiden, und ein so bedeutender Literat wie Antoine Blondin würde keinen Sommer als solchen anerkennen, in dem er nicht sein tägliches Tour-Feuilleton schreiben dürfte.

Fragt bloß nicht nach der Ratio, wenn die Tour den

Brutofen des Häusermeers von Marseille verläßt, in dem nur lauwarmes Wasser aus den Hähnen tropft und wo das Brot knapp wird, weil die Bäcker in der Hitze der Backstuben die Arbeit verweigern. Trinken ist wichtiger.

Trotzdem strampeln sie auf den Rennrädern, und die Menschenspaliere, die die Landstraße säumen, werden von der glühenden Sonne nicht weggeschmolzen. Freilich haben sie auf den Dörfern die Bistros geplündert, und das Thermometer mit der knalligen Reklame einer Apéritiffirma am Zinc, auf dem Schmeißfliegen neben klebrigen Alkoholresten krabbeln, zeigt über vierzig Grad, und es hängt im Schatten.

In der Stadt Carpentras sind die Fensterläden geschlossen wie beim Einzug feindlicher Truppen, aber die Straßen sind schwarz vor Menschen. Sogar den kranken Opa haben sie im Rollstuhl neben die Haustür gesetzt und ihm ein weißes Taschentuch über die Baskenmütze geknüpft, damit er keinen Sonnenstich kriegt.

Sie haben das erregende Gefühl, hinter dem Schutz einer Glaswand einen Blick ins Fegefeuer tun zu dürfen. In schwammigen Bäuchen, in die sie Bier und Limonade schütten, prickelt es, wenn die Rennfahrer heranstrampeln, die in der flimmernden Luft nur salzigen Schweiß auf der Zunge spüren.

Dabei sind sie erst im Vorzimmer der Hölle. Sie beginnt hinter den Pinienwäldern von Carpentras, denn wenn die Bäume so kümmerlich werden, daß sie keinen Schatten mehr werfen, ist es, als ob sie eine Treppe hinaufstiegen, deren Stufen glühende Kohlenhaufen sind.

Das ist der Mont Ventoux, der Teufelsberg der Provence, dessen schmutzig weißer Gipfel wie eine verrückte Ausgeburt der Natur mehr als zweitausend Meter hoch über der weiten Ebene thront. Kein Strauch kann sich an seinen kahlen Flanken halten, und selbst die kümmerlichste Distel verdorrt an den Rändern der Serpentinen, die den Berg aufzuschlitzen scheinen.

Wenn die Rennfahrer aus dem Schutz des Waldes herauskommen, ist es, als ob die flimmernde Luft keinen Sauerstoff mehr für die keuchenden Lungen liefern könnte, doch sie strampeln weiter, während Begleitautos mit dampfenden Kühlern stehenbleiben. Es gibt kein Wasser, um sie wieder flottzumachen, aber der Mensch braucht keines. Er hält mehr aus als die Motoren.

Warum streiken sie nicht wie die Bäcker von Marseille, obwohl sie in der brüllenden Hitze dieser Mondlandschaft etwas ungleich Nutzloseres tun als Brot backen!

Es war der Tag, an dem Tom Simpson starb. Wenn sie gestreikt hätten, würde er noch leben, aber es soll hier kein sportliches Drama rekonstruiert werden. Vielmehr geht es um Nebeneffekte, die mir am Abend dieser Etappe in der *salle de presse* auffielen.

Da war das Hämmern der Maschinen, das Brüllen in Telefonmuscheln. Und da war Ron White.

Ron White, Reporter des englischen Massenblattes »Daily Express«, einziger englischer Journalist bei der Tour de France und der Mann, der jetzt am wenigsten das Recht hatte, zu versagen.

Wer den »Express« kennt, weiß, daß er über eine hartgesottene Armada von Reportern verfügt. Männer, die, wie jene, die »Bild« ausschickt, für die Katastrophe geboren zu sein scheinen, und die, wenn es gerade keine gibt, eine erfinden.

Hier lag sie auf dem Servierbrett. Tom Simpson, der einzige Engländer, der jemals imstande gewesen wäre, die Tour de France zu gewinnen, war zwei Kilometer unterhalb vom Gipfel des Ventoux im Zustand tödlicher Erschöpfung vom Rad gefallen. Er starb, ehe der Sanitätswagen Carpentras erreichte. Die Tour hatte ihre makabre Sensation.

Und der »Daily Express« blockierte seine erste Seite. Man muß in Redaktionen gelebt haben, um zu wissen, mit welcher Windeseile sich ein Drama für das Blatt, das einen Reporter zur Stelle hat, in einen Glücksfall verwandelt. »Haha, wir sind dabei, und die Konkurrenz ist auf dürftiges Agenturmaterial angewiesen!«

Aber der »Daily Express« hatte den falschen Mann am rechten Platz. Er war mit Sicherheit der einzige des Blattes, der etwas vom Radsport verstand, und mit großer Wahrscheinlichkeit der einzige, der dem journalistischen Imperativ der Stunde nicht gewachsen war.

Ron White versagte. Er beging die journalistische Todsünde, nicht an den Redaktionsschluß, sondern an seinen Freund Tom Simpson zu denken. Nur ein paar Meter saß ich von ihm entfernt, und wenn ich von meiner Schreibmaschine hochblickte, sah ich ihn auf ein eingespanntes leeres Blatt stieren. Sein Gespräch aus London mußte jeden Moment kommen, und niemand konnte ihm helfen.

Ich ging, obwohl ich mit meiner Arbeit nicht fertig war, zu ihm hinüber. »Du mußt schreiben, Ron! An Tom kannst du nachher denken, aber jetzt bist du der wichtigste Mann deiner Zeitung!«

Ich glaube, daß er mich gar nicht gehört hat. Er starrte auf das weiße Blatt, die linke Hand baumelte über der Stuhllehne, und die rechte lag auf den Tasten wie ein verlorengegangener Handschuh.

»Du mußt schreiben, Ron! Wenn du jetzt versagst, werden sie dich morgen entlassen. Wegen Unfähigkeit. Wegen Unfähigkeit, hörst du!«

Das rüttelte ihn auf. Langsam kam die linke Hand hoch, und die Finger fingen an, in die Tasten zu greifen. Was sie fertigbrachten, war nicht das, was der »Express« erwartete, aber mühsam und hölzern brachte er die Fakten zusammen. Dann wankte er mit schleppenden

Schritten hinaus in die Straßen von Carpentras, in denen die Menschen immer noch erregt diskutierten und hinaufblickten zum Gipfel des Ventoux, der in den Strahlen der Abendsonne jetzt unwirklich hell unter dem violettschwarzen Himmel glänzte.

Während sich Ron White in seinem Hotelzimmer verkroch, suchte Jean Leuilliot, einer der bekanntesten französischen Fachjournalisten, Publikum für seine Trauer. Auch er war ein intimer Freund Tom Simpsons gewesen, und ein Psychologe hätte Studien von außergewöhnlicher Tiefgründigkeit anstellen können, als er seine Zeilen weinend und stöhnend, jedoch in hurtigem Tempo zu Papier brachte.

Nicht, daß er seinen Schmerz gespielt hätte. Er war so echt wie der seines englischen Kollegen. Aber im Gegensatz zu dem Briten, der nicht recht in dieses französische Bild passen wollte und der mir immer vorgekommen ist wie einer jener Engländer, die mit sonnengebleichten Windjacken und alten Überfallhosen auf den Pisten von St. Moritz und Zermatt Stemmbogen zeichnen, die zu ihrer Uniform, aber nicht zur Umgebung passen, schlüpfte Leuilliot in seine Aufgabe wie in einen maßgeschneiderten Handschuh. Sein Verhalten war das des Mimen, dem die Ausstrahlung seiner Verzweiflung tiefste Befriedigung verschafft. Und die unerlernbare Fähigkeit, die Aussagekraft beim psychischen Schmerz nicht nur zu bewahren, sondern noch zu stimulieren, ließ ihn im selben Zustand, der den Briten blockierte, eine jener Leistungen vollbringen, mit denen der Tagesjournalismus beweist, daß er die Konkurrenz des Fernsehens nicht zu fürchten hat.

Jean Leuilliot, und das war auch für den deutschen Schreiber die Lektion der Stunde, wußte, bevor die Rotationsmaschine das Papier fraß und ausspuckte, daß er am nächsten Morgen viele Menschen zum Weinen bringen würde.

Und weinend genoß er seine Fähigkeit, die Masse zum Verströmen heißen Mitleids und kalten Angstschweißes zwingen zu können.

Es ist ein spezifischer Brauch des französischen Journalismus, daß dem in der Zeitnot heißester Aktualität geborenen emotionalen Bericht die zu ziehende Lektion folgt. Zwangsläufig, denn die Beweise wurden erbracht, mußten sie in der Feststellung gipfeln, daß Tom Simpson mit seinem Leben für den Mißbrauch von Drogen gebüßt hatte, der sich hinter dem Begriff Doping verbirgt.

Man erfuhr dabei selbstverständlich auch, daß Simpson noch lebte, wenn die Sonne an diesem Tag nicht mit so unbarmherziger Schärfe auf den Gipfel des Mont Ventoux geknallt hätte, daß Autos mit dampfenden Kühlern stehenblieben und Pferde sich weigerten, den Schatten des Stalls zu verlassen. Daß Rennfahrer bei ihrem Streben nach Ruhm und Gewinn weder so vorsichtig noch so aufgeklärt sind, die erhöhte Gefahr des Dopings bei starker Sonneneinstrahlung zu bedenken.

Alles das ist gesagt und geschrieben worden, ohne bei denen, die gewinnen wollen, nachhaltige Wirkung zu erzielen. Einfach genug sind die Gründe dafür: Der Sport humpelt, seit er Beruf geworden ist, hinter den etablierten und sogenannten honorigen Berufen her, weil bei ihm nur Leistungen gelten, die sichtbar sind und gemessen werden können. Hier kann keiner, wie im allgemeinen Berufsleben, durch Beziehungen, Protektion oder Schaumschlägerei nach oben kommen. Weshalb Protektionskinder und auf krummen Touren arrivierte Chefs, die im Berufsleben die windigsten und verlogensten Gesellen sind, sich nicht selten ungeheuchelt für den Sport begeistern, alldieweil sie eine unterschwellige Bewunderung für die nachweisbare Leistung empfinden.

In den Augen seiner Gegner macht das den Sport nicht besser, zumal auch er nur von Menschen betrieben wird, die Versuchungen entweder nachgeben oder standhalten. Wer sich im normalen Berufsleben keine unbilligen Vorteile verschafft, wird nur selten eine beneidenswerte Position erreichen und muß außerdem damit rechnen, als Trottel betrachtet zu werden.

Der Sport aber soll eine Oase der Sauberkeit in einer total verschmutzten Umwelt sein. Daß dies über seine positiven Kräfte geht, die niemand leugnen wird, liegt auf der Hand. Nur sind die Möglichkeiten, sich unbillige Vorteile zu verschaffen, begrenzter als in anderen Bereichen. Das Doping gehört dazu, und nichts wäre falscher, als den Franzosen hier die Verantwortung in die Schuhe zu schieben, bloß, weil die Tour de France das Thema immer wieder in den Vordergrund schiebt.

Schließlich hat die Bundesrepublik einen Bundesligaskandal gehabt, der alles, was man zuvor auf diesem Gebiet erlebt hatte, ins milde Licht harmloser Jugendstreiche rückte. Und niemand wird behaupten, daß der Betrug mit dem Aufputschmittel Geld moralischer sei als der mit der Droge. Allerdings sind französische Experten der Meinung, daß die Deutschen recht schwerfällige Bestecher seien und daß Affären solcher Art in Frankreich eleganter behandelt werden.

Obschon Katzenmaier mir kaum zustimmen wird, weil er überzeugt davon ist, in seiner Pariser Zeit Coups gelandet zu haben, bei denen es außer ihm keinen Profiteur gab – eine weitverbreitete Meinung unter den Besatzungsveteranen –, ist die Genialität des französischen Schlitzohrs im allgemeinen und des pariserischen im besonderen, schwer zu schlagen.

Hier ein Beispiel, dessen Variationsmöglichkeiten ebenso ins Auge fallen wie die (fast) weiße Weste seines Erfinders und die bekleckerte des Hereingefallenen:

Schauplatz ein Pariser Bistro in den ruhigen Stunden zwischen Mittag und Apéritif. Patron und Angorakatze dösen am Zinc vor sich hin, und in einer Ecke hauen drei alte Männer die Belottekarten auf eine schmierige Filzunterlage.

Herein tritt ein zehnjähriger Bub mit einem Geigenkasten unter dem Arm. Ob er ihn wohl, piepst er höflich, bis zum Musikunterricht am Abend unterstellen könne?

Na, es ist schönes Wetter draußen, der Bub wird mit seinen Freunden spielen wollen, und man ist ja kein Unmensch.

*»Bien sur, mon petit.«*

Sorgfältig stellt der Patron mit den aufgekrempelten weißen Hemdsärmeln den Geigenkasten neben den Zinc. Wie ein dankbarer Kanarienvogel, dem man den Käfig geöffnet hat, entfleucht der Junge, und der Patron freut sich noch ein bißchen, wie man sich über gute Werke freut, die nichts kosten.

Nach einer Stunde kommt ein distinguierter, graumelierter Herr, bestellt einen Pernod am Zinc und entdeckt nach dem zweiten Schluck den Geigenkasten.

»Haben Sie Ball heute abend?«

Der Patron lacht und erklärt ihm, wie er für ein paar Stunden zu einer Geige gekommen ist.

»Lassen Sie doch mal sehen. Ich bin Musikprofessor.«

Als die Geige auf dem Zinc liegt, ist der Professor sprachlos und kriegt große Augen. Mit der Behutsamkeit eines Juweliers, der seinen wertvollsten Brillanten aus dem Etui holt, trägt er sie ans Licht, prüft sie und kommt kopfschüttelnd zurück.

»Kaum zu glauben, wie leichtsinnig Eltern heutzutage mit solchen Schätzen umgehen! Diese Geige ist die Arbeit eines alten italienischen Meisters. Vierzigtausend Francs unter Brüdern! Wissen Sie, wo der Junge wohnt?«

»Keine Ahnung«, stammelt der Wirt und bringt das Maul nicht mehr zu. »Hab' ihn noch nie gesehen.«

»Wissen Sie was«, sagt der Musikprofessor und streichelt mit feingliedrigen Händen über den braunen Geigenleib, »ich biete dem Jungen vierzigtausend. Sagen Sie ihm das, wenn er sie abholt. Ich komme morgen früh wieder.«

Als der Patron die Sprache wiedergefunden hat, bespricht er die Sache mit seiner Frau. Der Junge bekommt nicht nur seine Geige ausgehändigt, sondern einen Fruchtsaft eingeschenkt, und der Patron bittet um den baldigen Besuch seiner Eltern.

Er kommt dann aber nur mit seiner Mutter, weil der Patron nicht wissen darf, daß er den Vater schon kennt. Nun streichelt auch die Mutter das kostbare Stück, von dem man sich eigentlich nie trennen wollte. Aber da gerade einige Verbindlichkeiten zu regeln sind, einigt man sich auf fünfundzwanzigtausend Francs in bar.

Der Professor ist nie zurückgekommen, und der Patron hat sich nur eine Nacht die Hände gerieben. Die Geige war, unter Brüdern, zweihundertfünfzig Francs wert.

Aber wem hätte er's sagen sollen? Die Polizei hätte ihn nicht nur ausgelacht, sondern ihm Profitgier des betrogenen Betrügers vorgeworfen. Der Pariser Amateur dieser Sorte von Coups ist vielleicht der findigste und finessenreichste von allen, und in diesem Sport ist Liebhaber die einzig richtige Übersetzung von Amateur.

Noch typischer ist die Geschichte vom falschen Geldfälscher. Auch sie hat mit unverfänglicher Natürlichkeit in einem Pariser Bistro begonnen, denn nichts ist natürlicher, als daß ein Kunde seine Konsumation prompt bezahlt.

Wenn nun aber einer jeden Tag einen Hundertfrankenschein auf den Zinc legt, der noch nicht ein einziges Mal gefaltet war und so funkelnagelneu aussieht, daß man meint, er müsse noch warm sein, dann wird der Patron nicht nur von Neugierde, sondern auch von Angst und bürgerlichem Verantwortungsbewußtsein gepackt. Sind die Noten falsch, bedeutet das finanziellen Verlust für ihn, der indes wenig wiegt im Vergleich zu Ruhm und Ansehen, die ihm winken, wenn er den Verteiler oder Fälscher zur Strecke bringt.

Deshalb verwahrt der Patron die neuen Hunderter, mit denen der Kunde so regelmäßig zahlt, daß schnell ein Dutzend beisammen ist, sehr sorgfältig. Fast tut es ihm leid, zur Bank gehen zu müssen, um den Burschen zu entlarven, denn erstens macht er gar keinen so schlechten Eindruck und zweitens hat er den guten Zug eines Mannes, den kein Wirt gerne verliert. Aber es ist auch keine schlechte Werbung fürs Geschäft, wenn die Flics einen Falschmünzer dank der Weitsicht des Patrons in flagranti ertappen. Und er wird, ehe er ihn in die Falle tappen läßt, auch der Presse einen Wink geben.

Aber als die zwölf Scheine auf der Bank mit allen Mitteln der Experten geprüft sind, ist der Wirt perplex: »Sie sind alle echt, Monsieur.« »Und es ist«, stammelt er, »kein Zweifel möglich?«

»Jeder Zweifel ist ausgeschlossen, Monsieur!«

Und der Herr, höflich und durstig wie immer, zahlt weiter mit neuen Scheinen. Doch die Barriere des Mißtrauens ist gefallen. Man kommt sich näher, plaudert über dies und jenes, und eines schönen Nachmittags, als der Bistro fast leer ist, kann der Patron seine Neugierde nicht mehr bezwingen.

»Wo bringen Sie nur«, flüstert er unter der vorgehaltenen Hand, »immer diese neuen Scheine her?«

Der andere rückt noch ein paar Zentimeter näher heran und flüstert: »Ich mache sie selber. Niemand kann sie von den echten unterscheiden.«

So fasziniert ist der Wirt, daß er sich gerade noch ein zustimmendes Nicken verkneifen kann. Dann zieht er ihn hinter den Zinc und öffnet die Tür, auf der *privé* steht. Nie hat er eine bessere Gelegenheit erlebt, Nägel mit goldenen Köpfen zu machen.

Aber der Mann, der echtes Geld machen kann, scheint eines jener Genies zu sein, die nicht begreifen, welche Möglichkeiten in ihren begnadeten Händen stecken. Er versteht die erregte Bewunderung des Wirtes nicht. Es ist, als ob er mit einer Schutzhaut ausgerüstet sei, die den Goldregen, den er auslöst, wirkungslos abtropfen läßt.

»Mann, wissen Sie denn überhaupt, welche Schätze in Ihnen stecken?« Mit leisem Lächeln zuckt er die Schulter. »Wissen Sie, ich bin ein Künstler und arbeite mit einer ganz kleinen Presse. L'art pour l'art, wenn Sie das verstehen. Für meine Bedürfnisse reicht's, und ich habe mehr Spaß dran als Gewinnsucht.«

Aber dem Wirt reicht's jetzt auch. »Sie müssen auf Serie gehen, mit einer größeren Maschine arbeiten!«

»Das«, sagt der Künstler ohne Enthusiasmus, »ist mir zu teuer.«

Für den Cafétier ist's der Gipfel alles genialen Unverstands. Wenn das Thema nicht so heikel wäre, würde er seinen Künstler am Kragen schütteln und anbrüllen. Aber man braucht Samthandschuhe für Leute, die Geld machen können und nicht begreifen, wie schnell sich eine kleine Investition tausendfach bezahlt macht.

»Ich gebe Ihnen fünfzigtausend auf die Hand für eine größere Maschine, und wir werden Kompagnons. Abgemacht?«

Der Künstler windet sich noch ein bißchen, ehe er den Patron das Geld holen läßt und einschlägt.

Seither hat ihn der Patron nie mehr gesehen. Aber er hat auch nie Klage gegen ihn erhoben.

### Unterwelt à la française

Gerne gebe ich zu, daß ich ehrliche Bewunderung für Amateurpsychologen solchen Formats empfinde, die ihren Seiltanz über dem Netz ausüben, das von der Gier ihrer Opfer sicher gehalten wird. Ihre Chance, ins Gefängnis zu kommen, ist nicht größer als die eines jeden, der sich an das Steuer eines Autos setzt.

Sollte sich aber jemand dieser Tips aus dem Pariser Ganoven-Nähkörbchen bedienen, wasche ich meine Hände in Unschuld und verweise auf die vorzüglichen Gebrauchsanweisungen von Kino und Fernsehen. Jeder richtige Heimkrimi erlaubt es, einen Banküberfall in Heimarbeit so vorzubereiten, daß sich die Frage aufdrängt, ob solche Filme eine Imitation der Realität sind, oder ob die Realität eine Imitation solcher Filme ist.

Aus der Praxis für die Praxis. Die Krimimacher links und rechts des Rheins mögen unterschiedliche Prototypen mit unterschiedlicher Verhaltensweise aufbieten, aber wenn es um die Technik des Überfalls geht, machen sie Volkshochschule. Jeder erfährt auf leicht verständliche Weise, wie man eine Bank ausraubt, und da dies im Film immer gelingt und die Polizei anschließend in höchste Schwierigkeiten gerät, ehe die gerechte Sache doch noch siegt, darf sich der Teilnehmer am Tele-Fernkurs eine faire Chance ausrechnen.

Allerdings sind die Unterschiede in der Zubereitung erheblich. Katzenmaiers Kommissar Erik Ode wäre für Touchard zu bieder. Flinke Äuglein genügen ihm nicht für das Bild eines Kommissars, und wenn er den Ode so im Umgang mit seinen jungen Assistenten, die wie die Dressmen eines Modejournals aussehen, eine Weile beobachtete, dann würde er gähnen und sagen: »Der Onkel wird's schon richten.«

Touchards Kommissar muß ein bißchen schneidiger als der Katzenmaiers sein. Er darf nicht aussehen, als habe er gerade seinen Rasen gemäht und seine Blumen gegossen. Eher schon wie einer, der aus einem galanten Rendezvous gerissen und zum Dienst befohlen wird. Einen Schuß blutvoller einfach und zu etwas gröberen Lastern fähig als zu Bohnenkaffee und Zigaretten.

Mit den Ganoven redet er per du, und er ist so athletisch, daß er sich (siegreich) mit ihnen prügeln kann. Ja, er könnte, wenn er sich nicht auf die Seite des Rechts geschlagen hätte, selber einer sein. Wer französische Krimis gesehen hat, weiß, daß es sich um eine Herzensverwandtschaft handelt.

Sie rührt einfach daher, daß der richtige französische Ganove, welchen man den *dur*, also den Harten, nennt, eine schlimme Visage, aber ein gutes Herz hat. Er spricht wenig, aber hart und entschlossen, ist mißtrauisch bis zum obersten Hemdenknopf, aber wer sich seine Freundschaft erwirbt, besitzt sie bis zur letzten Kugel.

Der Kommissar hat keine schlimme Visage, aber auch ein gutes Herz. Weshalb es vorkommen kann, daß es ihm schwerfällt, einen Harten in den Knast zu schmeißen.

Natürlich tut er es. Aber Touchard sieht es gerne, wenn es ihm schwerfällt. Besonders dann, wenn der schweigsame Harte nicht ein kleines Kind entführt, sondern sich mit einer so anonymen Sache wie einer Bank, einem Postamt oder einem Konzern angelegt hat.

Dieses Phänomen ist nicht französisch, sondern weltweit. Bürgerlicher Zorn entfacht sich nicht, wenn Gelder aus Depots verschwinden, und auch der reiche Juwelier, dessen Schaufenster zerschmettert wird, kann mit Schadenfreude fester rechnen als mit Mitgefühl.

Außerdem weiß man, daß er mit seiner Versicherung rechnen kann. Das ist überall so, aber nicht überall ist die heimliche Bewunderung für den *dur* so groß wie in Frankreich. Nicht für den kleinen windigen, versteht sich, der einer alten Frau die Handtasche klaut oder kleinen Kindern das Milchgeld, sondern für den, der als Mischung aus Tarzan, Robin Hood und Eulenspiegel den *hold-up* riskiert.

Erst nach dem zweiten Weltkrieg hat die französische Gangstersprache, die sich fast ausschließlich vom blumigen Argot der Pariser Faubourgs nährt, diese angloamerikanische Wortschöpfung in ihr reiches Vokabularium aufgenommen. Seine ausdrucksvolle Härte hat ihm auch schnell Einzug bei Fernsehen und Presse verschafft, und da auch die Richter nur noch von *hold-up* reden, wird sich wohl auch der konservative *code pénal*, das Strafgesetzbuch, bald nicht mehr dagegen wehren können. Das alte *vol à main armée* ist einfach zu umständlich für eine so schnelle und harte Sache wie den Hold-up geworden.

Die Technik des Hold-up ist international und dem Hilfsschüler ebenso verständlich wie dem Bankdirektor. Da sie keinen Sinn für Humor voraussetzt, ist sie ebenso leicht zu verstehen wie Millowitsch, aber erheblich schwerer als beispielsweise Alfred Tetzlaff.

Die erzieherischen Werte des Filmkrimis sind jedoch nicht nur in den Tips zu sehen, welche sie Gangstern und solchen, die es werden wollen, in schöner Vielfalt geben, sondern auch darin, daß sie den künftigen Opfern wichtige Verhaltensregeln vermitteln.

Morgen schon kannst du eines sein. Drum merke, daß die Krimimacher nette Leute sind, die dir bei einem Hold-up alles vormachen, was du machen mußt. Sie sind wie Stewardessen, die dir im Flugzeug zeigen, wie die Schwimmweste aufgeblasen wird, wenn die Maschine ins Meer stürzt und du trotzdem noch leben solltest.

Du hast sogar den Vorteil, mit hoher Wahrscheinlichkeit noch zu leben, wenn die Burschen mit den Strumpfmasken die Pistolen zücken und zu allem Überfluß mit rauher, aber fester Stimme erklären, daß dies ein Überfall sei.

Wenn du genug Filme gesehen hast, kannst du nichts falsch machen. Dein Vorteil gegenüber den Banausen der Mattscheibe besteht darin, daß du dir die nächste Wand suchst, sie mit der Nasenspitze berührst und die Hände hochhältst, falls es dir die Maskierten nicht erlauben, sie über dem Genick zu verschränken.

Tun sie das, sind sie gutherzig, und die Gefahr verringert sich mindestens um den Prozentsatz, den die zu beraubende Bank für Festgeld zahlt.

Die Augen öffne nur einen Spalt, aber halte die Ohren steif! Der Dialekt der Räuber, oder gar ihr ausländischer Akzent, kann auf eine heiße Spur führen, und das bringt dir den Dank des Kommissars und vielleicht sogar eine Belohnung ein.

Hier allerdings ist ein Unterschied zwischen Film und Wirklichkeit zu machen. Im Film tut der Kommissar die ganze Arbeit allein, und man hat noch nie einen Bürger gesehen, der sie ihm abgenommen und fünftausend Mark oder Francs dafür kassiert hätte.

Allenfalls bei Eduard Zimmermann. Doch ist dieser kein Krimimacher, sondern die Reserve-Glücksspirale des ZDF. Seine Aufforderung zur Ganovenjagd an die Nation unter Einbeziehung der österreichischen und schweizerischen Zaungäste hat bemerkenswerte Erfolge gezeitigt, doch glaube ich nicht, daß Touchard sein Tun so lustvoll genösse wie Katzenmaier.

Nicht, daß Touchard keinen Sinn für Recht und Ordnung hätte. Aber er hat ein anderes Verhältnis zur Obrigkeit im allgemeinen und zur Polizei im besonderen.

Womit wir wieder bei *ils* und *les vaches* angekommen wären, jenem gewaltigen Komplex der Plaggeister des kleinen Mannes. Touchard hat es noch nie für standesgemäß gehalten, ihnen Hilfestellung zu leisten, weil er der Meinung ist, daß diese ganze Schikaniertruppe, die von seinen Steuergeldern lebt, ihren beschissenen Job allein tun soll. Hilft ihm vielleicht einer, wenn er Probleme hat?

Hinzu kommt, daß er ein geborener und kein zugereister Pariser ist. Das ist, was seine Einstellung zum »Milieu« anbelangt, ein ganz wichtiger und dem Deutschen nicht ohne weiteres verständlicher Punkt. Man muß, um seine Bedeutung herauszuschälen, ins Berlin der zwanziger Jahre zurückgehen, ohne indes Zilles scharf definiertes und abgegrenztes »Milljöh« der Hinterhöfe mit dem schwer definierbaren Herzstück der Pariser Ganovenwelt zu verwechseln.

Ihre große Blütezeit begann, als sie, Ende der zwanziger Jahre, Fuß auf Montmartre faßte. Für den Normalbürger war das »Milieu« relativ ungefährlich. Er bewunderte es mehr, als er es fürchtete, und glich dabei ein wenig dem Familienvater, der mit seinen Sprößlingen im Zoo die Käfige von Tigern und Panthern umkreist.

Ein alter *dur* des Pariser Milieus, dessen Karriere der Krieg zerschlug und der 1945 bei einem Comeback-Versuch in der Normandie Schiffbruch erlitt – ohne Zweifel seinen letzten –, hat mir im Gefängnis von Rouen aus zahnlosem Mund von den Zeiten vorgeschwärmt, in denen er zu den Königen der Place Blanche gehörte.

Ob er wirklich zu den Großen zählte, sei dahingestellt. Papillon, dessen Erzählertalent er besaß, hat es, im Gegensatz zu ihm, zu Weltruhm gebracht, obwohl er, just in jener Zeit, zu den ganz Kleinen des Milieus zählte, die mit neidischen Augen hineinschielten ins Café de la Place Blanche.

Hier, wo der Boulevard der vergnüglichen Laster beginnt und weit über Pigalle hinausreicht bis Rochechouart, versammelten sich jeden Abend die Arrivierten. Jene, die sich vom kleinen Zuhälter zum großen Bordellbesitzer emporgearbeitet oder aber per Rauschgift Karriere gemacht hatten, das damals schon gewaltige Umsätze erzielte. Sie trugen perlgraue Borsalino-Hüte zu maßgeschneiderten Anzügen, und auch ihre Papiere waren so erstklassig, daß die meisten mit provozierender Gelangweiltheit sitzen blieben, wenn Flics und Kriminalisten zur großen Montmartre-Razzia antraten.

Wenn die Bullen nervös waren, konnte das zwei- oder dreimal in der Woche passieren, aber die Könige des Cafés de la Place Blanche sahen mit unbekümmerter Überlegenheit, wie sich die vergitterten Autos mit kreischenden Nutten und kleinen Zuhältern füllten.

Es war, wie mir der verkommene, von großen Höhen ins Gefängnis von Rouen herabgestiegene Ex-Bordellier versicherte, die letzte große Blütezeit des Milieus.

*»Ah, la Belle Epoque!«* Brillantfeuer zuckte in den Augen über den dicken Tränensäcken, wenn er die Zeiten zurückholte, in denen man im Café de la Place Blanche die Kommissare zum Champagner einlud, während die Flics auf dem Boulevard die vergitterten Autos mit dem Kroppzeug beluden, das keine Ahnung davon hat, wie richtige Messieurs mit der Polizei umgehen.

Aber die Idylle der Männer mit den eleganten Hüten und den dicken Brieftaschen, die sich ohne Arbeit füllten, war von trügerischer Friedlichkeit. Zu Beginn der dreißiger Jahre bekam sie Störfeuer von zwei Seiten.

Schuld waren wieder einmal die Korsen und die Amerikaner. Zwar schickten die ersteren keinen neuen Napoleon, aber eine ganze Armada von harten Burschen, geborene *durs*, die mit Pistole und Dolch umgingen wie mit Messer und Gabel und denen die Blutrache zu langweilig geworden war.

Was die Amerikaner angeht, so waren sie in die große Wirtschaftskrise hineingeschlittert, doch hatten die französischen Bordellbesitzer und Mädchenhändler in New York und San Franzisko nicht die geringste Lust, aus diesem Kelch zu trinken. Sie retteten, was von ihren stolzen Vermögen zu retten war, und kehrten um so freudiger nach Paris zurück, als auch zahlreiche Städte in Mittel- und Südamerika die öffentlichen Häuser schlossen.

»Das«, so erklärte mir mein Gefängnisgenosse, der die letzten Glanzzeiten von Montmartre erlebt hatte, »führte zu einem Rückstau, den das Milieu schlecht verkraftete.«

Er erklärte das so: »Die Männer, die mit viel Geld aus Amerika zurückkehrten, verdarben die Preise und kauften ein Bordell nach dem anderen auf. Natürlich gab es auch welche, die nur Aktien kauften und sich zur Ruhe setzten, aber die meisten brachten Unruhe ins Milieu. Vielleicht hätte man sich arrangieren können, wenn nicht noch die Korsen dazugekommen wären. Mit ihnen zog die Brutalität ins Milieu von Montmartre ein, und sehr früh in den dreißiger Jahren rissen sie die Herrschaft an sich. Ihre Clans waren besser organisiert und rieben die eingesessenen so auf, daß es notwendig wurde, ernsthafte Gegenmaßnahmen ins Auge zu fassen.«

Aber es kam keine richtige Ordnung mehr ins Milieu. Dafür kamen 1940 die Deutschen, und das Pflaster zwischen Place Blanche, Pigalle und Barbès hallte nächtens von genagelten Stiefeln und wurde zu heiß für die Männer mit den dicken Kreppsohlen und den weichen Hüten.

Viele von ihnen verließen Montmartre wie die Ratten

ein sinkendes Schiff, ohne daß es die deutschen Landser, die von ihm Besitz ergriffen, geahnt hätten. Ihnen kam es nicht wie ein sinkendes, sondern wie ein glänzend funktionierendes Vergnügungsschiff vor. Katzenmaier erwählte das Café du Soleil Levant an der Place Pigalle zu seiner Stammkneipe, und wenn sein Geld knapp wurde, ging er ins preiswerte Soldatenheim, das nur einen Steinwurf vom Café de la Place Blanche entfernt war.

Auch dieses paßte sich sehr schnell den neuen Herren an. Der zerlumpte Felix, der mir das im Gefängnis von Rouen erzählte, gehörte zu denen, die sich vertrieben und entwurzelt fühlten, aber sehr stolz darauf waren, die Kollaboration mit dem Aggressor abgelehnt zu haben. Als ehrlicher Gangster ging er lieber in die Normandie, um den Schwarzmarkt von Butter und Eier anzukurbeln, aber zu dünn und klapprig hat er 1946 hinter den dicken Mauern von Bonne Nouvelle ausgesehen, um mir weismachen zu können, daß er reüssiert habe.

Sicher ist, daß die Großen des Milieus, welche die deutsche Karte spielten, vier fette Jahre erlebten. Völlig anormal wäre es in der Tat gewesen, wenn die Gestapo im Milieu keine Leute gefunden hätte, die bereit waren, mit dem neuen Wind zu segeln. Es hat drei große Chefs gegeben, die kleinere Gangster in ihre Dienste und damit in die der Deutschen zwangen und sogar mit deren Hilfe willige Kollegen aus den Gefängnissen holten: den Pariser Henri Chamberlain, genannt Lafont, den Korsen Paul Carbone und den Marseiller François Spirito. Die Zahl derer, die sie der Gestapo und dem SD in die Arme getrieben haben, läßt sich nicht einmal ahnen; doch ahnten andererseits die Deutschen nicht, wie willkürlich sie sich ihrer Macht bedienten.

Da sie wenig Ahnung vom Milieu hatten, kannten sie auch die Krähen nicht, die einander kein Auge ausstechen. In Marseille, wo Carbone regierte, entwickelte sich vor der Nase der Gestapo, die vier Jahre lang nicht so zu riechen vermochte, wie man in Marseille riechen muß, wenn man im Bild sein will, ein unfaßlicher Komödienstadel der Intrigen. So unterhielt Carbone die besten Beziehungen zu seinen früheren Mafia-Kollegen von der Guerini-Gruppe, die mit französischen Widerstandskämpfern nicht nur sympathisierte, sondern sie auch ausrüstete.

Carbone brachte das schwer begreifliche Kunststück fertig, mit so viel subtiler Rückversicherung zu arbeiten, daß er sich vermutlich der Nachkriegssäuberung entzogen hätte, wenn er nicht 1943 bei einem stupiden Verkehrsunfall ums Leben gekommen wäre.

Man muß freilich schon einer der Größten und Raffiniertesten des Milieus sein, um mit solchen Plänen liebäugeln zu dürfen. Die meisten blieben im Sieb der Säuberung hängen, auch Chamberlain, der 1944 nach der Befreiung von Paris erschossen wurde. François Spirito aber schlug Franzosen und Deutschen zur gleichen Zeit mit Hilfe der internationalen Mafiabosse ein Schnippchen. Er verschwand nach Amerika und lebte dort ebenso unbehelligt wie standesgemäß von den Erträgen seiner Marseiller Bordelle, deren Besucher jetzt nicht mehr Deutsch, sondern Englisch sprachen und die Umsätze mit harten Dollars verdreifachten. In den fünfziger Jahren, als die Säuberungswelle vorbei war, kehrte er nach Marseille zurück und beendete seine Tage in stiller Zufriedenheit und als braver Steuerzahler.

Auf der Canébière grüßte man ihn respektvoll, aber es darf in diesem Zusammenhang ruhig auch gesagt werden, daß keine geringe Zahl bekannter Leute aus ehrbarerem Pariser Milieu, Künstler, Schriftsteller und Damen der Gesellschaft, allen Grund gehabt hätten, den Hut vor Henri Chamberlain, genannt Lafont, zu ziehen.

Denn vor seiner Erschießung hatte er gnädig seine

Archive verbrannt, in denen jeder aufzustöbern war, der mit ihm kollaboriert hatte. So ist viel Staub, den der General de Gaulle als äußerst schmutzig empfunden hätte, nicht aufgewirbelt worden.

Ganz verschont von Überraschungen aber hat ihn das Milieu nicht. Zu verlockend war die plötzliche Möglichkeit, mit der blauweißroten FFI-Armbinde als falscher Widerstandskämpfer aufzutreten. Mit diesen Raubzügen unter dem Deckmantel des Patriotismus endeten die schwarzen Jahre. Frankreich kam wieder auf die Füße, aber die goldenen Zeiten des Milieus sind nie zurückgekehrt. Es existiert weiter, aber seine einst so einprägsamen Züge haben sich verwischt. Man kann sogar sagen, daß es kein Gesicht mehr hat.

Köpfe hat es noch genug. Aber das sind nicht mehr die eitlen Bandenchefs, die ein unbezähmbarer Exhibitionsdrang ins Café de la Place Blanche trieb. Sie arbeiten anders und lassen anders arbeiten, und am ehesten findet man sie in vollklimatisierten Büros, wo ihnen das Rauschgift von Geschäftspartnern in aller Welt per Fernschreiber zurattert. Mit dem Milieu von einst haben diese vortrefflich getarnten internationalen Organisationen sowenig zu tun wie die kleinen Zuhälter von Montmartre oder die jungen Gangster, die im Kino oder am Bildschirm lernen.

Beide Sorten liegen schlecht im Rennen. Die Zuhälter stöhnen, besonders in Paris, unter der Emanzipation, weil die neue Generation, die die Trottoirs abklappert, auf die klassischen Methoden pfeift und nicht einsehen will, warum sie ihren Verdienst mit Faulpelzen teilen soll. Das trifft die weichen *durs* hart, aber da sie nicht dumm sind, beugen sie sich der Gewalt und versuchen andere Trittbrettfahrten. Manche haben sogar zu arbeiten begonnen.

Die jungen Möchtegern-Gangster jedoch, denen das

Milieu heute kaum noch Lehrstellen bietet, sind viel zu ungeduldig und betätigen lieber die Maschinenpistole als das Gehirn. Das unterscheidet sie sehr wesentlich von ihren Altvorderen, die der Bürgerseele, bei allem, was man gegen sie sagen kann, stets romantische Schauer von einem Metier vermittelten, das dem braven Mann verschlossen ist, aber Helden hervorbringt. Und so mancher Brave wäre mit Sicherheit auch ein Held geworden, wenn die Sache nicht den unübersehbaren Nachteil hätte, mit erheblichen Gefahren verbunden zu sein.

Wenn erfolgreiche Politiker oder Industriekapitäne bei runden Geburtstagen Interviews geben und erklären, daß sie in ihrer kargen Freizeit zur Entspannung gerne Kriminalromane lesen, dann gehört das zu den wenigen Dingen, die man ihnen unbesehen glauben darf. Natürlich wissen sie, wie du und ich, daß auch der kühnste und ritterlichste Gangster vom Kommissar zur Strecke gebracht werden muß. Aber wie du und ich haben sie ihre Stunden, in denen sie in die Haut des mutigen Illegalen schlüpfen. Weil wir alle verhinderte Robin Hoods sind.

Akkurat deshalb genießt ein Metier, das keines sein darf und gesellschaftsfeindlich ist, eine Propaganda, mit der kein ehrliches konkurrieren kann. Der Krimi schlägt mit einer Gewalt durch die Bildschirme, daß ein Beruf, den kein Arbeitsamt vermittelt, keine Sorge um seinen Nachwuchs zu haben braucht.

Indes ist die Besichtigung der Helden des Milieus im Gefängnis empfehlenswerter als auf dem Bildschirm. Dümmliche, frustrierte und primitive Gesellen sind in einer so gewaltigen Überzahl, daß sich automatisch der Verdacht aufdrängt, die Mehrzahl der romantischen Helden werde nie geschnappt.

Enttäuschung auch hier. Zwar gibt es welche, die nicht oder noch nicht geschnappt sind, aber der Herzinfarkt steht ihnen viel näher als die Romantik, und selbst dann, wenn man einen trifft, von dem man weiß, daß er vor zwanzig Jahren in Rauschgift machte und ein Vermögen verdiente, gehört viel Phantasie zu romantischer Anwandlung. Weil der fette, glatzköpfige Mops aussieht wie jeder andere Generaldirektor auch.

### Natur und Natürlichkeit

Es sind jedoch Unterschiede zwischen französischer und deutscher Betrachtungsweise zu machen. Katzenmaiers Verhältnis zur Obrigkeit ist disziplinierter als dasjenige Touchards, der für diesen Sammelbegriff das böse Wort *vaches* benützt. Es erweist sich als echte Stütze für seine romantische Vorstellung vom *dur,* auch wenn die Fassade des Milieus zerbröckelt ist. Zu Touchards schuldiger Achtung des Bürgers von Recht und Ordnung gesellt sich die gesunde Mißachtung für alle, die sich anmaßen, dafür zu garantieren. Zwar sagt er gelegentlich, daß bei den Deutschen mehr Ordnung herrsche, aber importieren will er sie sowenig wie die Cholera.

Es handelt sich um eine der vielen natürlichen Reaktionen Touchards, die sich von den natürlichen Reaktionen Katzenmaiers unterscheiden. Selbstverständlich reagieren beide natürlich, und keiner hat das besser ausgedrückt als Albert Einstein: »Wenn sich meine Relativitätstheorie als richtig erweist, werden mich die Deutschen zum Deutschen erklären und die Franzosen zum Weltbürger. Erweist sie sich aber als falsch, bin ich für die Franzosen ein Deutscher und für die Deutschen ein Jude.«

Da alles relativ gesehen werden muß, ist es verhältnismäßig einfach, solchen Verhaltensweisen zu folgen. Schwieriger wird es, wenn man sich fragt, was Franzosen und Deutsche nun eigentlich unter Natürlichkeit verstehen.

Touchard, das ist sicher, denkt zuerst an Spontaneität. Oder an den unnötigen Ballast falscher Scham. Auf alle Fälle denkt er an sich und sein persönliches Verhältnis zu dieser höchst natürlichen Sache.

Katzenmaier, und das ist auch sicher, denkt an Sauberkeit. An die kristallene Klarheit eines Bergsees beispielsweise, weil nichts reiner und ungetrübter als die Natur sein kann. Diesem Sauberkeitsbedürfnis der Deutschen tragen die feinfühligen Psychologen der Waschmittelwerbung so vorzüglich und nimmermüde Rechnung, daß die Hersteller auf Jahrzehnte hinaus mindestens ebensogut abgesichert sind wie diejenigen von Gartenzwergen oder Kuckucksuhren.

Deutsche Natürlichkeit bedarf, im Gegensatz zur französischen, stets der Anlehnung an die Natur, und wenn alle Deutschen, die von einem Forsthaus im schönen Wiesengrund träumen, Förster werden könnten, dann müßten uns die Russen ihre endlosen sibirischen Wälder schenken.

Da jedoch seit 1945 nicht einmal mehr die Deutschen daran denken, ihren Lebensraum zu vergrößern – daß die Franzosen zu faul sind, den ihren besser zu nützen, ist eine andere Sache –, bleibt das einsame Forsthaus für den Bundesrepublikaner ein ebenso unerfüllbarer Wunschtraum wie das nicht minder verschwiegene, von hohen Mauern umgebene und komfortablere Schlößchen für den Normalfranzosen.

Aber Platz ist in der kleinsten Hütte, und dem Leipziger Arzt Daniel Gottlieb Moritz Schreber verdanken es die Deutschen, daß sie ihrer Naturverbundenheit trotz ihrer territorialen Beengtheit frönen können, ohne Förster werden zu müssen.

Dieser treffliche Mann hat ihnen den Schrebergarten

verschafft und tausend Probleme gelöst. Nie begriff Touchard, dieser Pariser Asphaltbanause, was es heißt, von einem hölzernen Hauptquartier aus, in dem zwei aufrecht stehende Personen und eine Gießkanne Platz finden, ohne einander zu berühren, Mutter Natur zu dirigieren!

Freilich, je größer die Stadt, um so winziger die Parzellen. Aber Raum ist nicht nur in der kleinsten Hütte, sondern auch auf dem Stück Land, auf dem geschickte Fahrer, wenn es nicht zu Höherem bestimmt wäre, gerade einen Volkswagen einparken könnten. Ein tüchtiger deutscher Schrebergärtner kann diesem Stück Boden, sofern er sich nach der Schneeschmelze täglich ernsthaft bemüht, zwölf Pfund Kartoffeln, vierundzwanzig Rettiche, achtundzwanzig Erdbeeren, hundertzweiundsiebzig Himbeeren und fünf Rosen abringen, von deren ideellem Wert sich der Gemüsehändler Touchard keine Vorstellung macht. Ganz abgesehen davon, daß zwei fröhlich lachenden Gartenzwergen eine Heimstätte geboten wird.

Ermittlungen haben ergeben, daß Deutschlands tüchtigste Schrebergärtner rund um Stuttgart angesiedelt sind. Doch wer behauptet, daß hier Deutschlands Schotten wohnen und dies somit kein Zufall sei, macht sich die Sache zu einfach. Es ist ja nicht der Geiz, ohne den es keinen Preis gibt, sondern der Fleiß, und nachweisbar arbeiten die Stuttgarter Schrebergärtner in ihren Westentaschenhöfen nicht weniger intensiv als bei Daimler oder Bosch.

In Touchards Kopf freilich ginge es niemals, daß dieses zweite Arbeitsverhältnis mit der eigenen Scholle ihre Erholung ist. Kommt es nicht fast einem Betrug an der Natur gleich, die Liebe zu ihr mit Nützlichkeit zu verbinden?

Wenn Touchard die Natur überlisten will, geht er,

typischerweise, ganz anders vor. Ungeniert und merkwürdigerweise von keinen Verbotstafeln gehindert, hängt er seine Angeln in Flüsse und Seen. Ernten will er, wo er nicht gesät hat, und dabei auch noch faul vor sich hindösen.

Der schwäbische Schrebergärtner kann, wenn es hochkommt, am Sonntagnachmittag eine kurze Kaffeepause einlegen, und auch das nur, wenn er sich davon überzeugt hat, daß er seinen Parzellennachbarn mit der Arbeit nicht hinterherhinkt. Ist dies der Fall, muß die ganze Familie eine Sonderschicht einlegen. Denn wenn man mit den Konkurrenten über die Zäune hinweg auch vergleichsweise freundliche Gespräche führt, beobachtet man doch scharf ihre Erfolge, und wenn ihre Tomaten besser stehen, muß man sie wenigstens mit dem Kürbis schlagen.

Es ist ein harter, aber unerhört nützlicher und, angesichts der steigenden Gemüsepreise, auch befriedigender Kampf. Touchard, der Gemüsehändler, würde dumm gucken, wenn die Pariser nach den Supermärkten auch noch die Schrebergärten entdeckten! Und womöglich noch die Vereine der Schrebergärtner mit richtigen Präsidenten, die am Schwarzen Brett Ratschläge erteilen und die Verteilung von Dung und Wasser regeln.

Aber er kann beruhigt weiter angeln. Die Pariser sind am Gemüse aus eigener Scholle so wenig interessiert wie an Volksmärschen durch die Natur, zu denen die Zeitungen aller deutschen Städte, die etwas auf sich halten, mit schöner Regelmäßigkeit aufrufen.

Selbst München, das sich wie keine andere deutsche Großstadt internationalen Flairs rühmen darf, bringt zwanzigtausend mit Bundhosen und Rucksäcken auf die Beine, wenn »Rund um Holzapfelskreuz« oder etwas Ähnliches ansteht.

Für hohe Teilnehmerzahlen bedarf es allerdings des

Anreizes der Urkunde. Jeder, der ankommt, erhält eine solche, und da die Deutschen für Urkunden den Herzinfarkt riskieren, kommen die meisten an.

Touchard, der zu Urkunden ein Verhältnis hat wie Katzenmaier zu Strafzetteln, wird solch naturverbundenes Heldentum kaum begreifen, wiewohl es ihn beruhigen müßte. Weil es viel ungefährlicher ist, die Deutschen hinter Urkunden herlaufen zu lassen als hinter Fahnen.

Es ist ein harmloser Ersatz, und mit den Fahnen haben sie, das darf ruhig gesagt werden, Schluß gemacht. Die paar alten Turner, die noch an ihnen hängen, machen längst keinen Riesenschwung mehr.

Es muß an der diabolischen Ironie der Geschichte liegen, daß sie, von all ihrem Eingemachten, den Deutschen den Topf mit der Selbstironie so lange vorenthalten hat. Oder haben ihn die Engländer, als sie seine süße Sauerkeit einmal verschmeckt hatten, nicht mehr hergegeben?

Die Frage ist so unberechtigt nicht, weil auch die Franzosen nur Messerspitzen von dem bekamen, was die Engländer mit Schöpflöffeln fraßen. Dafür haben die Deutschen den großen Topf mit der Dreifruchtmarmelade Gemüt, Natur und Romantik fast allein leergemacht. Und sich so den Magen damit verdorben, daß sie 1945 nur noch durch den großen alliierten Einlauf gerettet werden konnten.

Ihre heutige Jugend liefert erfreuliche Beweise dafür, daß die Scheiße gut abgegangen ist. Diese Jugend ist, ohne den Bezug zur Natur zu verlieren, natürlicher geworden. Das Öffnen nach außen macht sie, im Gegensatz zu ihren Altvorderen, auch für Ironie zugänglich.

Sie entdeckt, daß die natürliche Natur gar nicht so menschlich und die menschliche Natur gar nicht so natürlich ist. Das macht sie aufnahmefähig für vieles, was die Alten nie begriffen haben. Und wenn man bedenkt, daß viele deutsche Familienoberhäupter heute nicht mehr sagen »mein Großvater hatte diese oder jene Ansicht«, sondern »mein Sohn behauptet«, dann handelt es sich um Evolution und Revolution zugleich.

Der eine meiner Großväter war ein Mann, der den Kaiser, die Natur und die Gemütlichkeit liebte, und wenn ich ihn recht verstanden habe, dann war das so viel, daß kaum noch Platz für Eigenliebe blieb. Für *suffisance* schon eher, was jedoch mit Selbstgerechtigkeit und nicht mit Süffisanz oder gar Ironie zu übersetzen ist.

Kaiser, Natur und Gemütlichkeit sind nicht sehr witzig, aber sehr deutsch. Man versteht das besser, wenn man die Begriffe etwas erweitert.

Setzen wir für Kaiser Mythos oder besser gleich Kyffhäuser. Ich habe in New York die Freiheitsstatue, in Moskau den Kreml, in Rio den Zuckerhut und in Tokio den Kaiserpalast gesehen, aber das Kyffhäuser-Denkmal sah ich nie, weil es im Thüringer Wald liegt, der dem anderen Deutschland gehört. Touchard wird das nie begreifen und womöglich noch behaupten, daß solches in Frankreich unmöglich wäre, weil die Franzosen akkurat das sehen wollen, was man ihnen vorenthält.

Aber Frankreich ist auch nicht halbiert wie der Bart von Friedrich Barbarossa, von dem behauptet wird, daß er durch den marmornen Tisch gewachsen sei, an dem er im Kyffhäuser sitze und warte, bis ihn die Deutschen wieder rufen.

Leider sind die Zeiten, in denen sich die deutsche Seele mit dem Bart des alten Barbarossa durch den Marmortisch quälte, über die Tage hinausgegangen, die meinem Großvater beschieden waren.

Ich weiß nicht, ob er je zum Kyffhäuser wallfahrte. Aber ich weiß, daß er bei seiner Einweihung im Jahre 1896 von einem jener heiligen Schauer gepackt wurde, die von überdimensionalen Monumenten wie elektrische Funken auf die Deutschen überspringen.

Die optische Größe spielt eine bedeutende Rolle dabei. Frankreich hat, außer seinem Triumphbogen, bei dem die Flamme des Unbekannten Soldaten Napoleons große Siege anstrahlt, nichts Gleichwertiges anzubieten. Was sind seine zahllosen winzigen Kriegerdenkmäler gegen das Niederwald-Denkmal am Rhein oder das gewaltige Tannenberg-Monument in Ostpreußen? Und welche Aufträge hätte Hitlers monumentaler Professor Thorak, der keinen kleinen Finger unter Mannesgröße fabrizierte, erst nach dem Endsieg gekriegt?

Aber bleiben wir beim Kyffhäuser meines Großvaters, welcher, wie sein Sohn und sein Enkel, das unschätzbare Glück hatte, große Zeiten zu erleben. Eigenhändig durfte er bei der ersten Metamorphose des im Kyffhäuser eingeschlafenen Barbarossa mitwirken. Denn als er 1870 Sedan erstürmte, nahm Barbarossa für alle braven Deutschen Bismarcks Züge an. Erst recht, als der entlassene und im Sachsenwald schmollende Bismarck auf die Zeit wartete, in der er zurückkommen würde, zu richten die, welche ihm mißtrauten.

Der nächste Reserve-Barbarossa war Wilhelm II. Ein langes Leben und ein standesgemäßer Weltkrieg waren ihm beschieden, aber viele Deutsche begriffen nicht, daß er erst im reifen Alter, beim Holzsägen in seinem holländischen Exil, Nützliches vollbrachte.

Sie glaubten, der Kaiser müsse wiederkommen und mit der Faust den wackeligen Weimarer Tisch zertrümmern, auf daß alles gut und der im Kyffhäuser spukende Barbarossa erlöst werde.

So selbstlos können die Deutschen sein. Und wenn man bedenkt, daß der zweite Wilhelm bis 1941 lebte, dann hätte ein Comeback-Versuch Hitler tatsächlich in erhebliche Schwierigkeiten bringen können.

Ob Europa dabei besser gefahren wäre, soll und kann hier nicht untersucht werden. Sehr wohl läßt sich indes beweisen, daß nicht wenige aufrechte Deutsche sich 1945 weigerten, an Adolf Hitlers Tod im Bunker der Reichskanzlei zu glauben. Ziemlich lange glaubten sie daran, daß er wiederkomme, um den alten Barbarossa zu erlösen. Aber als man merkte, daß er weder im Ausland Holz sägte wie weiland der Kaiser, noch in Südamerika eine Befreiungsarmee aufstellte, reduzierten sich die Hoffnungen auf Martin Bormann, der dortselbst mit schöner Regelmäßigkeit und laut aller Illustrierten der Welt wie das Ungeheuer von Loch Ness gesichtet wurde.

Aber es waren, das muß zur Ehre der Bundesrepublik gesagt werden, nur ein paar »alte Kämpfer«, geplagt von Zipperlein und Verkalkung. Längst ist ihr Feuerchen, das sie mit ein paar Hoffnungsfünkchen von der rechtsradikalen NPD zu nähren gedachten, ausgegangen, und mit ihm der Barbarossa-Mythos.

Mein Großvater würde sich über die fortgeschrittenen Bundesdeutschen der fortgeschrittenen siebziger Jahre ehrlich wundern. Sicher würde er es bedauern, von nationaler Großmannssucht nur noch ungefährliche Reste, dafür aber eine kaum übertreffbare materielle Großmannssucht vorzufinden.

Es ist klar, daß solch unaufhaltsamer Vormarsch den Rückzug auf alte Werte, die meinem Großvater heilig waren, nicht zuläßt. Die Botanisierbüchse, eine der deutschesten aller deutschen Erfindungen, mit der man einst zwischen Lüneburger Heide und Schwarzwald seine Naturverbundenheit dokumentierte, ist dem Rasenmäher gewichen. Und selbst die Gemütlichkeit, jenes unübersetzbare und nicht verpflanzbare deutsche Gut, ist nicht mehr, was sie war.

Für meinen Großvater roch sie nach Bratäpfeln und Hofbräuhaus. Er mochte sie leise wie die Großmutter am

Spinnrad und laut wie die Männer beim Zechen. Vielleicht sollte man die Gemütlichkeit als die aktive Schwester von Besinnlichkeit und Behaglichkeit bezeichnen, um Touchard etwas von ihrer Bedeutung zu vermitteln.

Behaglichkeit begreift er am ehesten, und sie entspricht wohl am besten seiner Vorstellung von Gemütlichkeit. Doch sie stellt gewisse materielle Ansprüche und bedarf, wenn nicht gerade gebratener Tauben, die in ein lässig geöffnetes Maul schwirren, zumindest bequem ausgestreckter Beine und eines Weines edler Provenienz. Vor einem Maßkrug im überfüllten Bierzelt würde sich Touchard eher unbehaglich fühlen.

Trinklieder, die Katzenmaiers Stimmung anheizen wie knorriges, trockenes Holz, kennt Touchard nicht. Und mit den Weihnachtsliedern, die Katzenmaier so weich und so besinnlich machen, ist es ähnlich.

Denn die Feiertage des Jahresendes, an denen Katzenmaier soviel für Gemüt und Seele tut, sind in Frankreich Feste des Gaumens. Da geht Touchard nicht zu Hause in sich, sondern er geht aus, um sehr fröhlich zu sein und sehr viel zu essen.

Da alle anderen am Heiligen Abend auch ausgehen, muß man bei der Tischreservierung in einem guten Restaurant so sorgfältig vorgehen wie bei der Urlaubsplanung, weil ein verkrachtes Weihnachtsmenü zu den Dingen gehört, die irreparabel sind.

Am Heiligen Abend riechen die deutschen Zeitungen nach Pfefferkuchen und Weihrauch, und ihre Weihnachtsbeilagen sind so dick und inhaltsschwer, daß selbst Pastoren in Verdauungsnöte kommen. Es ist eine im Abonnement inbegriffene journalistische Seelsorge für den Verbraucher, der wochenlang mit Anzeigen für seine Weihnachtseinkäufe berieselt worden ist, zum Wohle der Zeitung und ihrer Inserenten. Aber nun muß dem Leser, der seinen Beutel geleert hat, erklärt werden, wie belanglos irdischer Besitz im Vergleich zu seinem Seelenheil ist. Das ist ein Beitrag der Zeitungen zur Rettung alten deutschen Brauchtums.

An Weihnachten sind die großen und kleinen deutschen Spießer so gerührt, daß sie ihren Feinden verzeihen. Da keiner sein Haus verläßt, fällt dies jedoch nicht auf, und da die Auswirkungen auf die Feiertage beschränkt bleiben, hält man im neuen Jahr das gleiche von seinen Feinden wie im alten.

In Frankreich ist das zwar um kein Engelshaar anders, aber im Gegensatz zu Katzenmaier kommt Touchard nicht in den Genuß des weihnachtlichen Seelenfriedens.

Zu sehr ist er mit schnöder egoistischer Fröhlichkeit beschäftigt, die, wie könnte es in diesem Land anders sein, in kulinarischer Ausschweifung gipfelt.

Sicher, Katzenmaier darbt nicht. Omas Pfefferkuchen sind ihm so sicher wie die tiefgekühlte Mastgans aus Polen und die Seelennahrung aus dem Fernsehen. Er ist, um ganz ehrlich zu sein, nicht unfroh darüber, daß ihn der Bildschirm des endlosen Absingens gemütvoller Lieder enthebt und dennoch die Stimmung erzeugt, die man früher aus eigener Kraft schaffen mußte.

Touchard hingegen feiert nach alter Väter Sitte. Während die Leute, die in Deutschland Fernseher reparieren, an Weihnachten Sonderschichten einlegen müssen, um Familientragödien zu verhindern, können ihre französischen Kollegen den Laden zumachen und wie jedermann ins Restaurant gehen. Denn wenn der *réveillon* winkt, braucht Frankreich keinen Fortschritt und fällt ins Mittelalter zurück.

Der ganze Unterschied steckt in dem Wort. *Noël*, vom lateinischen *natalis*, die Geburt, kommend, ist das kirchliche Wort für Weihnachten. Das weltliche aber heißt *réveillon* und ist abgeleitet von *réveiller*, also wekken. Es will sagen, daß man in der Christnacht aufbleibt, um zu tafeln, wie kein Volk dieser Erde zu tafeln versteht.

Beschenkt hat man sich zuvor auch. Aber nicht so, daß man mit leerem Beutel, was ja auch zur Besinnlichkeit anregen mag, unter dem Christbaum sitzt wie Katzenmaier. Christbäume sind freilich rar und gelten als elsässische Sitte. Französische Sitte aber ist es, daß der Familienvater das bedeutendste Geschenk mit dem Festmenü im Restaurant macht.

Ist die Familie groß, dann zieht leicht ein Monatsgehalt durch den Schornstein des Wirtes. Aber es beginnt auch nicht mit einem Wassersüppchen, sondern mit Austern und Hummer, und dann dauert es noch ein paar Stunden, ehe die Platten nebst den dazu passenden Weinen konsumiert sind und dem Champagner Platz machen.

Selbst der geizigste Franzose, und man glaubt gar nicht, wie viele es gibt, deren Wiege man nicht in Paris, sondern in Schottland vermuten würde, trinkt vom weihnachtlichen Dessert an nur noch Champagner. Aber nie zum Essen. Sollte ein réveillonierender Sittenstrolch dieses Gesetz durchbrechen, muß es sich um einen deutschen Fabrikanten handeln, der den Leuten zeigen will, wie sich ein richtiger Monsieur benimmt.

Da es in jeder deutschen Buchhandlung, die etwas auf sich hält, französische Kochbücher gibt, wird hier niemand eine Aufzählung der unendlichen Möglichkeiten erwarten, die ein Festmenü zwischen Austern und Dessert zu bieten vermag. Lassen wir's mit Beobachtungen bewenden, die nicht im Kochbuch zu finden sind.

Daß der Franzose nie auf Serviette und Brot verzichtet, von dem er, ohne Aufpreis, nachbestellen kann, soviel er will, weiß jeder. Aber man muß scharf und lange beobachten, um festzustellen, daß er anders als der Deutsche, ja, überhaupt anders als alle anderen ißt.

Es ist kein Unterschied auf den ersten Blick, wie ihn Japaner und Chinesen mit ihren magischen Stäbchen liefern. Die französische Gabel hat ihre vier Zinken wie jede andere, und auch dem Messer merkt man, wenn man davon absieht, daß es selten stumpf ist, keinen Unterschied an.

Es liegt in der Handhabung. Der Deutsche schneidet, sticht und transportiert in gleichmäßigem Tempo wie Torfstecher, die im Akkord arbeiten. Das Tempo ist flott und kennt keine Rhythmuswechsel; das Ziel ist Sättigung und muß in einem bestimmten Zeitraum erreicht sein.

Zumindest im Alltag. Aber an Festtagen leidet der Deutsche permanent am Alltag, weil er nichts mit dem geschenkten Plus an Zeit anzufangen weiß. Er sticht weiter Torf und füllt den Zeitgewinn mit Zigaretten.
Der Franzose hingegen, der feiertags gelegentlich an der Leber leidet, ist auch im Alltag souveräner Herr der Essenszeit, die er für angemessen hält. Manchmal, wenn er spielerisch an seinem Fleisch herumschneidet, kann man ihn mit der Katze verwechseln, die das Mäuschen noch ein bißchen zappeln läßt, ehe sie zupackt. Auch vertauscht er das Messer nach vollzogenem Schneiden gerne mit einem Stück Brot, um es als soßendurchtränkten Schieber für die Gabel zu benützen. Nach dieser verlängerten Vorfreude, die ein untrügliches Markenzeichen des Genießers ist, wechselt der Rhythmus. So schnell kommt die Gabel vom Teller hoch, daß man an das hurtige, pickende Zupacken des Vogels denkt.

Aber gekaut wird bedächtig, und die prüfend schmekkende Zunge will nicht übergangen sein. Auch wird sie nicht überfordert, denn vor der nächsten Ladung kommt das gemächliche Zwischenspiel von Messer und Gabel, ein Wort mit dem Tischgenossen, ein Griff zum Weinglas oder auch zur Serviette, um die Lippen abzutupfen. Denn auch die Serviette gehört zum *couvert* und will so benützt sein, daß sie dem nächsten Gast, im Gegensatz zu gelegentlichem deutschem Brauch, nicht mehr dienen kann.

Im Gegensatz zu anderem deutschem Brauch ist der Franzose zwischen den Gängen von einer bemerkenswerten Toleranz. Wenn der nächste Gang, *la suite* genannt, auf sich warten läßt, so sicher nur deshalb, weil er mit Liebe vorbereitet wird. Kein Grund also zur Aufregung. Man ist mit Appetit gekommen und nicht mit der Stoppuhr.

Als ich eines Abends allein in einem recht renommierten Pariser Restaurant saß und zwischen den Gängen nicht die Zeitung lesen wollte, habe ich in so viele entspannte und dem Genuß hingegebene Gesichter geblickt, daß ich mich fragte, ob ich in Deutschland jemals so viele Zufriedene auf einem Haufen sah.

An diesem Abend ist mir auch klargeworden, warum der Bilderreichtum der französischen Sprache bei allem, was mit Essen und Trinken zusammenhängt, besonders groß ist.

Beispiele dafür sind allerdings nicht aus Katzenmaiers Wörterbuch, sondern aus Touchards sprachlichem Bilderbuch zu ziehen. Grammatik und ein ansprechender Wortschatz sind wichtig wie große Banknoten, aber im Alltag braucht man Wechselgeld.

Die Zahl geläufiger, aber dem Fremden schwer zugänglicher Redewendungen über die Sachbearbeiter der Nahrung, also Mund, Zähne, Kehle und Bauch, ist Legion, weil es barbarisch wäre, das Wichtigste vom Lebenswichtigen mit zwei Wörtern abzuhandeln.

Allein über den Mund wären hundert Seiten leicht zu füllen. Alles, was den Menschen bewegt, kommt aus ihm, und alles, was ihn in Bewegung hält, geht durch ihn. Manche deutsche Redewendung, wie die, daß einer das Herz auf der Zunge trägt, gibt es auch im Französischen.

Aber was ist beispielsweise *une bonne bouche?*

In der wörtlichen Übersetzung wäre es ein guter Mund; es bedeutet jedoch so viel wie angenehmer Nachgeschmack. Und *garder quelque chose pour la bonne bouche* heißt, sich das Beste bis zuletzt aufsparen. *Celui qui reste sur la bonne bouche* ist der, der aufhört, wenn es am besten schmeckt, aber auch jener, der im Spielkasino geht, wenn er gewonnen hat.

*A bouche que veux-tu* ist ein weiterer Beweis dafür, daß dem Franzosen Praktisches näher als Romantisches liegt, denn anstatt »Herz, was begehrst du«, sagt er viel nüchterner »Mund, was willst du.« Und wo der Deutsche gar den Dichter bemüht mit »Zwischen Lipp' und Kelchesrand schwebt der finstren Mächte Band«, sagt er ganz einfach *il arrive bien des choses entre le verre et la bouche.*

Noch einfacher: *une bouche* ist nicht nur ein Mund, sondern auch einer, der gerne ißt. *Une fine bouche* ist aber, wie der *gourmet,* ein Feinschmecker.

Wozu er Zähne braucht. In der Umgangssprache eines Volkes, welches das Essen kultiviert wie die Deutschen ihre Heldensagen, muß der Zahn nicht nur zum Knirschen herhalten. Wenn Touchard sagt *ce type ment comme un arracheur de dents,* dann bedeutet das nichts anderes, als wenn Katzenmaier behauptet »dieser Kerl lügt wie gedruckt«.

Der Vergleich ist interessant, und höchst begreiflich ist es, daß die Franzosen in den gar nicht so guten alten Zeiten sich sehr viel widerspenstiger von ihren kaputten Zähnen trennten als die Deutschen. Ein zahnloser Feinschmecker sitzt vor köstlichen Gerichten wie ein Eunuche vor einer schönen Frau, dieweil ein zahnloser Barbar keine Probleme mit seinem Hirsebrei hat.

Früher, als die Zahnbehandlung noch rudimentär war und in den Händen von Badern und Quacksalbern lag, bedurfte es gewaltiger Überredungskunst, um alternde Liebhaber der französischen Küche davon zu überzeugen, daß es immer noch besser sei, einen Zahn zu verlieren als die linke Hand. Weshalb Bader und Quacksalber auf den Jahrmärkten das Blaue vom Himmel herunterlogen, um zögernde Kundschaft anzuheuern. »Lügen wie ein Zahnreißer« wurde zum geflügelten Wort und hat bis heute nichts von seiner Bildhaftigkeit verloren.

Daß der Franzose praktischer als der Deutsche denkt und deshalb lieber die Logik als die Seele strapaziert, beweisen gezähnte Ausdrücke für Leute, die sich beim Essen keinen Zwang auferlegen. *Quelqun qui mange de toutes ses dents* ist einer, der sich mit allen zur Verfügung stehenden Zähnen in eine Mahlzeit verbeißt. Dem romantischen Deutschen aber ist das Gemüt wichtiger als die Aktion. Deshalb läßt er solche Leute, ob sie Zähne haben oder nicht, »nach Herzenslust« essen.

Obschon Touchards Herzenslust beim opulenten Mahl diejenige Katzenmaiers übertreffen dürfte, läßt er den Zähnen den Vortritt. Hoch stellt er die Logik des natürlichen Ablaufs über die Sentimentalität, und was die Kehle einmal passiert hat, ist schließlich keine Angelegenheit des Herzens, sondern des Bauches.

Für Katzenmaier hat die Kehle zwei Funktionen. Sie verschlingt Nahrung, und sie gibt ihm die Sprache. Touchard aber macht mehr aus der *gorge*. Zwar sagt er, wenn sich einer überfrißt, sehr bildhaft *il se gorge,* und *arroser la gorge,* also »die Kehle benetzen«, bedeutet soviel wie einen hinter die Binde gießen.

Doch hat der Fremdling sehr vorsichtig mit dieser *gorge* umzugehen. Aus Gründen, die sich eigentlich nur mit mittelalterlicher Prüderie erklären lassen, steht sie nämlich auch für die Brust einer Frau. Auf den ersten Blick ist das verwunderlich, aber wenn man bedenkt, daß das Männerauge beim Anblick eines schönen Frauenhalses Phantasie entzündet und unwillkürlich tiefer geht, ist man auf der richtigen Spur. Bei offenherzigen Roben war *la gorge* ein wahrer Boulevard zur Endstation Sehnsucht, was jedoch nicht offen, sondern nur mit einer diskreten Anspielung gesagt werden durfte.

Es ist ein gutes Beispiel für die französische Lust am hintergründigen Wortspiel, das seine Fortsetzung im *soutien-gorge,* dem Büstenhalter, findet, obwohl er ja nicht die Kehle stützt und obwohl es direktere Ausdrücke für die Brust wie *la poitrine* und *le sein* gibt. Aber da es sich um ein reizvolles Stückchen Intimsphäre handelt, stand die Galanterie bei der Wortschöpfung Pate.

Ganz anders ist es mit dem Bauch. Er wird, wiewohl ihn die Frau nicht minder benötigt und die Dame ohne Unterleib nur im Zirkus gezeigt wird, von der Sprache als reine Männersache behandelt.

Man kann, wie man sehen wird, ihn sogar als Sitz der französischen Seele bezeichnen.

Demnach säße sie, ohne den gleichen Tiefgang zu haben, tiefer als die deutsche Seele.

Tatsache ist, daß der französische Bauch eine männliche Angelegenheit ist, und daß man ein Volk nirgendwo besser als an seinen populärsten Redewendungen erkennt.

*Manger à ventre déboutonné* ist ein hübscher Start für diese Bauchrednerei. Man sagt es zu einem Genießer, der so draufsticht, daß er etliche Hosenknöpfe aufmachen muß, um Platz zu schaffen.

Katzenmaier mag behaupten, daß die Liebe durch den Magen gehe. Touchard aber liebt seinen Magen.

Er liebt ihn nicht nur, weil er es immer wieder schafft,

die Sünden seines Gaumens zu verarbeiten, sondern weil er seine ganze Männlichkeit in ihm deponiert hat. Wenn er beispielsweise am Zinc über die Supermärkte schimpft und feierlich erklärt, daß er seinen Laden nie aufgeben werde, dann sagt er *tant que le coeur me battra dans le ventre.*

Solange mir das Herz im Bauche schlägt. Was da nach einem anatomischen Mißgriff klingt, ist ein heiliger Schwur, weil der Franzose alles, was mit Heldentum zu tun hat, nicht wie der Deutsche in der Brust, sondern im Bauche trägt. Will er einem Mut machen, dann sagt er *je vais lui remettre le coeur au ventre* – ich werde ihm das Herz wieder in den Bauch tun.

Für Katzenmaier, der seinen Bauch nicht anbetet, sondern verflucht, klingt das seltsam. Für ihn ist die Trennung von Kopf und Bauch so eindeutig, daß er, wenn er es mit einem schwierigen Verhandlungspartner zu tun hat, zuerst die Frage stellt, was der Bursche wohl im Schild führe. Touchard aber denkt sofort an den Bauch. *Faut voir ce qu'il a dans son ventre* pflegt er in solchen Fällen zu sagen, eine Frage, die nicht nur auf die Vorstellungen des Partners abzielt, sondern auch auf seine Fähigkeiten und auf seinen Mut.

Die unbestreitbaren Verständigungsschwierigkeiten zwischen Deutschen und Franzosen dürfen, wie man sieht, nicht nur in der Sprache gesucht werden.

Ehe Katzenmaier, der seine Seele in der Brust vermutet, nicht begriffen hat, daß Touchard die seine, nebst dem Herzen, im Bauche trägt, werden Mißverständnisse unvermeidlich bleiben.

Einfacher, aber dennoch nicht ohne feine Unterschiede, die zu beachten sind, wird die Sache, wenn man vom Bauch aus tiefer geht und in die Regionen volkstümlichen, wenngleich nicht vornehmen Sprachgebrauchs gerät.

Zwei urwüchsige und hoch in der Volksgunst stehende Männer ohne Furcht und Tadel werden täglich links und rechts des Rheins häufiger zitiert als die Philosophen beider Länder zusammen, Cambronne, der General Napoleons, und Götz von Berlichingen, der Ritter mit der eisernen Hand.

Beide haben nicht das gleiche gesagt, wohl aber das gleiche gemeint. Wer einem Franzosen mit dem Götz kommen will, vermeide deshalb die wörtliche Übersetzung. Sie ist in jedem Fall eine massive Beleidigung, während die sinngemäße durchaus keinen Anstoß zu erregen braucht.

Ein A....lecker ist für Touchard ein *lèche-cul* oder, wenn er milder gestimmt ist, ein *lèche-botte*, ein Stiefellecker. Da er aber nur das Hauptwort und nicht den Götzschen Imperativ benützt, bleibt nichts von der knorrigen und fast herzlichen Männlichkeit, die Katzenmaier stets aufs neue erfreut.

Genau das empfindet Touchard, wenn er Cambronne zitiert. Sogar Nationalstolz kommt dazu, weil Napoleons General in der Hoffnungslosigkeit von Waterloo dem zwecks Kapitulation anrückenden englischen Parlamentär nichts als fünf Buchstaben entgegenschleuderte.

*Merde,* sagte Cambronne, und das hat ihn populärer gemacht als jeden anderen General, einschließlich des großen Charles, der das Wort nie benützt haben soll.

Zwar taucht es in Zeitungen und Büchern meist nur als »m« mit vier Punkten auf, aber es ist unzweifelhaft salonfähiger und variationsreicher als Scheiße. Die Skala reicht von schroffem Unwillen bis zu ehrlicher Anerkennung oder auch freudiger Begrüßung, so daß keinem die Verwandtschaft der fünf Buchstaben, von vornehmen Damen *le mot à cinq lettres* genannt, mit dem schwäbischen »Jetzt leck mi no am Arsch!« entgehen kann.

*Merde alors!* ist der gängigste und populärste Ausdruck

für Verwunderungen jeder Art, auf den man auch in den Salons nicht verzichten mag. Doch nimmt man ihm hier mit einem kleinen Verkleidungstrick die Schärfe und sagt *mince alors,* was eigentlich keinen Sinn gäbe, wenn man nicht wüßte, was gemeint ist. Mince bedeutet schmal, aber hier geht es nur darum, daß zum »m« die vier restlichen Buchstaben kommen.

Kritischer für deutsche Ohren wird es, wenn die Franzosen vom Bauch aus eine Etage tiefer steigen, um Mannesmut mit allerhöchster Deutlichkeit zu verbildlichen. Dazu müssen die im deutschen Sprachschatz sorgsam versteckten Hoden herhalten. Es klingt keineswegs schlüpfrig, jedoch sehr bewundernd, wenn von einem gesagt wird *il a des couilles.*

Katzenmaier hat zwar auch welche, aber es würde ihm kaum schmeicheln, darauf angesprochen zu werden.

*Couillon* dagegen ist ein böses Schimpfwort und bezeichnet einen Schwachkopf der obersten Kategorie. Der Wortstamm ist der gleiche, doch die Finesse, die alles verändert, ist der Diminutiv. Man kann sich mit der Übersetzung »Hödchen« behelfen, aber sie ist nicht besser als die langatmige Erklärung eines Witzes.

Daß mit der Verniedlichung männlicher Kraft ein negatives Bild geschaffen wird, liegt auf der Hand. Alles, was am Mann klein ist, wertet ihn ab, wogegen *une petite femme,* also eine kleine Frau oder ein Frauchen, etwas recht Sympathisches, wenngleich nichts Weltbewegendes ist.

Überhaupt gehört dieses *petit* zu den Wörtern, von denen ein Hauch des Unübersetzbaren der deutschen Gemütlichkeit ausgeht, sofern es nicht zur Charakterisierung männlicher Eigenschaften benützt wird. Alles, was da über den *petit bonhomme,* das kleine Kerlchen, hinausgeht, riecht nach Süffisanz.

Sonst aber bereitet das kleine Wort *petit* mehr oder

weniger bescheidene und vornehmlich männliche Behaglichkeit. Man setzt sich zu einer *petite belotte*, einem Spielchen, zusammen, man nimmt am Zinc einen *petit vin blanc* oder einen *petit cognac*, und das alles muß natürlich, um gemütlich zu sein, in einem *petit bistro* stattfinden.

Aber *petit* steht nicht nur für die kleinen Freuden des Alltags. *Une petite fortune* pflegt, wie bei uns, ein »kleines«, also ein recht beachtliches Vermögen zu sein, und wenn einer am Zinc lässig erklärt, daß er ein *petit bout de terrain*, ein kleines Stück Land, gekauft habe, dann kann das ein ansehnliches Grundstück sein, das er zu seinem *petit coin tranquille* machen will, zu einem jener stillen Plätzchen, auf denen man eine komfortable Villa nebst Park unterbringen kann. Man nennt das auch *le petit refuge de campagne* oder den ländlichen Zufluchtswinkel großer Leute. Dessen Anschaffung ist eine *petite folie*, ein bißchen verrückt, was aber aufgehoben wird durch das *petite vie pépère*, das Leben im heimlichen Wohlstand, wovon ewig die ganze Nation träumen wird, was immer auch die Europäische Gemeinschaft dagegen einzuwenden haben mag.

Gewiß hat Frankreich, wie Deutschland, seine Neureichen, die ihren Erfolg nicht verniedlichen können, sondern ihn per Posaune weitergeben müssen. Aber der Prozentsatz dieser Exhibitionisten ist viel geringer als bei uns, und viel größer ist die Zahl der Landsitze und Schlößchen, die sich verstecken anstatt zu kokettieren.

Die kilometerlangen Appartementsfronten an der Riviera geben ein falsches Bild. Fragt man die Concierge, die hier ein nicht minder strammes Regiment als in Paris führen, nach den Eigentümern, ist man über die stattliche Zahl von Deutschen, Schweizern, Belgiern und Holländern überrascht. Frankreichs Besitzbürgertum, das ein Viertel des Goldes der Welt besitzt, welches nicht von Notenbanken gehalten wird, bevorzugt individuellere Zweitwohnungen, und wer sich einmal die Jachten im Hafen von St. Tropez angesehen hat, geht vor der Snobiety von Sylt nicht mehr in die Knie.

Katzenmaier, der sich bei seinen regelmäßigen Elsaß-Trips von der Schwäche des Francs und der Stärke der Mark überzeugt, übersieht die finanzielle Stärke einer bemerkenswert breiten Oberschicht, die fast anderthalb Millionen Landhäuser besitzt. Das ist das Vierfache von vergleichbarem Luxus in der Bundesrepublik.

Aber in einem größeren und dünner bevölkerten Land läßt er sich besser verstecken.

Bei uns drängt sich alles, was wir seit 1945 geleistet haben, im Schaufenster, und die Industriebosse verweisen mit gönnerhaftem Stolz darauf, daß die Durchschnittslöhne höher als in Frankreich liegen. Ihre französischen Kollegen wissen das, aber nicht alle Karrierebewußten leitenden Angestellten in Deutschland wissen, wie nobel die Salärs ihrer französischen Kollegen sind.

Georges Pompidou, der vom Studienrat zum Generaldirektor der mächtigen Rothschild-Bank avancierte, ehe er bei de Gaulle Erster Schreiber, Erster Minister und schließlich Nachfolger wurde, hatte ein ebenso enges wie angenehmes Verhältnis zum Großkapital. Weshalb er ein idealerer Staatspräsident für die oberen Zehntausend als für den Mann auf der Straße war.

Zwangsläufig, sollte man meinen, hätte sein Tod deshalb für François Mitterrand, den Kandidaten der Linken, die Tür zum Elysée-Palast öffnen müssen. Aber Frankreich bleibt Frankreich. Valéry Giscard d'Estaing fing ihn auf der Ziellinie ab, trotz der vielen Jungwähler, die nicht an Ererbtes denken durften oder denken mochten und keine Angst vor einer Kapitalflucht ins Ausland hatten, im Gegensatz zu den Leuten, deren

Jachten in St. Tropez ankern und deren Landsitze versteckt sind von Mauern und Efeu.

Aber vollbracht hatten nicht sie es, sondern die vielen Touchards, die am Zinc über alles und jeden schimpfen und die Mitterrand im Grunde sympathischer als den Edelmann Giscard finden. Da sie jedoch in einem kleinen Winkel des französischen Herzensgrundes auch die Sehnsucht nach dem *petit coin de campagne* haben, machten sie einen kleinen Schritt von halblinks zur Mitte. Der unsichtbare Generaldirektor Staat ist ihnen allemal suspekter als der berechenbare aus Fleisch und Blut.

Da weiß man, was man hat. Katzenmaier weiß das inzwischen zwar auch, ohne daß es ihn hinderte, gelegentlich zu erwähnen, daß man unter Hitler, bei allem, was sonst gegen ihn vorzubringen sei, seine Ordnung gehabt habe.

Es ist nicht, wie Touchard glaubt, die Sehnsucht nach der Knute. Eher die naive Bereitschaft zur Bewunderung des starken Mannes, der unter Verzicht auf die parlamentarische Quasselbude einsame und stets richtige Entschlüsse faßt und dies mit volksnahen, markigen Worten so glaubhaft macht, daß es nur Kleingeister bezweifeln können. Welche Unordnung im nazistischen Regierungsapparat herrschte, weil er sich nie zu rechtfertigen brauchte, hat Katzenmaier noch nie zu gründlichem Nachdenken veranlaßt.

Touchard ist kein größerer Denker, aber er hat ein natürliches Gespür für diese Dinge. Ein Gespür für *ils*, das ihn instinktiv begreifen läßt, daß die Machthaber eines totalitären Regimes hemmungsloser und unverschämter auf Kosten des kleinen Mannes leben als die Potentaten der Demokratie.

Da es auch die meisten französischen Kommunisten wissen, darf angenommen werden, daß ihre Triebfeder nicht Überzeugung, sondern Widerspruchsgeist heißt.

Besäßen die Deutschen die Hälfte davon, wäre Hitler ein unbedeutender Kunstmaler, Göring ein fetter Spießer, Goebbels ein kleiner Schreiberling und Himmler ein ekliger Bürovorsteher geworden.

Könnte man den Franzosen jedoch die Hälfte ihres Widerspruchsgeistes nehmen, reduzierten sich die Probleme der europäischen Vereinigung um die Hälfte.

Da sich Mentalitäten aber weder importieren noch exportieren lassen, werden diese Probleme vielen Regierungen, die noch gar nicht gebildet sind, erhalten bleiben.

Die Tatsache, daß Frankreichs leitende Angestellte ihren deutschen Kollegen viel ähnlicher sind als seine leitenden Politiker ihren Bonner Kollegen, ändert nichts daran. Die Erfolgsmenschen von Technik und Wirtschaft sind unzweifelhaft die ersten Europäer, weil sie die alten nationalen Zöpfe abgeschnitten haben. Gut, aber nicht auffällig gekleidet, dynamisch, aber nicht enthusiastisch, durcheilen sie steile berufliche Karrieren, getrieben vom Ehrgeiz des Spezialistentums, dessen Züge international sind und dessen Marschgepäck leicht ist, weil es keinen Platz für nationalen Ballast hat. Auch nicht für Sentimentalitäten oder Selbstmitleid. Sie wissen, daß sie mit vierzig alles erreicht haben müssen, weil die junge, auf Austauschbarkeit gedrillte Konkurrenz energisch nachrückt.

Aber diese Kaste, deren Wiege in Amerika stand, führt ein Eigenleben, das mit volksnahen Typen wie Touchard und Katzenmaier wenig zu tun hat.

Es ist möglich, daß die leitenden Angestellten in Frankreich deshalb besser verdienen als bei uns, weil Frankreich bei der Technisierung ein Spätstarter war und ein Rückstand aufgeholt werden muß.

Sicher ist, daß es die Technisierung schwer hat, sich gegen das durchzusetzen, was die Franzosen unter Zivilisation und Humanismus verstehen. Bankangestellte, die sich gegen Computer und Datenverarbeitung auflehnen und streiken, wären in Deutschland undenkbar. Und auch bei rebellierenden Studenten ist man bei uns andere Parolen gewöhnt als beispielsweise *l'imagination au pouvoir!*

Wer von denen, die das Sagen haben, mehr Einbildungskraft verlangt, mehr Phantasie beim Verlassen von ausgetretenen Pfaden, scheint nicht Linksdrall um des Linksdralls willen zu treiben. Auch wenn de Gaulle bei den Mai-Unruhen des Jahres 1968, die seinen Rücktritt einleiteten, diese Auffassung vertreten hat.

## On parle français

So erfreulich die Tatsache ist, daß die Deutschen und die Franzosen beschlossen haben, keine Kriege mehr gegeneinander zu führen, so unbestreitbar ist es, daß sie zwei Sprachen sprechen, deren Umwandlung eine pausenlose Herausforderung ist. Übersetzungen, sofern es sich nicht um die Gebrauchsanweisung eines elektrischen Rasierapparates oder eines jener Abschminkblätter im Hotel handelt, an denen auch Rasierklingen gesäubert werden dürfen, sind dornenreiche Angelegenheiten, und was vorher maßgeschneiderte Eleganz war, wirkt nicht selten so zerknittert, daß auch das verzweifelte Aufbügeln eines Cheflektors nicht mehr hilft.

Es gibt Herkulesse unter ihnen, aber es gehört zu den kuriosen Ungereimtheiten des Buchgeschäfts, daß sie selten da wachsen, wo die großen Auflagen gemacht werden. Wer Stoffe ankauft, die nach Bestseller riechen, pflegt seine stolze und im Aufspüren des großen Geschäfts bewährte Nase so hoch zu halten, daß sie nichts vom Galeerenmief spürt, in dem der Übersetzer schuftet.

Nehmen wir »Papillon«. Die deutsche Nase für den sich anbahnenden Welterfolg des erzählerischen Naturtalents und Bagno-Sträflings Henri Charrière hatte sinnigerweise der Wiener Fritz Molden. Während die Konkurrenz zögerte, weil sie, behindert von der Sprachbarriere, nicht begriff, welchen Fisch der Pariser Verleger Robert Laffont da an Land gezogen hatte, kaufte Molden das Buch für ein Nasenwasser ein.

Offenbar hat er es für ein ebensolches übersetzen lassen. Vergleicht man den Erfolg dieser in ihrer Hilflosigkeit rührenden Bemühungen mit dem Verkaufserfolg, so drängt sich die bemerkenswerte Behauptung auf, daß kein schlecht übersetztes Buch je besser verkauft wurde.

Indes ist ein Einstieg in diese Fundgrube übersetzerischer Sottisen gefährlich, weil es so viel einzustecken gibt, daß man kaum wieder hochkommt. Versöhnlich stimmt, daß Papillons letzte Flucht von der Teufelsinsel auch in der deutschen Übersetzung glückt.

Was Papillon für die beiden Damen, die ihn übersetzten, so unzugänglich machte, war wohl sein im Bagno gereiftes Erzähltalent. Als ich ihn in Caracas besuchte, hatte ich gerade die französische Ausgabe gelesen und war fasziniert vom Gleichklang von Schrift und Sprache. Da hatte einer geschrieben, wie ihm sein pfiffiger und im Bagno nicht stumpfer, sondern schärfer gewordener meridionaler Schnabel gewachsen war, und nach ein paar Stunden zweifelte ich nicht mehr daran, daß sein Lektor Jean Pierre Castelnau mit der Behauptung, nur orthographische Kleinigkeiten ausgemerzt zu haben, die Wahrheit gesagt hatte.

In der deutschen Übersetzung aber wird der heiße Atem des Dialogs, der dem Buch Leben gibt, asthmatisch. Der Dialog fließt nicht, weil nicht sinngemäß, sondern wörtlich übersetzt wurde, und auch dies mit unzureichenden Bordmitteln.

Das gilt nicht nur für die Umwandlung der französischen Ganovensprache in die deutsche, was von unbescholtenen Damen wohl schwerlich verlangt werden kann, sondern auch für Details simpelster Art.

Da kann man im französischen Text beispielsweise lesen: *Dans le bureau, un monsieur était assis dans un fauteuil, une serviette de cuir sur les genoux.*«

Deutsch liest sich das so: »Im Amtszimmer saß ein Herr mit einer Serviette auf den Knien.«

Es handelte sich jedoch um ein knallhartes Verhör, bei dem nicht Essen und Trinken serviert wurden, sondern ganz andere Dinge. Unerfindlich mußte dem deutschen Leser deshalb bleiben, warum der Mann eine Serviette auf den Knien hatte.

In Wirklichkeit war's eine lederne Aktenmappe, denn *serviette* gehört zu den vielen französischen Wörtern mit Doppelbedeutung. Ihr Ursprung ist *servir*, also bedienen, wiewohl man sich der Aktentasche in anderer Weise bedient als des Mund- oder Handtuchs. Da Papillon aber mit *serviette de cuir*, also »Ledermappe«, sogar noch eine Eselsbrücke baute, ist es schlicht unverständlich, daß zwei Übersetzerinnen bei einer so winzigen Hürde auf die Nase fielen. Dabei müssen sie sogar etwas dabei gedacht haben, denn sie ließen das »cuir« weg. Vielleicht deshalb, weil lederne Tücher mit dem Odeur von Bettnässern behaftet sind?

Wer solche Hürden nicht nimmt, kapituliert logischerweise auch vor schwierigeren. Eine davon steht ganz am Anfang des Hindernislaufs der Damen, die den Deutschen diese harte Männergeschichte nahebrachten. Als Papillon nach seiner Verurteilung in die Conciergerie des Pariser Justizpalastes gebracht wird, schreibt er: *Quand nous arrivons au dernier château de Marie-Antoinette...*«

Zugegeben, der Brocken ist härter als die *serviette*. Trotzdem muß man nicht unbedingt Knastologe sein, um zu begreifen, daß er ungefähr so viel sagen wollte wie »als wir dahin kamen, wo man jede Hoffnung fahren lassen muß.« Dahin nämlich, wohin man die Königin Marie-Antoinette vor ihrer Enthauptung gebracht hatte.

Der deutsche Leser aber liest es so: »Nach der Ankunft in dem ehemaligen Schloß Marie-Antoinettes...«

Was geeignet ist, ihn auf die Idee zu bringen, daß die französische Justiz ihren Bagno-Sträflingen einen fürstlichen Abschied zu bereiten pflegte. Überhaupt führt die deutsche Übersetzung einen hoffnungslosen Kampf gegen die Terminologie des Lebens hinter Mauern und Eisenstäben.

Ein Konjunktiv des Imperfekts bereitet solch wackeren Sprachverwandlern weniger Schwierigkeiten als die plastische Sprache von Ausbrechern. Doch auch vor einem gleichwohl simplen und verständlichen Sprachbild mußten die Papillon-Übersetzerinnen kapitulieren.

*Je peux examiner le manège de sentinelles sur le mur de ronde,* schreibt der fluchtbereite Papillon.

Unfähig, den figurativen Sinn zu begreifen, aber wohl wissend, daß zu einer Manege ein Zirkus gehört, schwadronieren die Übersetzerinnen:

»Ich kann den Zirkus der Wachtposten oben auf der Mauer studieren.«

Aber hier geht's nicht um Clowns oder Elefanten, sondern Papillon wollte nur sagen, daß er die Gewohnheiten der Wachen studieren konnte. Und wenn man jetzt noch hinzufügt, daß die Damen in die teuflischste aller Gruben fielen, als er zu einer Röntgenaufnahme geführt wurde, dann ist das Bild einer dilettantischen Übersetzung zwar längst nicht komplett, aber doch rund genug geworden. Eine Röntgenaufnahme ist nämlich *une radio,* was die Damen zu der Vermutung veranlaßte, daß Papillon vorübergehend bei Radio Cayenne angestellt gewesen sei. Da er in der Verbannung jedoch nur Spanisch lernte, ist er nie in den Genuß der vielen Späße gekommen, die zwei Damen, welche ihm zu deutscher Popularität verhalfen, mit ihm machten. Doch der Genuß stattlicher Tantiemen wog das auf.

Im übrigen sind die Konsumenten von Abenteuern à la Papillon gutartige Springer. Leicht hüpfen sie über Ungereimtes hinweg, gezogen von den Fäden der Spannung, mit denen sie der Held umschlingt. Da wird viel weniger reflektiert als gezittert. Frauen werden zu verzweifelten Müttern, und gestandene Männer vollziehen mit Wollust ihre Rückkehr zu Karl May. In Tokio hat mir ein japanischer Sprachprofessor erzählt, daß er Papillon in drei Sprachen und jeweils in drei Nächten gefressen habe, ohne sich den Hauptspaß durch den sekundären verderben zu lassen, welcher im Aufspüren flagranter Übersetzungsfehler bestand.

Woraus ersichtlich ist, daß sich die beiden Molden-Damen in guter Gesellschaft befinden. Die Internationale der Übersetzer sitzt im gleichen Boot oder, besser gesagt, in der gleichen Galeere. Bei einem Durchschnittsverdienst von weniger als fünfzehn Mark pro Seite bleibt wenig Zeit zum Abwägen, weshalb viele Übersetzungen einem grob eingestellten Fernglas gleichen, an dem der Leser nicht drehen kann. Er sieht, was gemeint ist, aber die Feineinstellung bleibt ihm versagt.

Daß dies besonders beim deutsch-französischen Bücheraustausch der Fall ist, liegt an den fundamentalen Unterschieden der beiden Sprachen. Sie sind einander so wesensfremd, daß der von der Schule ins Leben entlassene Gymnasiast in der Regel nicht mehr mitnimmt als jenes leichte Marschgepäck, in dem sich das Notwendigste fürs Notwendige beim Umgang mit Hotelportiers, Zugschaffnern, Kellnern und Barkeepern befindet. Ein Gymnasium in Freiburg im Breisgau wird im allgemeinen etwas mehr hineinstopfen als eines in Kiel, jedoch längst nicht so viel wie ein Basler Gymnasium, das perfekte Lehrkräfte aus dem eigenen Land beziehen kann und damit den deutsch-schweizerischen Lehrer zu einem Wettbewerb antreibt, den es in Deutschland nicht gibt. Mancher deutsche Gymnasiallehrer, der Generationen von Schülern mit dem Zerrbild einer Sprache versorgte, die er für Französisch hielt, wäre in der Schweiz im besten Fall als Pedell zu seiner Pension gekommen.

Denn mit cartesianischer Klarheit, die der Deutsche so gerne spalten möchte, weil er sich als der Sachwalter des Schachtelsatzes fühlt, in dem er ein halbes Dutzend von Gedankengängen aufleben und sterben läßt, baut sich die französische Sprache vor ihm auf. Es ist ein logischer und unbestechlicher Aufbau, der kein Rütteln an der streng geregelten Folge Subjekt, Prädikat und Objekt zuläßt und dennoch im syntaktischen Zusammenspiel die kühne Variante nicht nur gestattet, sondern herausfordert. Man kann Französisch nicht verschwommen schreiben, sondern höchstens verschwommen übersetzen. Die Klarheit der Zeitenfolge, die lässig hingeworfen scheinende und doch so strenge Noblesse des Konjunktivs sind eher geeignet, den Deutschen zu verwirren als ihm zu imponieren. Und nur zu gerne setzt er den Reichtum und die Modulationsfähigkeit seiner Verben dagegen. Hier ist er, in der Tat, unendlich viel variationsfähiger und empfindet es als spröde Ärmlichkeit, wenn der Franzose sich bei allem, aber auch allem, was mit Fortbewegung zu tun hat, mit dem simplen Verb »aller« begnügt. Allein die Vielzahl der deutschen Dialekte erlaubt sprachliche Bereicherungen, die das Französische nicht kennt. Am besten hat das wohl Heinrich Heine ausgedrückt: »Die deutsche Sprache an sich ist reich, aber in der deutschen Konversation gebrauchen wir nur den zehnten Teil des Reichtums; faktisch sind wir also spracharm. Die französische Sprache an sich ist arm, aber die Franzosen wissen alles, was sie enthält, in der Konversation auszubeuten, und sie sind daher sprachreich in der Tat.«

Jeanne-Marie Gaillard-Paquet, eine bewährte Übersetzerin der Editions Stock, bekam Probleme, mit denen wir beide nicht gerechnet hatten. Sie waren jedoch anderer Art als jene, mit denen die Verdeutscherinnen von Papillon kämpften.

Ich hatte alle alten Aufzeichnungen eingepackt und war nach Südfrankreich gefahren, um »Die Baskenmütze« zu schreiben. Die Ambiance, so meinte ich, würde helfen, um in den Stoff einzutauchen. Erlebnisse, die weit zurücklagen, mußten, um eine Anleihe beim Fernsehen zu machen, aus der Konserve geholt und »live« gemacht werden.

Zweifellos hat die Umgebung mitgeholfen. Es gab Tage, an denen die Feineinstellung des Fernglases so funktionierte, daß Erlebnisse, Gedanken und Dialoge aus dem Gefängnis Bonne Nouvelle zu Rouen mit einer Schärfe zurückkehrten, die mir den Schlaf raubte. Zwar schrieb ich deutsch, aber da ich damals nur unter Franzosen gelebt und nicht nur wie sie gesprochen, sondern auch wie sie gedacht hatte, lief so mancher Dialog im französischen Kleid aufs Papier.

Nicht jeder freilich, und als mir die Übersetzerin später diverse Anmerkungen schickte, merkte ich, daß ich einen Bastard gezeugt hatte. Es gab Dialoge, die viel französischer als deutsch waren und daher in der Übersetzung »flossen«. Das mag die Übersetzerin so flott vorangebracht haben, daß sie ihr Tempo nicht drosselte, als sie auf spezifisch Deutsches stieß, das bei wörtlicher Übertragung nicht floß, sondern holperte. So kommt es, daß die »Baskenmütze« sowohl im Deutschen als auch im Französischen gelegentlich ein bißchen schief sitzt. Und vielleicht ist sie im japanischen so verrutscht, daß sie dem Sprachprofessor aus Tokio noch mehr Spaß als Papillon bereitet.

Wer ist der ideale Übersetzer für wen? Tucholsky beispielsweise wäre, hätte er Zeit und Lust gehabt, der ideale Übersetzer für Zola gewesen. Dann sprächen die Pariser Straßenmädchen ein saftigeres und echteres Deutsch als das, was uns vorgesetzt wird, wären die Pariser Nuancen nicht einfach zertöppert worden. Denn gerade beim Französischen muß der Übersetzer gefühlvoll wie ein Küchenchef alles, was er in seine Pfanne schlägt, abschmecken, und sie sind auch noch nicht ausgestorben, diese feinfühligen Tüftler, die ihren Stoff bis in die subtilsten Verästelungen hinein ertasten und verwandeln. Aber es sind Künstler, die von der Fabrik ausgerottet werden, und denen nicht einmal die Genugtuung vergönnt ist, die Hüte zu sehen, die gelegentlich vor ihnen gezogen werden. Je größer der Verlag, um so lauter schreit der Verleger nach dem Manager, der sein Papier an die Leute bringt, und um so seltener dringen Autoren, die keine arrivierten Stars sind, bis zu ihm vor. Übersetzer aber sind Leute, deren Sprache er nicht spricht.

Das ist eine Sprachbarriere, die auch mit Hilfe der modernen Technik nicht zu überwinden ist. Dagegen kann den der Landessprache unkundigen Touristen vielleicht bald geholfen werden. Katzenmaiers und Touchards Enkel, wenn nicht schon ihre Söhne, werden ihre Inklusivreisen in Länder ihrer Wahl mit simultan übersetzenden Hör- und Sprechgeräten machen, bei denen an den jeweiligen Grenzen bei geringem Aufpreis nur die Kassetten gewechselt werden müssen.

Sollten sie freilich auf die Idee kommen, den Süden zu boykottieren, wäre die Not an den Küsten Spaniens und Italiens groß. Allerdings haben die flotten Rechner, die Spaniens Küsten mit mehr Betonklötzen bepflastert haben als Hitler einst den Atlantikwall, einen sicheren Trumpf in der Hinterhand. Es ist die bleiche Sonne des Ruhrgebiets, die den millionenfachen Schrei nach einer Sonne, die röstet, nie verstummen lassen wird. Während sich die Leute aus Essen und Wanne-Eikel an der Costa Brava den Sonnenbrand holen, sorgen Spanier dafür, daß an der Ruhr die Öfen nicht ausgehen. So helfen sie sich gegenseitig.

### Das Lächeln der Mona Lisa

Zwischen Franzosen und Deutschen besteht kein solches Verhältnis. Keine Abhängigkeit jedenfalls, die mit Luft, Sonne und Wasser zu tun hat. Frankreich hat mehr davon, aber das sind nur Zutaten zu einem Reichtum, auf den es stolz ist und an dem es nichts geändert wissen will. Schon gar nicht dem Fremden zuliebe. Marianne verlöre das Gesicht, wenn es ihn mit Sauerkraut, Bockwürsten und Löwenbräu lockte. Freundlich *kann* sie sein, mißtrauisch ist sie stets, und ein Stück kalter Schulter ist dem Fremdling tagtäglich so sicher wie das gut abgelagerte Stück Fleisch im großen und im kleinen Restaurant.

Trotzdem verbringen jährlich fast vier Millionen Ausländer ihre Ferien in Frankreich, und wenn Brigitte Bardot im amerikanischen Fernsehen dreißig Sekunden wirbt, ist die Dollarschwemme sicher. Zwar versickert sie im stets eigenwilligen und stets aufnahmebereit bleibenden Boden schneller als in den königlichen Zeiten des Dollars, der einst wider Willen einen Christian Dior groß machte, aber Paris by night, die Schlösser der Loire und die Côte d'Azur ziehen nicht nur den Dollar, sondern alle Währungen der Welt an. Auch den japanischen Yen beispielsweise, dessen Zustrom, gleich dem Dollar, ganz plötzlich wegen eines Frauenlächelns anschwoll. Eine betagte Dame war's allerdings, und stumm wie ein Fisch dazu. Für ein Jahr hatte Mona Lisa den Louvre verlassen, um in Tokio zu lächeln.

Das muß eine ungeheuere Faszination auf die lachfreudigen Japaner ausgelöst haben. Die Flugzeuge nach Paris füllten sich wie nie zuvor, und die Japaner sind Touristen, wie sie Frankreich schätzt. Sie sind mißtrauisch wie die Franzosen, aber nicht individualistisch und von hoher Korrektheit. Sie treten fast ausschließlich in Gruppen auf und sind peinlich bemüht, nicht aufzufallen und nicht zu stören. Sie lächeln und lassen alles von einem lächelnden Dolmetscher regeln, und auch bei einem unerwarteten Coup de fusil machen sie keine Scherereien. Angenehme Gäste, wirklich. Alle Patrons, angefangen bei Durand bis Dupont, bestätigen das gerne mit dem hintergründigen Lächeln der Mona Lisa, von dem Leonardo nicht ahnen konnte, daß es zu einem devisenträchtigen französischen Markenzeichen würde.

Entfernung verklärt, wie man weiß, vieles. Katzenmaier, der vor der französischen Haustür sitzt, hat andere Motivationen. Da sie zwangsläufig ebenfalls zu einem gut gedeckten Tisch führen und Touchard es nicht nur schicklich, sondern auch höchst zweckmäßig findet, im eigenen Land Ferien zu machen, weil er sein Essen nicht nur verdauen, sondern auch genießen will, wird die französische Hotellerie nie SOS funken müssen.

Was sie, Noblesse oblige, nicht hindern kann, lächelnd ihre Coups de fusil abzufeuern. Höchst unnatürlich und gegen allen gesunden französischen Individualismus wäre es in der Tat, wenn der Fremdling seine Souvenirs an Frankreich nur in den Andenkenläden fände. Erstens ist der Kitsch, was einiges heißen will, dort schlimmer als in den einschlägigen deutschen Läden, und zweitens ist ein echter Coup de fusil eine Erinnerung, von der man länger zehrt als von einem Eiffelturm im Glas, welches bei kräftigem Schütteln Schneeflocken wirbeln läßt. Oder ein Korkenzieher aus Lourdes in den Formen der heiligen Bernadette.

Womit nichts gegen Lourdes und den Eiffelturm gesagt sein soll. Vergleicht man ihn mit dem neuen Montparnasse-Turm, dann wirkt er wie ein zierliches Florett gegenüber einem plumpen Besenstiel. Als ich klein war, war er noch der höchste Turm der Welt, und meine Großmutter, bei der gegessen wurde, ehe es etwas zu essen gab, weil sie nur französisch kochte, machte den stählernen Riesen für meine kindliche Phantasie noch viel größer, als er war.

»Wenn du groß bist«, pflegte sie zu sagen, »darfst du hinauf, und es gehen mehr Menschen in den Fahrstuhl als in eine ganze Straßenbahn.«

Als ich hinauf durfte, ist er mir viel kleiner vorgekommen, aber es war ein großes Abenteuer, weil es noch kein Fernsehen gab, das einen vorbereitet hätte, dafür aber einen Adolf Hitler, dem man solche Reise mit viel List und Geduld abringen mußte. Und der Fahrstuhl interessierte mich viel weniger als die endlose Wendeltreppe, auf der der Bürgermeister von Montmartre in den zwanziger Jahren eine phantastische Wette gewann. Per Fahrrad machte er vom Gipfel bis zum Fuß des Eiffelturms die unglaublichste aller Abfahrten, und als Dreizehnjähriger fand ich das bewundernswerter als die kühne Konstruktion des Ingenieurs Eiffel.

Vier Jahre später bin ich mit dem Fahrrad über die Rheinbrücke von Kehl nach Straßburg gefahren. Ich ging noch zur Schule, und wir hatten frei, weil der Frankreichfeldzug gerade beendet war. Man brauchte keine Großmutter in Paris, um ein Visum zu ergattern, und die Soldaten, die die Brücke bewachten, drückten bei Radfahrern in kurzen Hosen ein Auge zu.

Die Stadt hatte ihr Gesicht noch nicht verwandelt.

Eigentlich hat sie es überhaupt nie getan, sondern nur das Make-up gewechselt. Der Bäcker hieß noch Boulanger und der Metzger Charcutier, und jede Straße hatte ihren französischen Namen. Ich stieg auf den Turm des Münsters, von dessen stattlicher Höhe aus alle Kleinigkeiten, die unten plötzlich so wichtig geworden waren, verschwanden. Weit schweifte der Blick über das elsässische und das badische Land am Oberrhein, das sich wie eine riesige grüne Matte zwischen die blauen Kuppen von Schwarzwald und Vogesen bettet. Lastwagen der Wehrmacht, die sich in langen Konvois nach Süden bewegten, schrumpften zur Größe von Streichholzschachteln zusammen, und es war keine Vision von Krieg, die sich mir auf dieser obersten Plattform des Münsters aufdrängte, sondern die Vorstellung, daß ein Ameisenhaufen sein Quartier verlegte.

Ich liebte den schweren, sonoren Klang der Münsterglocken, der nun jeden Abend vom Freiburger Sender ausgestrahlt wurde, aber er gab mir nicht das Gefühl von Besitzergreifung. Die Fröhlichkeit dieser Tage, die ich genoß, ohne zu versuchen, sie zu ergründen, stand, wenn ich's heute überdenke, konträr zu den vordergründigen Versionen unserer Kikeriki-Propaganda. Eine Grenze war gefallen, und man durfte über den Rhein. Das war's, und ich habe Straßburg einfach erkundet und lieben gelernt, ohne zu fragen, wem es nun gehöre. Es war mein letztes großes Jugenderlebnis, ehe ich Soldat wurde.

Vielleicht half es mit, daß ich viele Jahre später nach Straßburg fuhr, um für einen zu kämpfen, den eine Kurzschlußreaktion in die Fremdenlegion getrieben hatte. Marianne, der ich auf dieser Brücke schon so oft Bonjour gesagt habe, hat andere deutsche Eingriffe überstanden. Sie wird's nicht verübeln, denn sie weiß, daß es von der brutalen Sorte keinen mehr geben wird. Auch sie hat Gefallen an Europa gefunden. Aber sie kennt ihre Kinder und ihre Eigenarten und ihr Mißtrauen. Deshalb hat ihr Lächeln, wenn sie an die Deutschen und all die anderen denkt, die mit ihr Europa machen wollen, so viel von dem der Mona Lisa.